现代化新征程丛书

隆国强　总主编

FUTURE
COMMUNITY

未来社区

薛　澜　主编 / 陶海青　执行主编

中国发展出版社
CHINA DEVELOPMENT PRESS

图书在版编目（CIP）数据

未来社区 / 薛澜主编；陶海青执行主编. — 北京：中国发展出版社，2023.2（2023.8重印）

ISBN 978-7-5177-1325-8

Ⅰ. ①未… Ⅱ. ①薛… ②陶… Ⅲ. ①社区建设—研究—中国 Ⅳ. ①D669.3

中国版本图书馆CIP数据核字（2022）第192556号

书　　　名：未来社区
主　　　编：薛　澜
执 行 主 编：陶海青
责 任 编 辑：赵海娟
出 版 发 行：中国发展出版社
联 系 地 址：北京经济技术开发区荣华中路22号亦城财富中心1号楼8层（100176）
标 准 书 号：ISBN 978-7-5177-1325-8
经　销　者：各地新华书店
印　刷　者：北京市金木堂数码科技有限公司
开　　　本：710mm × 1000mm　1/16
印　　　张：22.25
字　　　数：267千字
版　　　次：2023年2月第1版
印　　　次：2023年8月第2次印刷
定　　　价：118.00元

联 系 电 话：（010）82097226　67892670
购 书 热 线：（010）68990682　68990686
网 络 订 购：http://zgfzcbs. tmall. com
网 购 电 话：（010）88333349　68990639
本 社 网 址：http://www.develpress. com
电 子 邮 件：412856903@qq.com

“现代化新征程丛书”
编委会

丛书联合编制单位

国务院发展研究中心企业研究所

国研智库

中国国际工程咨询有限公司

工业和信息化部电子第五研究所（服务型制造研究院）

中国社会科学院工业经济研究所

机械工业经济管理研究院

航天云网科技发展有限责任公司

苏州大学北京研究院

浙江工业大学

阿里研究院

之江智慧场景研究中心

《未来社区》
编委会

参编人员（按姓氏音序排列）

蔡思远　丁金林　董　岩　方　芳　郭　悦　何嘉钰

黄甄铭　江佳锡　李佳钰　李云鹏　李振锋　梁家祺

刘锦武　刘　泉　任锴夫　申珂瑜　石　嵩　隋　音

唐科伟　王　瑞　尉建文　吴佳嘉　吴晓丹　向蕾陶

向志成　杨　光　杨积堂　杨丽娜　杨　婷　叶　晖

尹栾玉　尹世鑫　翟梦溪　张碧青　张　弛　张　汉

周　捷　周　玥　朱耀垠

联合编制单位

杭州市萧山区之江智慧场景研究中心

深圳市蕾奥规划设计咨询股份有限公司

清华大学人工智能国际治理研究院

北京市社会建设促进会

北京大学政管学院城市与区域管理系

中国联通物联网研究院

中国科学院大学校友会协同创新与产业联盟

浙江省经济信息中心

党建好故事创作编辑研究（数字化）中心

中菜联盟网络科技有限公司

浙江至元数据科技有限公司

总　序

党的二十大报告提出："从现在起，中国共产党的中心任务就是团结带领全国各族人民全面建成社会主义现代化强国、实现第二个百年奋斗目标，以中国式现代化全面推进中华民族伟大复兴。"当前，世界之变、时代之变、历史之变正以前所未有的方式展开，充满新的历史机遇和挑战，全球发展的不确定性不稳定性更加突出，全方位的国际竞争更加激烈。面对百年未有之大变局，我们坚持把发展作为党执政兴国的第一要务，把高质量发展作为全面建设社会主义现代化国家的首要任务，完整、准确、全面贯彻新发展理念，坚持社会主义市场经济改革方向，坚持高水平对外开放，加快构建以国内大循环为主体、国内国际双循环相互促进的新发展格局，不断以中国的新发展为世界提供新机遇。

习近平总书记指出，今天，我们比历史上任何时期都更接近、更有信心和能力实现中华民族伟大复兴的目标。中华民族已完成全面建成小康社会的千年夙愿，开创了中国式现代化新道路，为实现中华民族伟大复兴提供了坚实的物质基础。现代化新征程就是要实现国家富强、民族振兴、人民幸福的宏伟目标。在党的二十大号召下，全国人民坚定信心，同心同德、埋头苦干、奋勇前进，为全面建设社会主义现代化国家，实现第二个百年奋斗目标，全面推进中华民族伟大复兴而团结奋斗。

走好现代化新征程，是站在新的历史方位，推进实现中华民族伟大复兴。党的十八大以来，中国特色社会主义进入新时代，这是我国发展新的历史方位。从宏观层面来看，走好现代化新征程，需要站在新的历史方位，在客观认识、准确把握当前党和人民事业所处的发展阶段基础上，主动适应大国经济阶梯式递进、螺旋式上升和经济高质量发展要求，不断推动我国社会主义从初级阶段向更高阶段迈进。从中观层面来看，走好现代化新征程，需要站在新的历史方位，明晰我国参与国际竞合比较优势的变化，通过深化供给侧结构性改革，对内解决好发展不平衡不充分问题，对外化解外部环境新矛盾新挑战，形成对全球要素资源的强大吸引力、在激烈国际竞争中的强大竞争力、在全球资源配置中的强大推动力，在高水平自立自强基础上塑造参与国际竞合新优势的战略部署。从微观层面来看，走好现代化新征程，需要站在新的历史方位，坚持系统观念和辩证思维，坚持两点论和重点论相统一，以“把握主动权、下好先手棋”的思路，充分依托我国超大规模市场优势，培育和挖掘内需市场，推动产业结构优化和转型升级，提升产业链供应链韧性，增强国家的生存力、竞争力、发展力、持续力，确保中华民族伟大复兴进程不迟滞、不中断。

走好现代化新征程，要把各国现代化的共同特征和我国国情相结合。实现现代化是世界各国人民的共同追求。随着经济社会的发展，人们越来越清醒地认识到，现代化虽起源于西方，但各国的现代化道路不尽相同，世界上没有放之四海而皆准的现代化模式。因此，走好现代化新征程，要把各国现代化的共同特征和我国具体国情相结合。我们要坚持胸怀天下，拓展世界眼光，深刻洞察人类发展进步潮流，以海纳百川的宽阔胸襟借鉴吸收人类一切优秀文明成果。坚持从中国实际出发，不断推进和拓展中国式现代化。党的二十大报告系统阐述了中国式现代化的五大特征，即中国式现代化是人口规模巨大的现代化，是全体人民共同富裕的现代化，是物质文明和精神文明相协调的现代化，是人与自然和谐共生的现代化，是走和平发展道路的现代化。中国式现代化的五大特征，反映出我们的现代化新征程是基于大国经济，按照中国特色社会主义制度的本质要求，实现长期全面、绿色可持续、和平共赢的现代化。此外，党的二十大报告提出了中国式现代化的九方面本质要求，即坚持中国共产党领导，坚持中国特色社会主义，实现高质量发展，发展全过程人民民主，丰富人民精神世界，实现全体人民共同富裕，促进人与自然和谐共生，推动构建人类命运共同体，创造人类文明新形态。这既是我们走好现代化新征程的实践要求，也为我们指明了走好现代化新征程的领导力量、实践路径和目标责任，为我们准确把握中国式现代化核心要义，推动各方面工作向着复兴目标迈进提供了根本遵循。

走好现代化新征程，需要完整、准确、全面贯彻新发展理念，着力推动高质量发展，加快构建新发展格局。党的二十大报告提出，“我国发展进入战略机遇和风险挑战并存、不确定难预料因素增多的时期”。当前及今后一段时间，我国将面临“新的动荡变革”的国际大环境。新发展理念瞄准我国经济社会发展不同方面存在的突出矛盾，为筑牢经济社会发展根基提供了方向指引。要完整、准确、全面贯彻新发展理念，让创新成为第一动力、协调成为内生特点、绿色成为普遍形态、开放成为必由之路、共享成为根本目的，努力实现高质量发展。要统筹国际国内两个大局，统筹发展与安全两件大事，增强国内大循环内生动力和可靠性，提升国际循环质量和水平，增强国内国际两个市场两种资源联动效应，加快构建以国内大循环为主体、国内国际双循环相互促进的新发展格局。

走好现代化新征程，必须全面深化改革开放。改革开放为我国经济社会发展注入了强劲动力，是决定当代中国命运的关键一招。改革开放以来，我国经济社会发展水平不断提升，人民群众的生活质量不断改善，经济发展深度融入全球化体系，创造了举世瞩目的伟大成就。推进中国式现代化，必须坚持深化改革开放。党的二十大报告提出，要“深入推进改革创新”，“着力破解深层次体制机制障碍”，彰显了在现代化新征程上党和国家对全面深化改革的决心。党的十八大以来，我国进入全面深化改革阶段，改革征程上面临的多是难啃的硬骨头、棘手复杂的问题，在将经济社会发展推向新高度的同时，一系列新的时代命题应运而生。走好现代化新征程，需要全面深化改革，大力推进供给侧结构性改革，进一步优化我国经济结构，不断激发市场活力，提升经济发展的韧性、抵御外部风险的能力。对外开放是我国的基本国策，走好现代化新征程，要坚定不移扩大对外开放，提升贸易投资合作质量和水平，稳步扩大规则、规制、管理、标准等制度型开放，营造市场化、法治化、国际化一流营商环境，大力吸引全球资源要素，增强国内国际联动效应，加快构建新发展格局，以高水平开放促进高质量发展。

知之愈明，则行之愈笃。走在现代化新征程上，我们出版“现代化新征程丛书”，是为了让社会各界更好地把握当下发展机遇、面向未来，以奋斗姿态、实干业绩助力中国式现代化开创新篇章。具体来说，主要有三个方面的考虑。

一是学习贯彻落实好党的二十大精神，为推进中国式现代化凝聚共识。党的二十大报告阐述了开辟马克思主义中国化时代化新境界、中国式现代化的中国特色和本质要求等重大问题，擘画了全面建成社会主义现代化强国的宏伟蓝图和实践路径，就未来5年党和国家事业发展制定了大政方针、作出了全面部署，是中国共产党团结带领全国各族人民夺取新时代中国特色社会主义新胜利的政治宣言和行动纲领。此套丛书，以习近平新时代中国特色社会主义思想为指导，认真对照党的二十大报告，从报告原文中找指导、从会议精神中找动力，用行动践行学习宣传贯彻党的二十大精神。

二是交流高质量发展的成功实践，为推进中国式现代化汇聚众智。来自12家智库的专家参与本套丛书的编写。本套丛书立足中国式现代化的时代特征和发展要求，直面各个地区、各个部门面对的新情况、新问题，总结借鉴国际国内现代化建设的成功经验，系统地构建了前沿产业、商业环境、发展空间、基础设施"四位一体"的发展思路。丛书内容注重实用性、可操作性，努力打造成为地方政府和企业管理层看得懂、学得会、用得了的使用指南。

三是探索未来发展新领域新赛道，为推进中国式现代化注入新动能。面对百年未有之大变局，数字化转型与绿色化转型加速推进，为我国发展带来新的战略机遇。本套丛书面向未来，深入探索未来发展新领域新赛道，系统分析前沿产业发展的新潜力，为我国发展前沿产业提供新借鉴，为推进中国式现代化注入新动能。

"现代化新征程丛书"主要面向党员领导干部、企事业单位管理层和专业研究人员等读者群体，致力于丰富读者知识素养，拓宽其眼界格局，提升其执政能力、研究能力和实践能力。在丛书编制过程中，重点坚持以下三个原则：一是坚持政治性，把坚持正确的政治方向摆在首位，坚持以党的二十大精神为行动指南，确保相关政策文件、编选编排、相关概念的准确；二是坚持前沿性，丛书选题充分体现鲜明的时代特征，面向未来发展重点领域，内容充分展现现代化新征程的新机遇、新要求、新举措；三是坚持实用性，丛书编制注重理论与实践的结合，特别是用新的理论要求指导新的实践，内容突出针对性、示范性和可操作性。

"现代化新征程丛书"按照"四位一体"架构进行设计，第一期包含十余种图书，主要涵盖四个方面：前沿产业、商业环境、发展空间、基础设施。其中，“前沿产业”主题有“未来产业”“新金融”“服务型制造”“氢能产业”“元宇宙”“扎根实体经济”“制造新模式”；“商业环境”主题有“优化营商环境”；“发展空间”主题有“未来社区”“新型工业化基地”“先进制造业集群”；“基础设施”主题有“新基建”；此外，丛书编委会根据前期调研，撰写了“高质量发展典型案例”。

相知无远近，万里尚为邻。我们希望通过此套丛书，加强智库与智库、智库与传播之间协作，促进智库研究机构与智库传播机构的高水平联动，构建智库型出版产业体系和生态系统，实现“智库引领、出版引路、路径引导”，共同助力高质量发展，为全面建成社会主义现代化强国、实现第二个百年奋斗目标作出积极贡献！

隆国强

国务院发展研究中心副主任、党组成员

2023 年 1 月

序 言

社区是人民群众的港湾家园，具有极其重要的战略地位，也是贯彻以人民为中心的发展思想最丰富、生动的领域。在过去10年中，全国许多社区在幼有所育、学有所教、劳有所得、病有所医、老有所养、住有所居、弱有所扶上持续发力，人民生活全方位改善。

2019年5G技术规模化应用以来，中国和美国是全球率先掌握全部数字化技术（大数据、云计算、人工智能、物联网、5G、区块链等）的两个国家，正在大力推动数字经济建设和社会数字化转型。在数字化革命与新冠疫情的影响下，现实生活越来越呈现扁平化的网状社会结构，居民不再归依自己所居住的社区，而是在社区现实空间基础上，依赖于纵横交错的网络，形成网络中的虚拟社会互动，产生网络中的信息交流、情感交流，形成网络上提供的各类服务，这就是新的历史条件下基层社会结构的特点。

中国共产党第二十次全国代表大会的胜利召开，为中国迈上全面建设社会主义现代化国家新征程指明了方向。在这个时代背景下，在我国社会主义现代化建设目标引导下，在国内外社区建设理论与实践基础上，我国应该尽快形成新时代社区建设高质量发展的科学体系和发展路径。从这个角度考虑，社会治理重心下移，社区的功能越来越多，意味着在政策上从聚焦传统意义的宏观社会管理，诸如流动人口、老龄化、国外人口等管理，转向更关注基层人民生活、基层社会关系、社区文化行为甚至经济活动等微观社会管理。

过去十几年，我国积极探索建设智慧社区、美好社区、低碳社区等不同类型社区，在此基础上，要想建成满足未来时代需求的社区，仍须重点研究和探索以下问题和趋势。

1. 未来社区的功能有哪些？社区的服务功能是社区运行的首要目标。未来社区如何提供更加健康、便捷的各种生活服务和居家工作环境，即未来社区应该提供哪些社会服务、基层治理和经济活动的功能或保障？

2. 未来社区相关功能的设施如何分布？市、区县、街道、社区层面拥有的功能设施如何通过共享机制提供，而不是每个社区进行低效的重复建设？

3. 未来社区的空间载体如何建设？从更广范围、更长时间看，社区应该微改或新建哪些空间及功能设施，其服务对象和半径是什么？

4. 未来社区的数字化架构如何搭建？上海、浙江、广东等地依托省区市的数字化设施（城市大脑、一网统管、政府平台等），尝试搭建更加完整的数字化架构来推动社区数字化。未来社区需要哪些数字化模块，社区功能与数字化模块之间又有何关系？

5. 未来社区的地理范围和边界如何划定？传统社区已经不能适应网状化社会结构，不少地区已经出现在范围、种类、目标等方面超越传统社区的现象，例如将几个传统社区进行联合管理、将某一文化旅游古城打造成社区、将某一特色园区和生活区打造成产城融合型社区。

6. 随着未来社区的服务与功能越来越多，政府和市场两者如何进行组织和分工？从纵向看，主要是市、区县、街道、社区如何进行授权和相关体制机制改革；从横向看，主要是不同的市场化专业机构如何提供针对性服务。

7. 各种服务和功能的投入—产出决策模型及相关提供方式如何匹配？《“十四五”公共服务规划》提出“健全完善公共服务体系，持续推进基本公共服务均等化，着力扩大普惠性非基本公共服务供给，丰富多层次多样化生活服务供给”，这意味着存在政府、市场或政府联合市场提供服务的不同决策模型。政府相关的服务供给也存在政府直接提供、政府购买服务、EPC+O① 等模式。

8. 一套全面、客观、实时的评估与考核体系如何建立？社区传统的评估与考核以打分、问卷、提供书面材料等为主，这容易产生成本高、失真、时效性差等问题。随着参与未来社区建设、服务和运行的机构越来越多，有效的评估和考核体系已经不可或缺。这套体系还应对整个数字化架构的运行进行实时分析和监控。

9. 未来社区的整套方法论如何体现规律性，同时又适应各地特色与差异？传统社区功能较少、相对标准化，受地方特色的影响较小。而未来社区因为功能众多、目标不同，很难做到千篇一律，甚至在同一个地区也会出现不同类型的社区。因此，未来社区一方面具有共同的架构和机制，另一方面又需要定制化，只有这样才能够高效实现社区目标，体现社区的丰富多彩。

10. 未来社区的定义是什么？鉴于上述问题，显然社区传统含义已经不适合未来社区。而未来社区应当考虑：社区作为共同体的未来；未来的技术展望；未来的居民素质；未来的体制机制以及未来的价值基础；未来的生活和工作方式；等。未来社区应该被赋予新的时代内涵，其定

① EPC+O，指设计、采购、施工及运营（或运营维护）一体化的总承包模式。

义应把目标、任务、架构、机制、特点等说清楚。

时代呼唤中国未来社区建设，但这不应是发达国家概念和样式的“复制”，也不应是智慧社区的“翻版”，而应是在整体数字化技术基础上，更具包容性、更高水平的中国式社区发展体系和能力现代化建设。当前，未来社区正处在新技术应用、实践探索和理论研究三者齐头并进、相互促进的状态。在此背景下，相关领域多家机构和多位业内专家共同参与编写了这本《未来社区》。该书在实地调研的基础上，率先提出用“内容模块为先、空间功能承载、数字化架构支撑”三位一体的方法论来创建未来社区，也一一回答了与未来社区建设相关的重点问题，对政府相关部门、研究机构、社区以及相关企业具有重要的参考价值和借鉴意义。

周成虎

中国科学院院士

2022 年 9 月

目　录

第一章

未来社区
含义、特点与架构

社区是城市发展的基本单元。随着社会的日新月异，人们对美好生活有了更好的向往，对社区未来的发展也提出了更高的要求。在新时代背景下，未来社区应该被赋予新的时代内涵。本章分享了对未来社区的理解与定义，梳理了未来社区的发展历程、各层面的政府政策支持及未来社区的分类。结合国内多个案例的实地调研，本章以系统观念为引导，提出以“内容模块为先、空间功能承载、数字化架构支撑”三位一体的方法论来创建未来社区，并详细介绍了未来社区基本架构以及未来社区创建过程中各个模块的组织分工。

一、未来社区现代化建设的基础工程

（一）社区与未来社区的含义

1. 社区的由来

“社区”一词的含义，是在国内外学者长期的研究过程中逐渐形成的。20 世纪初期，“社区”这个中文词在中国出现之前，中国学术界翻译英文中的 Community 和德文 Gemeinshaft，涉及的相关中文词汇有三个，一个是“基本社会”，另外一个是“地方社会”，还有一个是“共同社会”，都是指社会的基础性组织和结构。我国社会学家费孝通在 1948 年建议中文“社区”的英文对应词是 Community，经燕京大学社会学系师生集体认同采用。[①] 自从中文“社区”广泛使用后，人们对社区的理解便含有地域性的因素。在早期的社区研究中，社区被看作大社会的缩影，成为社会学研究的基本分析单位。

2. 社区的含义

2000 年，中共中央办公厅、国务院办公厅转发的《民政部关于在全国推进城市社区建设的意见》中对“社区”作了相关描述：社区是聚居在一定地域范围内的人们所组成的社会生活共同体。21 世纪以来，随着社会经济转型和城市化进程加快，科学发展观和构建和谐社会等新的执政理念的提出，社区呈现出多元化的发展格局。

《社会学概论》[②] 一书，从社会学的角度描述了社区的概念。社区是指以一定地域为基础的社会生活共同体，其内涵包括三方面：社区是人们共同生活的一定的地理空间；社区是人们社会互动的一个社会关系网络；社区是集体认同的一个标志。

时至今日，随着数字化的推进和高科技赋能，在当前的网络环境下，现实生活中的扁平网状化，不是简单地将居民归依自己所居住的社区，而是在社区现实空间基础上，依赖于纵横交错的网络，形成网络中的虚拟社会互动，产生网络中的信息交流、情感交流，形成网络上提供的各类服务，这就是新的历史条件下基层社会结构的特点。在此背景

① 丁元竹 . 中文“社区”的由来与发展及其启示——纪念费孝通先生诞辰 110 周年 [J]. 民族研究，2020（4）.

② 《社会学概论》编写组 . 社会学概论（第 2 版）[M]. 北京：人民出版社 . 2020.

下，应该重新定义社区，社区是具有既定边界，又超越既定边界的现实空间与虚拟空间融合的共同体。

3. 未来社区的含义

从中心城市的功能辐射，到都市圈的协作发展，再到城市群的发展耦合，信息技术和数字化社会的发展，高新技术的不断革新，越来越多的人意识到社区不单单是传统的住宅区，因而集科技与创新于一体、功能齐全的未来社区概念应运而生。不可否认，未来社区代表着目前的潮流，是符合历史发展规律的。上到中央政府，下至各级地方政府对未来社区的探索实践，都在稳步推进中。尤其是近些年不断涌现的地方未来社区试点，反映了居民群众期待社区更安全、更智能、更美好、更有温度的朴素愿景，助力政府满足人民群众高品质生活需求和实现社会治理现代化，为社区民众提供了长链条、全周期的多样、均等、便捷的社会服务，为社区治理者提供了系统、及时、高效的管理支撑。

结合对全国多个具有代表性的未来社区（智慧社区、美好社区、数字化社区等）的调研，我们认为，未来社区是指在一定区域范围内，以数字化技术①为依托，围绕人们生活、工作及相互关系的社会服务、基层治理和经济发展共同体，是共同富裕的基本单元。未来社区代表了未来的技术展望、居民素质、体制机制、价值基础、生活方式。

未来社区主要体现了10个特点和要求：人文化、智慧化、市场化、生态化、可共享、开放式、适配性、差异性、可持续、可评估。

人文化：坚持以人（需求）为本，尊重当地历史文化，配套提供社会服务。

智慧化：未来社区在基层治理、相关服务和运行等方面积极采用数

① 数字化技术包括大数据、云计算、人工智能、物联网、5G、区块链等。

字化技术和智能产品。

市场化：在服务机构选择方面遵循市场机制和优胜劣汰原则。

生态化：未来社区建立在生态环境友好、低碳的基础上。

可共享：在数据价值分享和业务对接的基础上，让社区内及邻近的资源和设施可以共享，实现资源利用效率最大化。

开放式：未来社区是一个相对开放与分工合作的体系，市、区、街道、社区各承担不同职责，空间也可以根据当地实际需要进行调整。

适配性：数字化和智慧化投入按适配、迭代原则进行，不盲目追求高大上，浪费资源。

差异性：尊重各地差异，按“一地一案”原则规划未来社区，鼓励本地创新。

可持续：在政府提供公共服务的基础上，未来社区的总体投入和产出要实现平衡、可持续发展。

可评估：在数字化手段的支持下，未来社区的整体运行、居民满意度、服务提供商表现等方面要实现可评估。

（二）未来社区发展历程

1. 国内未来社区的发展

20 世纪末期以来，未来社区主要以低碳社会、智能化社会等为切入点进行建设，未来社区规划设计主要停留在“单一视角”阶段，依托某种先进技术加以展开。[①] 低碳社会、智能化社会，是对于地方资源利用的重新思考以及民众自主意识的重整，还有对于自身居家环境改善的

① 田毅鹏．未来社区建设的几个理论问题 [J]. 社会科学研究，2020.02.

理想、经济持续发展的期望。比如1999年12月建设部[①]出台的《全国住宅小区智能化系统示范工程建设要点与技术导则》，其中，“智能化小区”主要强调三方面内容：安全防范子系统、信息管理子系统、信息网络子系统。

21世纪初期，在前期探索的基础上，社区的构建更关注于社区硬件的“智慧化”。2013年3月科技部印发《国家高新技术产业开发区创新驱动战略提升行动实施方案》，提出“要推广物联网、云计算等信息技术在智慧社区、智能医疗、智能家居等服务领域广泛应用”，这是我国从国家层面首次提及智慧社区的文件。2014年住建部发布《智慧社区建设指南》，智慧社区指标体系涉及保障体系、基础设施与建筑环境、社区治理与公共服务、小区管理、便民服务和主题社区等6个领域，包括6个一级指标，23个二级指标，87个三级指标。2016年，民政部下发《全国民政标准化“十三五”发展规划》，明确指出“应着重开展社区信息化和智慧社区建设等标准研制”，从国家层面引导智慧社区建立相关标准，进而实现规范化管理。

2019年以后，全国多个地区开始创建探索未来社区。这时的未来社区不仅仅体现智慧化，更体现公共服务、社会治理、经济发展、空间、数字化等多方位发展。未来社区从以新建到改造为主的空间变化，逐步往整体智治、多跨协同共享共治的建设变化发展。例如，浙江省未来社区创建工作已经初步显露系统性、持续性和先进性。根据浙江省未来社区的试点建设方案，未来社区是围绕社区全生活链服务需求所打造的有归属感、舒适感和未来感的新型城市功能单元。未来社区聚焦人本化、生态化、数字化三维价值坐标，以和睦共治、绿色集约、智慧共享为内涵特征，突出高品质生活主轴，构建以九大场景创新为重点的集成

① 现为住房和城乡建设部。

系统，打造有归属感、舒适感和未来感的新型城市功能单元，促进人的全面发展和社会进步。

目前，未来社区有各种不同的涵义，但各种未来社区建设的根本目的是一致的，即通过社区建设来满足人民对美好生活的向往。未来社区当前阶段推进模式最为突出的特点在于其综合性、全面性和实践性，主要引入社区规划的综合视角，在涵盖社区硬件“智慧化”的同时，对社区中的人、人的行为与活动、人和人的关系、人与环境的关联进行了更多的思考和探究。未来社区的未来性通过人文化、智慧化、市场化、生态化、可共享、开放式、适配性、差异性、可持续、可评估等方面体现，以多个方面内容真实地展开。

2. 国外未来社区探索

国际上，未来社区也有诸多探索的轨迹与实际范例可供参考。2000年，罗杰·菲德勒也曾提出过未来社区概念，“它是以各种电子媒介为核心，结合建筑学技术构建的现代社区”[①]。近些年来，国外未来社区的建设往往是运用大胆创新的空间规划、建筑设计手法，利用新型材料、新型能源、新型数字化手段等，倡导融洽邻里关系、智慧生活，围绕社区全生活链，提供传统社区无法提供的新功能，给予居民更多的全天候的智慧化生活体验。

（1）新加坡“邻里中心”

新加坡政府早在20世纪就推行并长期实施的组屋计划，经过几十年的发展和探索，已成为新加坡“城市名片”。“邻里中心”主要分布于政府组屋区内，为当地居民提供生活配套服务，其主要功能为完善

① 罗杰·菲德勒.媒介形态变化：认识新媒介[M].北京：华夏出版社，2000.

的商业、服务、娱乐等生活配套，其实质是购物中心。绿洲台就是新一代邻里中心的一个典型，将“绿色生活”“智能生活”等理念融入其中。1.8 万平方米的共享空间囊括了众多娱乐设施、智能门店，如综合诊所采用药房自动配药系统。此外，绿洲台专门设计出将近 900 平方米的社区广场，并安装有电子屏幕，供居民举办各种活动。①

（2）欧洲太平洋城BLOCK街区

BLOCK 街区体现的是新型居住模式，将商业、休闲、开放、人群、亲和等五大元素融合，通过街区与国际化、居住、娱乐、商务等组合在一起，能聚集一定数量的人口，又有亲切和谐的邻里关系，是未来社区建筑场景建设的重要模式。太平洋城是个现代海滨休闲村，将古朴与现代、天然与优雅融为一体，通过新颖的零售和餐饮服务，营造舒适的体验。太平洋城使用大量玻璃材质、眺望台和回退结构，展现出整个街区的轻盈、飘逸和现代感。

（3）加拿大Quayside未来社区

加拿大 Quayside 社区旨在通过最新的设计思路与最先进的科技手段，围绕交通、基础设施、住房、数字工具、可持续设施、建筑和公共空间的创新，形成加拿大多伦多东部滨水区联合设计的一种新型混合利用的未来社区。社区将物质空间层面与科技数据层面相互渗透并标准化，为城市创新提供依据。物质空间层面从建筑、交通、公共空间、基础设施四个方面来创造更加灵活开放的城市空间，而科技数据层面是将这四方面串联起来，用数据感知的方式贯彻整个社区系统，收集周边实时数据，便于人们及时改善社区。

① 刘慧．都市发展的便民生活圈——新加坡“邻里中心”服务大众 [N]. 人民日报，2022-02-22.

无论是国内还是国外，每一个未来社区的治理和服务创新及经济发展中呈现的亮点都不是独立运行的，其背后都有一套科学空间体系和数字化的支撑，推广复制需要充分结合落地区域的实际。但是，梳理全国未来社区探索经验可以发现，其中的共性成果可为未来社区整体推进贡献智慧。

（三）未来社区相关政策梳理

我国的未来社区相关理论尚处于发展阶段，未来社区的相关政策在各地实践中不断探索总结。为了提高居民的生活质量，国家从上至下对未来社区的建设从最初的粗放型管理逐步转向科学管理。一是国家层面从多维度进行宏观政策顶层设计，积极推动社区发展，注重科学规划引领，坚持分类统筹实施。二是地方层面根据自身实际情况，加快制定未来社区政策，保障创新，优化社区治理模式，大力促进数字转型，不断深化改革探索，加快推进未来社区政策试点落地和方案创新。三是研究机构进行相关研究，提出一系列政策建议。

1. 国家层面相关政策

国家层面围绕社区相关公共服务、社会治理、经济发展、空间规划、数字化建设等方面出台了相关政策予以支持（见表 1–1）。

表 1-1　国家层面相关政策

发布时间	政策名称	发布单位	相关内容
2016.12	《“十三五”国家信息化规划》	国务院	推进智慧社区建设，完善城乡社区公共服务综合信息平台，建立网上社区居委会，发展线上线下相结合的社区服务新模式
2017.06	《关于加强和完善城乡社区治理的意见》	中共中央 国务院	全面提升城乡社区治理法治化、科学化、精细化水平和组织化程度

续表

发布时间	政策名称	发布单位	相关内容
2020.07	《关于全面推进城镇老旧小区改造工作的指导意见》	国务院办公厅	改善居民居住条件，推动构建“纵向到底、横向到边、共建共治共享”的社区治理体系
2021.03	《中华人民共和国国民经济和社会发展第十四个五年规划和2035年远景目标纲要》	十三届全国人大四次会议表决通过，新华社授权播发	涉及包括智慧社区、智慧家居、智慧医疗、智慧政务、智能交通等在内的十大领域的数字化场景应用
2021.04	《2021年新型城镇化和城乡融合发展重点任务》	国家发展改革委	建设宜居、创新、智慧、绿色、人文、韧性城市，推进城市现代化试点示范
2021.04	《关于加强基层治理体系和治理能力现代化建设的意见》	中共中央国务院	市、县级政府要将乡镇（街道）、村（社区）纳入信息化建设规划，统筹推进智慧城市、智慧社区基础设施、系统平台和应用终端建设，强化系统集成、数据融合和网络安全保障。健全基层智慧治理标准体系，推广智能感知等技术
2021.06	《关于支持浙江高质量发展建设共同富裕示范区的意见》	中共中央国务院	赋予浙江重要示范改革任务，先行先试、作出示范，为全国推动共同富裕提供省域范例
2021.12	《“十四五”城乡社区服务体系建设规划》	国务院办公厅	以村（社区）为基本单元，以各类社区服务设施为依托，以满足村（社区）居民生活需求、提高生活品质为目标，以公共服务、便民利民服务、志愿服务为主要内容的服务网络和运行机制
2022.04	《关于开展2022年全国示范性老年友好型社区创建工作的通知》	国家卫生健康委、全国老龄办	按照全国示范性老年友好型社区创建标准，创建1000个全国示范性老年友好型社区

资料来源：作者根据相关公开资料整理。

2. 地方层面相关政策

为配合中央的相关政策落地，地方积极探索未来社区相关政策，以下是部分地方政策内容列举。

（1）浙江省

2019年，浙江省在全国范围内率先提出建设“未来社区”并出台《浙江省未来社区建设试点工作方案》，提出以人民美好生活向往为中心，打造有归属感、舒适感和未来感的新型城市功能单元。此后陆续公布《浙江省首批未来社区试点创建项目建议名单公示》《关于高质量加快推进未来社区试点建设工作的意见》《关于进一步加强财政金融支持未来社区试点建设的意见》等，从试点筛选、建设指引、财政支持等方面推进未来社区建设落地。

（2）山东省

2021年，《山东省“十四五”数字强省建设规划》出台，战略部署建设数字强省，加快新型智慧城市和数字乡村建设。同年，山东省大数据局会同有关部门，在全省范围内启动智慧社区（村居）建设提升行动。

（3）江苏省

2022年江苏省政府办公厅印发《江苏省“十四五”城乡社区服务体系建设规划》，提出进一步完善全省城乡社区服务体系，提升城乡社区服务能力，充分发挥城乡社区在基层社会治理和公共服务中的基础作用，不断增强人民群众的获得感、幸福感和安全感。

（4）北京市

2014年，根据《智慧北京行动纲要》和《北京市智慧社区建设指导标准》，北京市落实《关于在全市推进智慧社区建设的实施意见》。北京市海淀区在40个社区开展智慧化建设试点，完善“城市大脑”，前期主要聚焦于公共安全、智慧城管、智慧交通、智能环保、人口监测五个领域。

（5）上海市

早在2013年，上海市就出台了《上海市智慧社区建设指南(试行)》，提出推进智慧城市建设，是上海加快实现创新驱动转型发展的重要手段、深化实践“城市，让生活更美好”的重要举措。在2020年后，上海又陆续出台了《关于进一步加快智慧城市建设的若干意见》《上海市高质量发展社区社会组织专项行动实施方案》《社区新型基础设施建设行动计划》等政策支持未来社区建设。

（6）重庆市

2018年，重庆市委、市政府推进智慧小区建设，组建了智慧小区工作领导小组，研究制订智慧小区专项实施方案，并发布实施《重庆市智慧小区评价标准》，以通信基础、公共应用系统、家庭应用系统和小区公共服务平台为主，形成了涵盖形式审查、设计评价、过程指导等全过程评价工作机制。

（7）广东深圳市

2020年，《深圳市重点区域规划建设设计指引导则》发布，福田区、南山区响应政策，借鉴国内外探索经验试点未来社区建设模式。此外，《深圳市人民政府关于加快推进新型基础设施建设的实施意见(2020—2025年)》《深圳市人民政府关于加快智慧城市和数字政府建设的若干意见》《深圳市数字经济产业创新发展实施方案(2021—2023年)》等政策陆续出台，未来社区建设落地加快推进。

（8）四川成都市

2021 年发布的《成都市中优“十四五”规划》中提出，成都将在公园城市示范区建设中改革创新，结合环城生态公园周边规划优化，建设 11 个城园融合片区和 100 个未来美好公园社区。

3. 研究机构相关研究

除了国家、地方层面的政策支持，各地相关研究机构也对未来社区进行了相关研究，提出了相关认识和政策建议。

（1）《上海市智慧社区发展白皮书（2015）》

从政策措施、建设规模、发展特点、模式分析等方面入手梳理已有的智慧社区建设成果，指出信息基础设施网络化、生活服务便利化、管理与公共服务信息化、小区管理智能化、家居生活智能化将成为智慧社区建设的主旋律。

（2）《未来社区数字化操作系统白皮书》

2019 年阿里云研究中心和衢州市大数据局发布白皮书，以共建的新一代人工智能创新联合实验室发布对未来社区首个创新合作成果。成果认为未来社区数字化操作系统是运行在统一的云平台之上的，同时未来社区数字化操作系统又是支撑社区各种场景下智能应用运行的一个复杂系统介绍。

（3）《5G未来社区白皮书》

2020 年中国联通发布《5G 未来社区白皮书》，指出 5G 作为智慧互联的驱动力，融合物联网、大数据、云计算、人工智能等先进技术升级未来社区智能中枢，赋能到未来社区生产、生活的各个应用场景，重构生产、生活服务体系，重塑教育、健康、交通、低碳、创业、消费模式，打造宜居、绿色、共治、众创、充满人文关怀的社区新模式。

（4）《智慧社区建设运营指南（2021）》

国家信息中心智慧城市发展研究中心发布指南，总结提炼了当前智慧社区发展现状和问题，推动智慧社区从以建为主转向长效运营，构建政府引导、政企合作、多方参与、专业运营合作的可持续发展生态，促进有效市场和服务型政府有机结合。

（四）未来社区分类

由于各地经济基础、地理环境、人文特色等因素各异，不同未来社区的探索模式都不尽相同，根据社区的人群结构、形态功能、产业基础、特定空间特征、社会生活特质等要素特征，结合全国各地社区的实际情况，可以从建设、经济、组织等维度进行分类。

1. 从建设角度分类

从未来社区的建设角度，结合浙江未来社区建设技术指标体系比较成熟的经验，未来社区创建主要分为整合提升类、拆改结合类、全拆重建类、规划新建类等类型。

（1）整合提升类

主要指整体建筑质量与环境品质较好的社区，以数字化智慧化改造和场景功能嵌入为主，整合现有运营资源，增补优质社区公共服务配套。

（2）拆改结合类

主要指存在质量安全隐患的老旧小区与一些住宅小区混杂的社区，通过统筹协调保留与拆建区域，实现城镇老旧小区改造与片区联动城市更新相结合。

（3）全拆重建类

主要指存在较大安全隐患的住宅小区，综合考虑政策处理难度小、居民意愿高、改造需求强等因素，科学有序推进拆建。

（4）规划新建类

主要优先在人口集聚潜力大、公共交通便捷、地上地下空间复合开发禀赋好的城市发展核心区中，开展规划新建类创建。

2. 从经济角度分类

从未来社区的经济角度，根据当地社区实际的经济组织与活动，将社区分为产城融合型、商住配套型、社区创业型和人才公寓型四类基本形态。除此之外，也存在无明显经济活动的纯住宅型社区。

（1）产城融合型

主要指将产业发展融入社区之中。市、区级先作好当地主要领域产业规划，街道再根据市、区相关经济政策进行落地，社区作好后勤保障服务。

（2）商住配套型

主要指在住宅的基础上，以商业与服务等经济活动为主，配套相关商铺，包括商店、超市、餐饮、娱乐设施等，以消费拉动经济。

（3）社区创业型

主要指新冠疫情发生以来，依托“互联网 +”技术和社区空间载体而出现的居家办公与社区创业这两种全新经济业态。社区内多为高新技术等相关行业的年轻从业者或创业者。

（4）人才公寓型

主要指围绕专门用于人才就业的生活配套租住公寓所形成的居住社区，通过提供配套齐全、设施完善、服务优良的人才公寓，实现人才汇聚、价值实现。

（5）纯住宅型

主要指以纯住宅为主的社区，暂时无明显的经济属性，主要服务于居民。

3. 从组织角度分类

从组织的角度，根据行政辖区，未来社区可以按市域、县域、镇域、街道、社区等进行组织分类。此外，组织角度分类还涉及功能关联区域类，即跨行政区域的功能空间。地方区域根据自身特定的目标进行组织，例如杭州富阳全域未来社区、宁波前湾新区产城融合未来社区、绍兴古城未来社区等。

二、未来社区基本架构与分工

（一）未来社区基本架构

1. 未来社区结构架构

未来社区整体主要形成"内容（公共服务与治理、经济发展）引领未来发展、空间数字两大支撑、场景聚焦关键领域、评估促进持续完善"的结构架构。

（1）内容

未来社区的内容主要包括公共服务与社会治理以及经济发展。

①公共服务

公共服务核心内容包括养老、教育、健康及符合不同未来社区实际情况的特色配套等。区或街道可以针对某几类服务规划和建设标准化服务场所（驿站）直接落地到社区。此外，不同未来社区可提供金融服务、健康咨询服务、24 小时在线问诊、艺术培训、创业扶持、特殊人群帮扶、共享停车等多种多样公共服务。

②社会治理

社会治理首先基于党建统领。区、街道、社区党组织多级联动，通过健全党建联席会议制度或成立联合党支部等，健全党组织领导下的社区居民自治机制和社会组织参与治理机制，巩固和扩大党建工作与社会治理及服务的深度融合。

此外，在组织形式和机制上，主要实行网格化管理和共享共治机制。网格化管理是建成社区网格化体系，使这些网格成为政府管理基层社会的单元。网格化体系拥有专业网格员队伍，网格员可以来自各个部门，专兼皆可，但须具备多种能力（专业与协调能力）、信用可靠。网格员主要工作是进行登记信息和事件上报，随时支持和响应事件。通过网格化，基本上形成市、区县、街道、社区的完整管理体系。共享共治机制实质是资源共享、社会协同、公众参与，提高了社会治理社会化、法治化、智能化、专业化水平。所有人都可以参与到未来社区建设中，公众都可以是网格员，身边发生的事件都可以通过数字化端口进行登记、上报，并结合电子哨兵、门禁等数字化手段确保突发事件快速得到反馈并进行解决。通过共享共治机制，可以减轻专职网格员压力，降低治理成本。

③经济发展

社区的发展离不开经济发展。未来社区慢慢地成为新经济要素的潜在集聚地，具备了孕育和承载新型经济活动的基础。

（2）空间

空间即物理空间、资源等，包括整个区域的建筑、交通、自然和经济资源以及相关公共设施或物业。最主要确保建设社区办公、社区客厅或驿站、社区食堂等每个社区最需要的基础空间。

未来社区空间主要打造 5~15 分钟生活圈，可包括服务中心、24 小时生活馆、食堂、文化艺术馆、图书室、老年活动室、儿童游乐场所、托幼场所、健身房、药房、共享会议室、共享厨房等空间。根据需要可配套一定的商铺，如餐饮店、超市、银行、亲子店、生活驿站、干洗店、美容理发店、糕点店、按摩养生店等。

（3）数字化

未来社区数字化建设是数字社会建设的重点场景应用之一，也是数字社会的基础。未来社区数字化主要是指利用现代技术和通信手段，设计合适的数字化架构，以合理的技术路线，构建兼容性、稳定性都能满足当前需求和兼顾部分未来预期的数字平台，改变社区为居民提供服务的方式，将数字技术融入邻里服务与治理当中。

未来社区数字化架构主要内容包括：感知接入层、IaaS（Infrastructure as a Service 基础设施即服务）层、PaaS（Platform as a Service 平台即服务）层、能力层、SaaS（Software as a Service 软件即服务）层等部分，与未来社区设施、网络、数据、系统、平台、业务组件相连接。未来社区数字化基础设施包含接入基础设施、物理基础设施、数据基础设施、应用基础设施等。通过建立未来社区数字化可以实现对社区资源的有效整合，对于加强社区管理、提升社区智慧化具有重要意义。

（4）场景

场景是建设未来社区的重要着力点，推动与人们息息相关的生活各方面的转变。未来社区的场景是多样的，包括邻里、教育、健康、创业、建筑、交通、治理等各种场景。不同地区的落地场景打造不是根据统一的标准去复制，而是在突出人本化、生态化、数字化的基础上，以满足人们需求为最重要的导向，因地制宜地结合特色去创新。

（5）评估

评估是全面了解运作现状、发现问题并着手进行优化的有效方法。未来社区建设作为一项系统性的社会工程，其建设和优化都离不开完整评估体系的建设。通过完善的评估体系，规范未来社区的建设方式，引导未来社区的发展方向，为未来社区的管理工作提供抓手和工具，促进未来社区的持续完善。

2. 未来社区基本流程框架

根据未来社区的结构框架，未来社区整体的基本流程如图 1–1 所示：

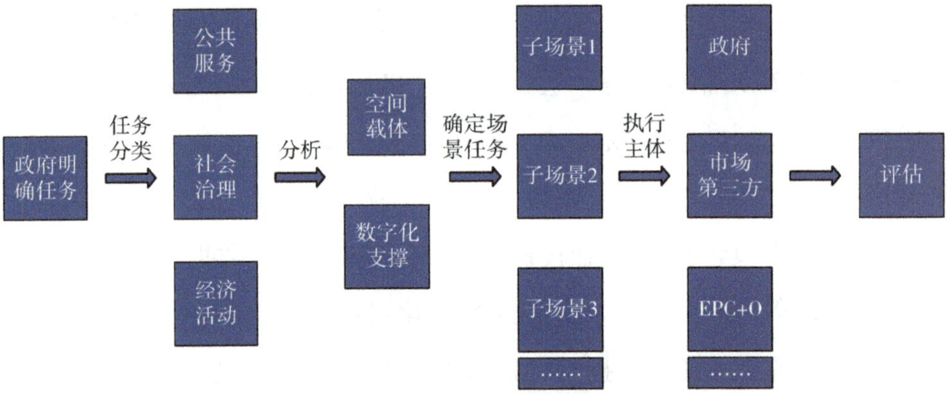

图 1-1　未来社区基本流程框架图

资料来源：作者自制。

第一，政府明确未来社区主要任务，主要任务内容主要是公共服务、社会治理和经济活动三方面。第二，政府根据社区的实际需求、问题导向进行分析，了解现状，对当地及周边的资源情况进行掌握，主要包括已有空间载体和数字化基础情况。第三，根据空间载体和数字化基础情况，确定哪些部分是需要新建的、哪些部分是可以共享的。第四，确定社区实际需要的场景任务，如养老、教育等子场景，形成多跨场景协同和"享系列"建设。第五，根据投入产出及融资需求情况，确定执行的主体是政府还是市场化第三方或者采用 EPC+O 等形式。第六，对未来社区进行评估，促进持续完善。

3. 未来社区运行内核架构

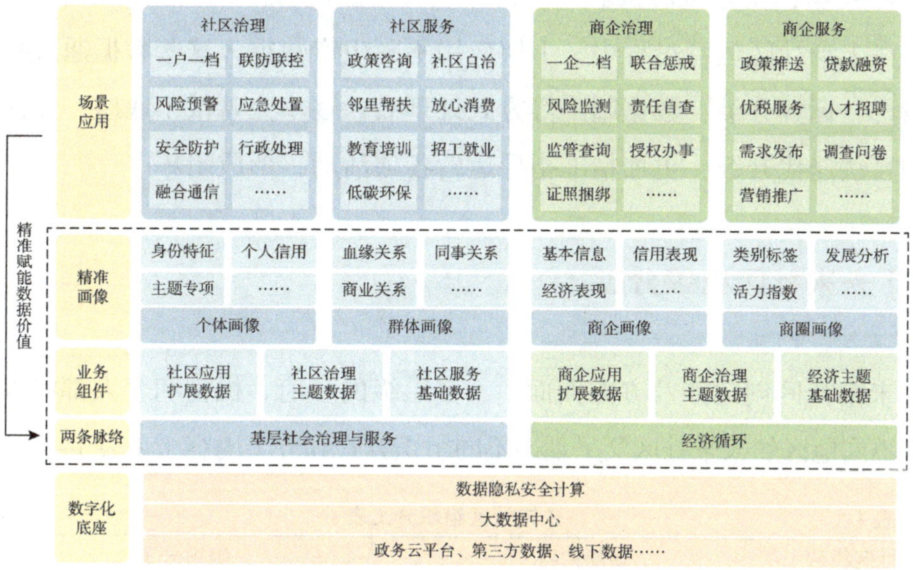

图 1-2　未来社区运行内核架构图

资料来源：作者自制。

未来社区运行内核即以数字化底座为基础（见图 1-2），通过基层社会治理与服务、经济循环两条脉络，构建社会治理与服务主题库（社区应用扩展数据、社区治理主题数据、社区服务基础数据）和经济循环主题库（商企应用扩展数据、商企治理主题数据、经济主题基础数据），形成精准的个体画像（身份特征、行为模式、个人信用和主题专项等）、群体画像（血缘关系、师生关系、同事关系、商业关系、社会活动关系、个人行为轨迹、地理区域关系等）、商企画像（基本信息、信用表现、经济表现、风险表现、荣誉情况、处罚情况、社区居民评价等）和商圈画像（类别标签、发展分析、营商环境分析、活力指数、潜力产业分析、周边配套剖析等），并用数字化手段、基层社会治理和经济运维方法，支撑辖区内个人各类活动和企业经营等相关经济行为，从而与辖区内各个运营场景之间实现数据（价值）可共享、业务可对接。

在未来社区运营过程中，上层应用不断生产数据，这些数据通过数据清洗、标签分类、数据归集等方式处理后，逐步完善数字底座，促使模型算法迭代升级，更加精准指导运营各项活动，形成闭环。

（二）未来社区组织分工

未来社区创建涉及方方面面，不同层级的政府、机构和个人都将参与，不同地区的未来社区又呈现出不同组织方式和分工内容（见表 1-2）。

表 1-2 未来社区组织分工表

未来社区模块	功能内容	组织分工
空间建设	空间规划设计	设计院与咨询机构编制
	建筑外立面改造、景观改造、室内改造等	建设单位
数字化建设	感知层：物联网、安防监控、音视频、电话等“神经元”	感知类硬件厂商
	政务云、大数据平台等	市政府或区政府
	数据仓库：个人数据库、企业数据库、资源数据库、其他主题数据库	经济类数据在区政府，个人类数据根据需要可以在区政府或街道
	支撑：隐私安全计算等	第三方数据公司
	一网统管、一网通办，例如浙里办、浙政钉、粤省事等	省、市级多部门协同机制
	应用端入口：App、微信小程序、支付宝入口等（支持养老、健康、邻里等各种应用）	区政府或街道为主、社区为辅
	展示端：大屏、PC端设备、手机端设备	区政府或街道为主做大屏展示；工作人员利用PC端以及手机端采集
公共服务	推动公共服务发展，健全完善公共服务体系，持续推进基本公共服务均等化，着力扩大普惠性基本公共服务供给，丰富多层次多样化生活服务供给	党建统领，引导社会组织、社会工作者、志愿者和慈善资源等社会力量和市场力量共同参与

续表

未来社区模块	功能内容	组织分工
社会治理	网格化管理：划分为若干个互相联结的网格单元，以网格为单位落实管理责任	各级政法部门层层分解、落实
	共享共治、社区自治	第三方数据公司支持，社区党组织领导，社区居委会具体组织，社区公共服务机构、社区社会组织、业主组织、驻区单位和社区居民多元参与、共同治理
经济活动	产城融合、商住配套、社区创业和人才公寓等	根据实际情况选择性实施，一般在区政府、街道、社区进行分工
场景建设	特色配套：驿站	区政府或者街道
	互助公社	街道或者社区
	基本场景：保障社区居民群众的生存和发展基本需要	区政府或者街道
	普惠性非基本场景：满足社区居民群众更高层次需求，提高社会整体福利水平	区政府、街道、市场化公司共同参与
	满足生活多样化、个性化、高品质的场景	市场化公司
社区运营	应用场景运营、社区服务运营、物联网数字化运营	物业公司、第三方专业公司
	数字积分运营	规划机构对积分产生、发布和激励进行规划与设计，区政府、街道、社区或相关机构按一定规则发放积分，积分运营公司负责积分应用运营
数字化运营与评估	场景数字化运营，通过数据分享实现资源共享；对评估数据获取和分析，形成系统评价、动态评价与科学评价	第三方公司进行数字化运维、分析及对参与社区服务各个机构和个人的评估

资料来源：作者在调查的基础上对未来社区不同模块的相关实施方进行了梳理。

第二章

未来社区公共服务与治理

党的二十大报告指出，增强城乡社区群众自我管理、自我服务、自我教育、自我监督的实效。“十四五”时期我国将“推动基本公共服务与社会治理深度融合，实现社区综合服务中心等基层公共服务供给站点与以社区网格员为主体搭建的社会治理网络有机结合”。未来社区需要在提供服务中加强治理，在创新治理中保障服务。数字化技术在提升未来社区服务和治理能力并促进机制创新方面大有可为。

一、未来社区公共服务与治理内容扩展及需求升级

（一）未来社区公共服务与治理的总体框架

党组织领导、村（居）委会主导、人民群众为主体构成了我国基层社会治理的基本框架，其目标是要建设人人有责、人人尽责、人人享有的社会治理共同体，形成共建共治共享的社会治理格局。未来5年中，我国要建立起党组织统一领导、政府依法履责、各类组织积极协同、群众广泛参与，自治、法治、德治相结合的基层治理体系。①

① 中国政府网：《中共中央国务院关于加强基层社会治理体系和治理能力现代化建设的意见》。

城乡社区服务体系也是由党委统一领导、政府依法履责、社会多方参与的合作体系。到2025年，政府保障基本、社会多元化参与、全民共建共享的公共服务供给格局将基本形成。[①] 各类行动主体是未来社区智慧平台的使用者，主体之间的角色、定位和互动关系也是未来社区智慧平台设计的现实依据。

1. 党委统一领导

党建引领是基层社区公共服务和治理的核心。党建引领社区工作，有利于坚持和完善我国统筹城乡的民生保障制度，有利于坚持和完善我国共建共治共享的社会治理制度，构建城乡社区治理共同体。[②]

党建工作在社区治理和服务中体现出“一核多元”和“一核多能”的特点。从社区治理创新来说，各地逐步形成了社区党委与辖区内各主体之间的“一核多元”同心圆式的治理格局。“一核”即“一个领导核心”，以社区党委为领导核心；“多元”即多元共治主体，社区服务中心、社会组织、驻地非公经济组织、辖区公立机构等多元主体共同参与社区治理和服务。[③] 从社区服务创新来说，党组织具有“一核多能”的作用，即在党组织发挥领导核心和战斗堡垒作用的前提下，延伸拓展多项服务功能[④]，建设基层服务型党组织，服务改革、服务发展、服务民生、服务群众、服务党员。

首先，党建引领要强化社区党组织建设。我国不少地区建立了街道党工委牵头、驻区单位党组织负责人参加的社区党建工作联席会议制度，有的地方则通过跨社区建立的联合党支部加强党对基层治理和服

① 中国政府网：《“十四五”公共服务规划》。

② 宋贵伦，杨积堂．党建引领下的社区物业共治 [J]. 前线，2020(05):80-83.

③④ 曹海军．党建引领下的社区治理和服务创新 [J]. 政治学研究，2018(01):95-98.

务的全面领导。以北京市为例，北京市围绕加快推进区域化“街道大工委”“社区大党委”机制建设，推动区域化党建广泛覆盖，街道社区党组织覆盖率达100%。[①] 各地社区还建立了党建服务中心和党群服务中心，一方面为丰富多样的区域化党建工作找到了新的载体，另一方面也为党建引领下的社区治理和服务创新搭建了平台。[②]

其次，党对基层社区的领导要不断加强。加强基层治理要坚持党对基层治理的全面领导，把党的领导贯穿基层治理全过程、各方面。全面落实党领导下的城乡社区协商制度和在职党员到社区报到为群众服务的制度。建立健全党建引领下的社区居民委员会、业主委员会、物业服务企业协调运行机制。如，北京市探索了党建引领下的社区物业共治模式，在物业服务企业和业主委员会中成立党组织、选派党建指导员，探索推进社区党组织、居民委员会和物业服务企业、业主委员会成员交叉任职。还推进“街乡吹哨、部门报到”向社区扩展延伸，小区停车管理乱、物业收费过高、新老物业交接矛盾、业主委员会缺失等老大难问题得到有效解决。[③]

最后，党建引领要充分发挥信息技术优势。“互联网＋党建”等党建信息化平台的功能不能仅仅停留在更加便捷地开展党务管理上，而是要从党建引领多方主体共建共治共享的角度进一步激发基层党建活力，强化协调整合资源的功能，着力改进党建信息化平台功能设计、资源整合、数据分析、流程优化，使数字化技术在提升党组织领导基层治理能力方面发挥更大作用。只有“互联网＋党建”等党建信息化平台有用、管用、好用，党员群众才会使用、想用、爱用。[④]

① 宋贵伦．北京市社会建设十年回顾与展望[J]．社会治理，2018(01):21-26.

② 曹海军．党建引领下的社区治理和服务创新[J]．政治学研究，2018(01):95-98.

③ 宋贵伦，杨积堂．党建引领下的社区物业共治[J]．前线，2020(05):80-83.

④ 王保彦，邸晓星．“互联网＋党建”精准服务群众研究——以天津红桥区“微实事工作室”为例[J]．中共天津市委党校学报，2019，21(02):20-27.

2. 政府依法履职

在公共服务方面，政府是基本公共服务的供给主体，同时在非基本公共服务和生活服务领域承担总体规划和政策制定的职责。为了推动社会治理和服务重心下移、资源下沉，市县级政府要规范社区公共服务和代办政务服务事项。推进社区综合服务设施建设，依托其开展就业、养老、医疗、托幼等服务，加强对困难群体和特殊人群关爱照护，做好传染病、慢性病防控等工作。加强综合服务、兜底服务能力建设。完善社区服务业发展政策，通过政府购买社区服务，鼓励社区服务机构与市场主体、社会力量合作。政府审批权限和公共服务事项将不断向基层延伸，构建网格化管理、精细化服务、信息化支撑、开放共享的基层管理服务平台，推动就业社保、养老托育、扶残助残、医疗卫生、家政服务、物流商超、治安执法、纠纷调处、心理援助等便民服务场景有机集成和精准对接。

在基层社会治理方面，街道要不断强化基层政权治理能力，包括行政执行能力、为民服务能力、议事协商能力、应急管理能力和平安建设能力。与此同时，基层政府需要厘清自身与基层群众性自治组织的权责边界，制定区级政府、街道在城市社区治理方面的权责清单制度，实行工作事项准入制度，减轻基层社区组织负担。

社区治理要坚持党组织领导基层群众性自治组织，加强基层群众性自治组织规范化建设，合理确定其功能、规模和事务范围。[①] 完善城市社区居委会职能，发挥居委会下设的人民调解、治安保卫、公共卫生等委员会作用，督促业委会和物业服务企业履行职责，改进社区物业服

---

① 丁元竹 . 党的十八大以来党领导社会建设的实践和经验——党的十九届六中全会精神学习体会 [J]. 中国发展观察，2021(23):16-20.

务管理。在应急状态下，由社区“两委”统筹调配本区域各类资源和力量，组织开展应急工作。政府部门还要积极构建专职化、专业化的社区工作者队伍。

3. 社会多方参与

社会组织具有行动灵活、贴近基层的特点，在社区公共服务和治理中具有天然优势。“十四五”期间我国将着力推动社会组织服务大局、服务基层，实施包括“培育发展社区社会组织专项行动”在内的多项社会力量参与社区服务的专项行动（见表 2–1），还制定了《培育发展社区社会组织专项行动方案（2021—2023 年）》。为落实这些规划要求，未来社区如何为社会组织提供接入端口，如何支持社会组织在基层的活动，成为一个值得思考的重要课题（见表 2–2）。

表 2-1　社会力量参与社区服务的专项行动

序号	专项行动	主要内容
1	培育发展社区社会组织专项行动	实施一批项目计划，开展系列主题活动，培育一批品牌社区社会组织和品牌活动项目，引导服务性、公益性、互助性社区社会组织广泛参与社区服务
2	社区志愿服务行动	依托社区综合服务设施建立志愿服务站点，搭建志愿服务组织（者）、服务对象和服务项目对接平台，以困难群体和特殊人群为重点广泛开展志愿服务，大力开展邻里互助服务和互助交流活动
3	社区社会工作服务行动	在乡镇（街道）设置面向村（社区）服务的社会工作站，依托社区综合服务设施建立社会工作室，开展社会工作专业服务

资料来源：作者根据《“十四五”城乡社区服务体系建设规划》整理。

表 2-2　培育发展社区社会组织的工作计划和重要活动

工作计划	重要活动
培育发展计划	“邻里守望”系列社区志愿服务活动
能力提升计划	“共建共治共享”系列社区协商活动
作用发挥计划	“共创平安”系列社区治理活动
规范管理计划	“文化铸魂”系列精神文明创建活动

资料来源：作者根据民政部印发的《培育发展社区社会组织专项行动方案（2021—2023 年）》整理。

在育幼、养老等供需矛盾突出的社区公共服务领域，我国支持社会力量扩大普惠性、规范性服务供给，保障提供普惠性、规范性服务的各类机构平等享受优惠政策。鼓励社会力量通过公建民营、政府购买服务、政府和社会资本合作等方式参与公共服务供给。

推动社会力量参与社区治理和服务需要进一步健全社会力量参与社区服务的激励政策，加强财政补助、购买服务、税收优惠、人才保障等政策支持、事中监管和事后评估，组织社会力量参与社区服务行动，推动社区与社会组织、社会工作者、社区志愿者、社区公益慈善资源联动开展服务。

为了畅通和规范市场主体、新社会阶层、社会工作者和志愿者等参与社会治理的途径，还需要借助制度创新和现代科技搭建更多志愿服务平台，健全志愿服务体系，发展社会工作服务机构和志愿服务组织的创业项目，壮大志愿者队伍，通过积分计划调动居民参与社区公共事务的积极性，全面激发基层社会治理活力。

市场化主体在社区治理和服务中也日益发挥重要作用。驻区单位与社区居民共享资源、共享人才、共享成果。社区服务企业按照市场化方式进入社区服务领域，开展连锁经营，形成名优品牌和龙头企业，不断提升生活服务的质量。未来社区的数字化规划、建设和运营具有较强的专业性，目前大部分地区通过政府购买服务进行规划和建设，在可持续运营方面还需要建立更加密切的党政与运营机构、社区居民多方互动的伙伴关系，充分发挥数字技术对社区治理和服务的支撑作用。

社区居民对社区治理的有序参与是新时代基层社会治理的必然趋势。当前，居民对社区公共事务的参与度低，志愿性参与不足，参与范围和形式也较为单一。搭建平台和积分激励是调动居民参与的有效手段。如，杭州市萧山区七彩社区设立“红蓝”信用积分平台，“红分”为公益积分，对参与公益任务、志愿服务或邻里互助等给予奖励积分；“蓝分”为任务积分，对于居民参与垃圾分类、庭院卫生等日常任务及各类临时发布的社区任务等给予奖励积分。积分可用于兑换周边商户消费券或直接兑换商品。[①] 信用积分不仅调动了居民参与社区治理和服务的积极性，还弘扬了诚信守约、共享互助的社区共同体精神。

（二）未来社区公共服务基本内容及提供方式

社区服务是人民群众家门口的服务，关乎民生，连接民心。“十四五”时期，我国首次围绕“城乡社区服务体系建设”主题制定了专项规划，推动基本公共服务资源向社区下沉，优先发展社区养老、托育等服务。结合党和国家最新文件，我们梳理了未来社区公共服务的目标定位、主要内容、提供方式以及关键场景。数字化技术在社区公共服务的各个方面都可以发挥提质增效的作用。

1. 未来社区公共服务的目标定位

“十三五”期间，我国城乡社区服务体系建设取得积极进展，截至 2021 年末，我国共有社区服务中心 2.9 万个，社区服务站 47.2 万个。[②] “互联网 + 社区政务服务”“互联网 + 社区商业服务”加速推进，全国 11.3 万个居民委员会初步实现信息集中汇聚、统一管理、

① 杭州市之江智慧场景中心 2022 年 2 月 10 日提供。

② 国家统计局：中华人民共和国 2021 年国民经济和社会发展统计公报。

动态更新。[①]

“十四五”时期，我国的公共服务供给将从基本公共服务、非基本公共服务和生活服务三个层次展开[②]，三者之间既有机衔接又各有侧重。各个层次的目标分别是保基本、促普惠、提品质，对应着不同的权责主体（见表 2–3）。

表 2-3 不同类别的公共服务及供给主体

类别	目标	定位	供给主体
基本公共服务	保基本	保障全体人民生存和发展基本需要、与经济社会发展水平相适应的公共服务，强调服务的均等化	政府为主，市场主体和公益性社会机构补充
非基本公共服务	促普惠	公民更高层次需求、保障社会整体福利水平所必需但市场自发供给不足的公共服务，强调服务的普惠性	公益性社会机构或市场主体为主，政府提供支持
生活服务	提品质	一些完全可以由市场供给、居民付费享有的生活服务，强调服务的多样化、个性化和高品质	市场供给，政府主要负责营造公平竞争的市场环境

资料来源：作者根据《“十四五”公共服务规划》整理。

社区是为民服务的“最后一米”。到 2025 年末，党建引领社区服务体系建设更加完善，服务主体和服务业态更加丰富，线上线下服务机制更加融合，精准化、精细化、智能化水平持续提升，社区吸纳就业能力不断增强，基本公共服务均等化水平明显提升。表 2–4 总结了“十四五”时期城乡社区服务体系建设的具体指标，其中，城市社区政务通用自助服务到 2025 年要实现 100% 全覆盖。加强未来社区公共服务的数字化建设不仅是一项硬性指标，同时也是实现公共服务提质升级的必由之路。

① 中国政府网：《国务院办公厅关于印发“十四五”城乡社区服务体系建设规划的通知》（国办发〔2021〕56 号）。

② 中国政府网：《“十四五”公共服务规划》。

表 2-4　“十四五”城乡社区服务体系建设主要指标

序号	指标	2020 年基期值	2025 年目标值	指标属性
1	农村社区综合服务设施覆盖率	65.7%	80%	预期性
2	城市社区综合服务设施覆盖率	100%	100%	预期性
3	社区商业和综合服务设施面积占社区总建筑面积的比例	—	≥10%	预期性
4	每百户居民拥有社区综合服务设施面积	29.8平方米	≥30平方米	预期性
5	居民活动区域面积占社区综合服务设施总建筑面积比例	—	≥60%	预期性
6	城市社区政务通用自助服务覆盖率	—	100%	预期性
7	每万城镇常住人口拥有社区工作者	15人	18人	预期性

资料来源：《“十四五”城乡社区服务体系建设规划》。

2. 未来社区公共服务的主要内容

“十四五”时期，我国将进一步“推动公共服务发展，健全完善公共服务体系，持续推进基本公共服务均等化，着力扩大普惠性基本公共服务供给，丰富多层次多样化生活服务供给”[①]，明确了基本公共服务、非基本公共服务以及居民付费享有的生活服务之间的边界。社区是公共服务的重要场域，肩负着直接向广大居民提供基本公共服务、普惠性非基本公共服务和生活服务的任务。

（1）基本公共服务

基本公共服务是保障全体人民生存和发展基本需要、与经济社会发展水平相适应的公共服务，由政府承担保障供给数量和质量的主要责任，引导市场主体和公益性社会机构补充供给。[②]政府是基本公共服务体系建设的主导者，是基本公共服务范围和标准的制定者，同时也是基

①② 中国政府网：《“十四五”公共服务规划》。

本公共服务的主要提供者。

《国家基本公共服务标准（2021 年版）》规定了九个方面的基本公共服务标准：幼有所育、学有所教、劳有所得、病有所医、老有所养、住有所居、弱有所扶、优军服务保障、文体服务保障，明确了 22 大类共 80 项基本公共服务的对象、内容、标准以及责任单位（见表 2-5）。基层是党和政府联系人民群众的纽带、服务人民群众的平台，政府承担的基本公共服务大部分都要落实到基层社区。

表 2-5　基本公共服务的主要内容

领域	类别	具体内容
幼有所育	优孕优生服务	农村免费孕前优生健康检查；孕产妇健康服务；基本避孕服务；生育保险
	儿童健康服务	预防接种；儿童健康管理
	儿童关爱服务	特殊儿童群体基本生活保障；困境儿童保障；农村留守儿童关爱保护
学有所教	学前教育助学服务	学前教育幼儿资助
	义务教育服务	义务教育阶段免除学杂费；义务教育免费提供教科书；义务教育家庭经济困难学生生活补助；贫困地区学生营养膳食补助
	普通高中助学服务	普通高中国家助学金；普通高中免学杂费
	中等职业教育助学服务	中等职业教育国家助学金；中等职业教育免除学费
劳有所得	就业创业服务	就业信息服务；职业介绍、职业指导和创业开业指导；就业登记与失业登记；流动人员人事档案管理服务；就业见习服务；就业援助；职业技能培训、鉴定和生活费补贴；“12333”人力资源和社会保障电话服务；劳动关系协调；劳动用工保障
	工伤失业保险服务	失业保险；工伤保险

续表

领域	类别	具体内容
病有所医	公共卫生服务	建立居民健康档案；健康教育与健康素养促进；传染病及突发公共卫生事件报告和处理；卫生监督协管服务；慢性病患者健康管理；地方病患者健康管理；严重精神障碍患者健康管理；结核病患者健康管理；艾滋病病毒感染者和病人随访管理；社区易感染艾滋病高危行为人群干预；基本药物供应保障服务；食品药品安全保障
	医疗保险服务	职工基本医疗保险；城乡居民基本医疗保险
	计划生育扶助服务	农村符合条件的计划生育家庭奖励扶助；计划生育家庭特别扶助
老有所养	养老助老服务	老年人健康管理；老年人福利补贴
	养老保险服务	职工基本养老保险；城乡居民基本养老保险
住有所居	公租房服务	公租房保障
	住房改造服务	城镇棚户区住房改造；农村危房改造
弱有所扶	社会救助服务	最低生活保障；特困人员救助供养；医疗救助；临时救助；受灾人员救助
	公共法律服务	法律援助
	扶残助残服务	困难残疾人生活补贴和重度残疾人护理补贴；无业重度残疾人最低生活保障；残疾人托养服务；残疾人康复服务；残疾儿童及青少年教育；残疾人职业培训和就业服务；残疾人文化体育服务；残疾人和老年人无障碍环境建设
优军服务保障	优军优抚服务	优待抚恤；退役军人安置；退役军人就业创业服务；特殊群体集中供养
文体服务保障	公共文化服务	公共文化设施免费开放；送戏曲下乡；收听广播；观看电视；观赏电影；读书看报；少数民族文化服务
	公共体育服务	公共体育设施开放；全民健身服务

资料来源：作者根据《国家基本公共服务标准（2021 年版）》整理。

为了保障基本公共服务的资源下沉到基层，我国积极推动了面向基层的审批服务执法改革，基层在审批权限改革的前提下进一步加强基层服务管理平台建设，实行“一站式服务”“一门式办理”，充分发挥综合便民服务作用，推动基本公共服务事项进驻社区办理，将就业和社会保障、医疗保障、不动产登记、社会救助、户籍管理等群众关心关注的高频公共服务事项延伸到社区，通过社区综合服务站点提供“马上办、网上办、就近办、一次办”服务。①

针对未来社区的调研表明，基于社区的基本公共服务覆盖面逐步提升，群众可以在社区综合服务站点完成大部分人员登记、证照办理、特殊服务申报、各类补贴发放等公共事务。比如，杭州市滨江区多次组织编制、修订《“一滨办”社区窗口工作手册》，规范运行 10 大类 105 项窗口职能，通过人员整合和信息技术的支撑，社区窗口全科办理业务能力明显提升，窗口社工由原来的平均 6~8 人精减到 1~2 人，现场受理各类政策咨询、证明开具、退役军人登记、老年卡办理等高频公共服务事项，日均办理 9.38 件，单件平均耗时约 8 分钟。②

（2）非基本公共服务

非基本公共服务是为满足公民更高层次需求、保障社会整体福利水平所必需但市场自发供给不足的公共服务，政府通过支持公益性社会机构或市场主体，增加服务供给、提升服务质量，推动重点领域非基本公共服务普惠化发展，实现大多数公民以可承受价格付费享有③。社会力量是非基本公共服务的供给主体，在政府的引导作用下逐步实现非基本公共服务付费可享有、价格可承受、质量有保障、安全有监管。

根据公共服务领域供给需求的结构性矛盾，《“十四五”公共服务规划》将养老、托育、教育、医疗等领域作为扩大普惠性非基本公共服务的重点领域，涉及的具体内容包括：发展普惠托育服务、推动学前教

① 中国政府网：中共中央办公厅、国务院办公厅印发《关于推进基层整合审批服务执法力量的实施意见》。

② 调研资料：2022 年 2 月 10 日杭州市滨江区某未来社区调研现场展示材料。

③ 中国政府网：《“十四五”公共服务规划》。

育普及普惠、加强县域普通高中建设、积极发展普惠型养老服务、均衡发展优质医疗服务以及积极推动改善住房条件。在基本公共服务得到有效保障的前提下，我国不少地区已经开始探索普惠性非基本公共服务，使得群众日益增长的多层次多样化需求得到更好满足。

（3）生活服务

“十四五”期间我国将根据人民群众需求增长和消费升级的趋势，重点推进以下领域的生活服务：一是医疗卫生服务提质增效，鼓励发展医学检验、精准医疗、高端医疗等高质量医疗服务，支持医疗康复、健康管理、心理咨询、中医药养生保健等多样化的服务发展；二是养老服务高质量发展，促进养老服务与文化、旅游、体育、家政、健康等行业融合发展；三是文化旅游融合发展，发展中华文化旅游体验、大众旅游、智慧旅游等；四是智慧广电创新发展，发展高新视听产业，提升内容服务品质；五是体育服务加快发展，倡导全民健身，发展健康休闲产业、户外运动、竞赛表演产业、群众体育赛事活动和体育消费新业态；六是家政服务提质扩容，培育龙头企业，支持中小家政服务企业专业化、特色化发展。

在未来社区建设的实践中，不少社区通过整合多方资源建设了具备多项服务功能的社区公共空间，如“社区会客厅”“社区议事厅”等，承载了社区内部的各项服务功能，如党建群建、服务办理、社区食堂、日间照料、医疗保健、文化娱乐、健身休闲、亲子活动等（见图 2–1）。在商业服务模块，未来社区则通过数字化平台为居民提供打车出行预约、缴费充值、餐饮配送、房屋租赁、求职招聘等内容，满足居民高层次、理想类需求。民生服务主要包括智慧生活服务、社区志愿者服务、居家养老服务等内容，为居民提供便捷停车、照护预约等服务，提供居民基本生活所需。

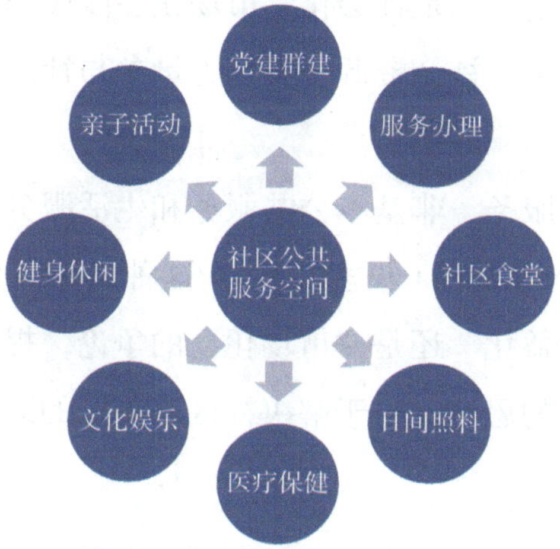

图 2-1 社区公共空间的服务功能

资料来源：作者根据调研资料整理。

3. 未来社区公共服务的提供方式

（1）公共服务的提供主体多元化

社区服务需要坚持共建共治共享，未来社区服务将形成“党建引领、多方参与”的基本格局，“全面健全村（社区）党组织引领，基层群众性自治组织主导，村（社区）居民为主体，群团组织、社区社会组织、社会工作者和驻区单位共同参与、协同开展社区服务的体制机制”[①]。

当前社区服务提供面临的问题主要表现在三个方面。一是多元供给主体权责不清晰。社区服务的属性和范围尚未厘清，进而导致政府、市场、社会之间，以及市、区县、街道等政府层级之间权责关系模糊，存在社区服务供给缺位或错位的现象。[②] 二是需求导向的服务供给机制尚

① 中国政府网：《国务院办公厅关于印发“十四五”城乡社区服务体系建设规划的通知》（国办发〔2021〕56 号）。

② 李晓琳，刘轩．加快完善社区服务体系的思路与举措 [J]. 宏观经济管理，2020(08):36-41.

未建立。社区居民获得的服务是被动选择，多样化、多层次的服务需求难以得到识别和满足。三是社会化、市场化手段应用不足。社区服务以政府包办的形式提供，社会资源、市场力量参与社区服务供给不足，服务效率不高。

社区基本公共服务、非基本公共服务和生活服务分别具有不同的生产、提供和成本分担机制（见表 2–6）。这种类别划分回应了长期以来对于社区服务“公益化”还是“市场化”的争论，提出了对社区服务分类提供、分类管理的思路，对于解决社区服务中的既有问题具有指导性作用。

表 2-6　社区公共服务类型及多元主体提供方式

类型	性质	内容	提供主体	生产主体	成本分担
社区基本公共服务	在市域范围内具有普惠性，不具有社区差异性	以国家基本公共服务清单为依据，不低于国家基本公共服务标准	政府，确定服务标准并全程监管	事业单位、社会组织、企业等多元主体	中央、地方政府共担
社区非基本公共服务	在社区范围内具有普惠性，不具有社区差异性	依据地方标准，各个社区在本社区调研基础上制定服务清单	各级政府和社区组织，负责确定标准并进行监管		地方政府出资扶持引导与社区自筹相结合
社区生活服务	非普惠性，具有社区差异性	以社区居民需求为导向	居民个人自主选择；政府负责营造公平竞争的市场环境	市场主体	个人承担

资料来源：李晓琳，刘轩 . 加快完善社区服务体系的思路与举措 [J]. 宏观经济管理，2020（8）.

社区基本公共服务是社区居民根据自身条件享有的全国性或地方性公共服务，具有普惠性、基础性和均等性特征，由政府统一提供。社区基本公共服务改进的空间是提升公共服务的标准化、均等性、可及性和便利性，同时需要自上而下推进民生领域相关政策在社区层面的协同。

社区非基本公共服务是地方政府根据自身能力对社区居民提供的更高层次的服务，资金来源通常由地方政府出资扶持与社区自筹相结合。非基本公共服务的生产任务可以由事业单位、社会组织和企业等多元主体来承担。

社区生活服务则由市场主体提供，个人承担服务费用。尽管如此，政府仍然承担着制定行业政策、营造公平竞争环境的任务，而社区组织在调查居民需求、统一规划商业服务方面负有责任。社区生活服务并不具有普惠性，而是根据不同社区的特定需求制定差异性的服务内容。

尽管三种类别服务以及政府、市场、社会的多元主体责任相对清晰，但是需要指出的是，社区服务体系的建立有赖于多元主体的深度合作，而不是相对孤立地提供服务。政府、市场、社会三方资源的整合是从总体上提升社区服务水平的前提，借助于数字化技术，三方力量合作形成的服务机制创新和服务流程再造将从根本上破解社区服务低质、低效和碎片化问题。

浙江省在未来社区建设实践中探索了多元合作提供公共服务的机制。不少未来社区通过在社区服务中心设立政务服务窗口提升基本公共服务的便利化程度。在非基本公共服务方面则采取了“市场 + 公益”的方式运作，如由市场主体、社会组织运营的社区食堂、城市书房等项目均具有公益性质，面向社区居民的收费价格低于市场价。而社区健身等高品质生活需求则采用市场化定价，由居民自由选择购买。社区的卫生服务站则提供多层次的服务需求，既包括医疗、免疫等基本公共服务，又包括针灸、保健、养生等高层次的非基本公共服务。这种推动多元主体兼顾差异化和协同性的整合机制对于构建未来社区服务体系具有参考价值。

（2）公共服务的提供渠道多样化

社区公共服务的提供渠道在线下和线上两个方向上并行发展，其发展目标分别是保障社区居民获取公共服务的可及性和便捷性，并不断推进线上线下服务的融合。

公共服务提供的线下渠道高度依赖公共服务设施的合理布局。我国将在“十四五”时期“全面推进城市一刻钟便民生活圈建设”[①]。“15 分钟生活圈”是我国在完善社区服务供给方面的重要抓手，遵循“步行友好”的空间规划原则，以社区居民的步行距离为半径布局公共服务设施，有助于居民在“家门口”获得高质量的公共服务，涵盖养老、医疗、教育、商业、交通、文体等各项内容，从根本上解决公共服务可达、可得和合理配置的问题。

自从上海市 2016 年提出“15 分钟生活圈”以来，我国的社区生活圈建设不断推进，已经取得积极成果。一项以京津沪 POI[②] 数据为基础的研究划分了 5 分钟、10 分钟、15 分钟三个不同尺度的以社区为中心的生活圈，并测度了不同尺度下的公共服务设施配置。研究结果表明，京津沪三大都市中 15 分钟生活圈覆盖面较为广泛，但是 5 分钟社区生活圈配套设施有待完善。[③]

“十四五”时期，“15 分钟生活圈”的建设将进入快车道，各地都将继续完善“15 分钟生活圈”。上海市着力“推进基本公共服务延伸覆盖，健全家门口服务体系”，“打造城乡社区 15 分钟生活圈和‘一

① 中国政府网：《国务院办公厅关于印发“十四五”城乡社区服务体系建设规划的通知》（国办发〔2021〕56 号）。

② POI 为 Point of Interest 的缩写，意为“兴趣点”。在地理信息系统中，一个 POI 可以是一栋房子、一个商铺、一个公交站等，每个 POI 数据包括名称、类别、坐标、分类四个方面的信息。POI 是一种互联网开放数据。

③ 江曼琦，田伟腾 . 中国大都市 15 分钟社区生活圈功能配置特征、趋势与发展策略研究——以京津沪为例 [J]. 河北学刊，2022，42(02)，140-150.

站式'服务综合体"，要求"卫生、养老、文化、体育等城镇社区公共服务设施15分钟步行可达覆盖率达到85%左右"[①]。北京市则提出"城市社区'15分钟健身圈'均实现100%全覆盖""到2025年，每个街道至少建有一个具备综合功能的社区养老服务机构"[②]。

开放共享是"15分钟生活圈"建设的发展趋势。"15分钟生活圈"本质上不存在相互区隔的边界，既不是对自由活动的限制，也不是对资源共通的否定[③]，生活圈内的服务设施表现出多社区共享的特征。特别是借助数字化技术推动公共服务线上线下融合有助于推进生活圈服务设施的共享。如，上海市针对家门口综合服务设施明确提出"功能优先、复合利用"的思路，"引导各区制定优化设施设置标准，推进社区综合服务设施广泛覆盖和标准化建设。鼓励基层利用存量资源用于家门口服务站点建设，推进设施共建共享、错时公用"[④]。"15分钟生活圈"还应建立有效的运行机制和应急机制保障服务设施在常态和非常态情境下的正常功能。基层社区应在日常运行中逐步完善特殊群体个性化服务机制、"白名单"机制等，以"15分钟生活圈"为依托，通过市场化物流力量打通"最后100米"。与此同时，未来社区的线上服务能力不断增强，努力实现社区公共服务事项的全人群覆盖、全口径集成和全区域通办，推进了互联网科技与社区的融合，从而使互联网从"单一的技术工具"转型为"必备的基础设施"。

---

① 上海市人民政府网：关于印发《上海市基本公共服务"十四五"规划》的通知（沪府发〔2021〕5号）。

② 北京市人民政府网：关于印发北京市"十四五"时期社会公共服务发展规划的通知（京发改〔2021〕1932号）。

③ 李锦峰.公共服务供给空间布局的基层创变——以上海浦东新区"家门口"服务体系为例[J].理论与改革，2022(02):101-111.

④ 同①。

线上线下服务功能的整合也大大提升了服务的质量和水平。例如，线下人工服务借助数字化系统提供的后台业务协同，实现业务办理“最多跑一次”，居民在平台上能够更直观办理业务，并及时了解业务办理的流程和进度，可视化和跟踪性水平有所提升。

随着“15 分钟生活圈”的延伸扩展，生活圈之间的资源也通过数字化技术整合起来，进行跨社区联通和共享，服务更加广泛的人群。如浙江省嘉兴市推广“邻里运动”应用，紧扣群众健身需求，开发“社区运动家”场景，上线了“社群可加、指导可得、积分可奖、挑战可约”等 10 个子场景，目前用户已达 9 万多人，参与运动 40 余万人次，覆盖 114 个社区。①

4. 未来社区公共服务的关键场景

未来社区的公共服务要落实在具体的场景运营之中。浙江省在未来社区建设中提出“九场景”的基本架构，包括未来邻里、教育、健康、创业、建筑、交通、低碳、服务和治理九大场景，将社区建设成为具有归属感、舒适感和未来感的新型城市功能单元。每个场景都对应具体的建设需求。比如，邻里场景需要有共享空间和相应的活动设施；创业场景需要提供专业的创业空间、共享会议设施等。

实践表明，老幼群体以社区为主要生活空间，养老和托育是“十四五”期间基层公共服务的重点建设领域，也是社区场景建设的热点领域。我国老龄化趋势加速发展，65 周岁以上老年人约占总人口的 13.5%。与此同时，我国正在不断调整计划生育政策，从“单独二孩”到“号召三孩”，需要逐步完善多子女家庭的配套措施，减轻家长负担、提振生育水平。社区是老人、儿童生活居住、社会互动的重要场

① 浙江省人民政府网：“建设示范区迈向新征程”新闻发布会（第一场）。

域，身兼多重功能。随着老人与儿童的人数增长，将对社区服务产生更广泛的需求。《“十四五”国家老龄事业发展和养老服务体系规划》提出要打造老年友好型社会，并将其建设情况纳入文明城市评选的重要内容。2021 年 9 月，国家发展改革委联合 22 部门发布了《关于推进儿童友好城市建设的指导意见》，指出要以儿童需求为导向，优化儿童公共服务，探索中国特色儿童友好城市模式，要求城市建设中应在社会政策、权利保障、成长空间、发展环境等方面充分体现儿童友好理念。①

老年友好城市、儿童友好城市建设规划社区特色场景，为未来社区的公共服务供给开拓了思路。老人、儿童对社区的社会交往功能、生活便利度有明确需求。这就要求社区围绕基本公共服务、非基本公共服务、生活服务三种服务类型，在邻里、教育、健康等场景中留有老人和儿童的活动场所、供给他们喜闻乐见的服务活动，让他们的基本生活能够舒适、便捷，并且安全、自由地享受社会交往。

在诸多老年友好型和儿童友好型试点城市中，上海可以说是“双典型”。养老服务方面，在上海各级政府的努力下，围绕设施适老化改造、社区服务水平优化、便民服务空间拓展等内容，以点带面的老年友好社区建设快速铺开。根据居民基本公共服务需求，进行加装楼梯、浴室扶手等居住环境适老优化，保留传统人工窗口为老人办理业务，完善老年活动室的配套器材；在非基本公共服务中，发展味美价廉且兼具加工、外送功能的老年助餐点②，通过长者照护之家、日间服务中心为失能、独居等特殊老人提供低价优质照料；生活服务方面，提升老年人家庭医生签约服务覆盖率，依托第三方专业服务机构，防治并进，贯

① 中国发展改革委网：《关于推进儿童友好城市建设的指导意见》（发改社会〔2021〕1380 号）。
② 上海民政网：《关于提升本市老年助餐服务水平的实施意见》。

通“医养结合”理念，将敬老院嵌入社区，打通与区市级医院的巡诊、转诊渠道，形成15分钟社区养老服务圈。线上推出健康养老应用场景，引入社区医生云端问诊，使老年人不出社区也能享受优质医疗服务。[①]

儿童培育方面，上海各社区依托区位特色，结合形态多样、功能复合、安全便捷的建设要求，聚焦儿童成长与家庭亲子关系，以“一中心多站点”模式打造15分钟儿童服务圈。即一个儿童服务中心集早教室、绘画区、图书馆等功能于一体，能整合链接多种服务资源，N个儿童服务点作为补充。基本公共服务中，在图书阅览室内设置儿童专区，童趣的布置符合儿童心理所需，适龄的书籍为儿童提供知识科普，适当高度的书架与桌椅便于儿童使用；非基本公共服务中，社区为双职工家庭提供嵌入式、菜单式、分龄式的多元托育服务[②]，举办亲子游戏活动和公益类课程；生活服务中，社区请第三方机构为儿童开设乐器、体育运动、绘画、书法等专项课程，不仅收费低于市场价格，还减轻了家长接送的负担，有助于儿童陶冶情操、强健体魄、丰富知识文化。

提升未来社区建设品质可汲取上海在“双友好城市”建设中的经验。一是整合社区资源，提升服务多样性与便捷性。居民的需求日趋多元，对社区服务的依赖日益加深。社区首先要保障基本公共服务的供给，设置需求量较大的老年活动室、阅览室等纯公益场所。此外，“市场+公益”的非基本公共服务，如老年助餐点或社区食堂目前热度也较高，适合社区增强服务配置。对于专业、高质的社区生活服务，社区可适当引入第三方机构，多元主体共同提供完全市场化的服务，例如健康场景中所提倡的健身房、体育馆等场所，以及“15分钟生活圈”内结

① 上海市闵行区人民政府网：《闵行区关于进一步深化养老机构医养融合工作的实施意见》。

② 上海人民政府网：《上海市人民政府办公厅关于印发〈上海市托育服务三年行动计划（2020—2022年）〉的通知》。

合教育场景，规划居民期待的青少年活动中心、儿童托管中心等场所。

二是落实以人为本，促进设施普适性与安全性。社区的公共设施除了丰富性，更应该无差别普适，要做好“适老化”“适儿化”“适残化”改造服务，使不同群体用得了、用得好社区公共设施与空间。如儿童设施设计中建议使用“一米视角”，感同身受，方能恰到好处。同时要注意公共设施的安全性，建设中尽量采用环保材料，减少有毒气体危害，边框设计尽可能使用圆角，避免居民磕碰受伤；定时检修，排除安全隐患，遇损设置警告牌并及时修复。

（三）未来社区治理主要内容

社区治理是政府、社区组织、居民及辖区单位、营利组织、非营利组织等基于市场原则、公共利益和社区认同，依据正式的法律、法规以及非正式社区规范、公约、约定等，通过协商谈判、协调互动、协同行动等方式有效维护社区公共秩序、供给社区公共物品、满足社区公共需求的活动。

社区治理的内容可以按照常态化管理和应急管理两个大的方面进行划分，逐步“健全常态化管理和应急管理动态衔接的基层治理机制”[①]。共建共治共享是社区治理和服务的基本导向。

1. 常态化管理

常态化管理的重点内容包括创新社区党建、增强社区自治功能、推进多元主体参与、维护社区生活秩序等。

① 中国政府网：《中共中央国务院关于加强基层社会治理体系和治理能力现代化建设的意见（2021年4月28日）》。

（1）创新社区党建

一是要靠社区党建引领社区建设。社区党建工作联席会议制度是在基层治理中摸索出来的一条成功经验，将党建引领的政治优势和组织优势转化为治理效能。未来还要进一步健全和优化社区党组织设置，充分发挥社区党组织的领导核心作用。强化基层党组织对社区物业服务管理工作的领导，打造“红色物业联盟”平台。未来社区的实践表明，成立多社区联合党支部实现了跨社区联建，有利于整合各个社区的分散资源，动员社会参与，提升治理水平。

二是要靠党建引领基层民主协商。健全社区党员代表议事制度，规范议事规则，积极探索党内基层民主的多种实现形式。完善社区“两委”议事协调机制，以基层党组织为主导开展议事协商，以座谈会、听证会、居民议事厅等方式听取群众意见，提升群众参与度与获得感。

三是要完善党建引领的社会参与制度。要加快推进服务型社区党组织建设，推广在职党员在单位和社区“双报到、双报告”机制，大力开展社区党员政策宣传、志愿服务、结对帮扶等活动，充分发挥党员在社区治理和服务中的先锋模范作用，组织社区居民积极参与社区自治、议事协商和互帮互助。统筹基层党组织和群团组织资源配置，支持群团组织承担公共服务职能。

（2）增强社区自治功能

一是要扩大有序参与。发展院落自治、业主自治、社团自治等民主形式，充分发挥现代信息技术作用拓宽利用社区媒体、便捷程序、社交平台等参与渠道，倡导居民互助、邻里守望。

二是要加强议事协商。进一步完善社区居民会议和居民协商议事会议制度，健全民情恳谈、在线交流、居民议事厅等对话机制，推进社区民主协商制度化、规范化、程序化。借助现代数字技术及时把握民情民意，充分运用微信群、信息板、小程序等功能加强与居民的沟通对话。

三是要强化权力监督。完善社区党务、居务、财务、服务等信息公开制度，增强基层治理的透明度，健全社区信息公开目录，保障社区群众办事流程、工作进度、执行效果、经费收支等方面的知情权，将治理行为置于居民群众监督之下。定期开展社区服务管理满意度评价，切实维护居民民主权利与合法权益。

（3）推进多元主体参与

一是要明确基层政府的职能边界。政府向社区下沉人力、财力、物力，立足社区提供基本公共服务，同时扩展其他主体参与社区公共事务的空间。

二是要切实完善社区治理结构。巩固社区党组织领导核心地位，发挥社区居委会自治主体作用，支持社区社会组织开展活动，加强对政府公共服务机构、业主委员会、物业服务企业的指导和监督，推动形成社区党组织领导，社区居委会主导，社区公共服务机构、社区社会组织、业主组织、驻区单位和社区居民多元参与、共同治理的良好局面。

三是要大力发展社区社会组织。按照“政府扶持、社会运营、专业发展、项目合作”的思路，积极探索“社区、社团、社工”三社联动，推动建立以社区为平台、社会组织为载体、专业社会工作人才队伍为支撑的社区服务管理新机制。推行政府购买服务制度，建立公益创投机制，完善社区社会组织发展和社区社会工作专业人才队伍建设的政策。

（4）维护社区生活秩序

一是推进平安社区建设。完善利益表达机制，建立党群联系制度。完善心理疏导机制，依托专业社会组织对社区内特殊人群开展精神慰藉和心理健康服务。坚持和发展新时代“枫桥经验”，社区层面做到“矛盾不上交、平安不出事、服务不缺位”。完善矛盾纠纷调解机制，及时化解物业纠纷、土地经营、家事纠纷、邻里纠纷等社会风险。充分利用智能感知数据，提高社区治安管理能力，重点整治停车占道、违规充电、乱搭乱建、群租混租等社区乱象。

二是社区环境及物业管理。按照科学规划、合理布局、方便生活、强化管理的原则，使社区环境进一步绿化、美化、净化、亮化。推进垃圾分类和绿色出行，倡导节能节水、绿色出行等低碳生活方式。保障单元、居民楼道整洁卫生。合理规划社区公共空间，鼓励有条件的社区开办社区食堂，引入第三方机构进行可持续运营。

三是社区文化和精神文明建设。深化社区教育，开展爱国主义、集体主义、社会主义以及总体国家安全教育。坚持科普教育，大力倡导科学、文明、健康的生活方式。提升广场文化、楼道文化、家庭文化水准，精心设计和组织特色社区文化活动，形成氛围鲜明的社区文化氛围。

2. 应急管理

社区应急管理是指社区组织在地方政府的指导和街道办事处的监督下，通过调动社区居民、驻区企业、周边商户、社会组织、快递站点等多元主体共同采取行动，充分运用科学、技术、规划和管理等手段，为有效应对自然灾害、事故灾难、公共卫生事件、社会安全事件等各类突发事件而开展的应急准备、监测预警、处置救援和恢复重建的全过程管理活动[①]，其目的是提高防范意识和应急能力，从而最大限度减轻灾害风险和损失，最大限度维护和促进社区福祉。

社区易遭受各类灾害、危机的冲击。一项针对全国的调查显示，有80%的突发危机事件都发生在社区。[②]各类突发事件都可能对社区的正常功能造成冲击（见表2–7）。社区不仅是居民生活的基本场所，同时也是应对各类突发公共安全事件的防灾减灾基本单元[③]，社区居民和基层管理者往往是突发事件的“第一响应人”。

表 2-7 危害社区安全的公共突发事件

类别	突发事件
自然灾害	台风、暴雨、高温、重污染天气等极端气候事件对社区的冲击；社区周边发生的山体滑坡、泥石流、洪涝等自然灾害
事故灾难	社区周边危险设施的安全事故；火灾、高空坠物、溺水、宠物伤人、居民一氧化碳中毒等
公共卫生事件	传染病疫情、不明原因疾病、食物中毒、动物疫情、药品危害以及职业危害等
社会安全事件	邻里纠纷、打架斗殴、盗窃、诈骗等治安事件；非法集聚、上访等群体性事件；恐怖主义等极端事件
其他	辐射、噪声等环境危害事件；哄抬物价、抢购商品等经济类突发事件

资料来源：薛澜，闪淳昌．应急管理概论：理论与实践[M]. 北京：高等教育出版社，2020.

社区在突发事件应对中的基础作用已经在新冠疫情防控中得到充分印证。应急管理是社区治理的重要内容和必备功能，打造未来社区应高

① 赵晓琳．疫情防控中的社区应急管理研究[D]. 太原理工大学，2021.

② 吴晓林．建设“韧性社区”补齐社会治理短板[N]. 光明日报，2020-03-25.

③ 陈涛，罗强强．韧性治理：城市社区应急管理的因应与调适——基于W市J社区新冠肺炎疫情防控的个案研究[J]. 求实，2021(06):83-95.

度重视完善社区应急管理功能，并充分利用数字化技术提升社区应急管理能力。

从结构功能来看，国家应急管理体系需要进一步向基层社区延伸。建立居民、商户、物业公司、驻区单位、应急部门多方联动的应急机制，在社区内部形成“社区—网格—楼栋—家庭”四级防灾减灾应急网络，落实社区“两委”、网格员、楼栋长、党员骨干等主体的日常巡查及灾害信息上报的责任，不断提升居民防灾减灾意识和自救互救能力。与此相适应，社区服务管理平台需要考虑以综合应对突发事件为目标、面向各类应急主体按照应对突发事件发展演变的内在规律设计全流程的线上线下应急功能模块，主要包括，预防与应急准备、监测与预警、应急处置与救援、事后恢复与重建等前后衔接的关键环节（见表 2-8），在多元风险情境下以社区韧性为目标实现社区应急管理的结构调整和功能优化。

表 2-8　　未来社区应急管理功能模块设计

预防与应急准备	监测与预警	应急处置与救援	事后恢复与重建
• 预案编制与演练 • 应急培训与宣传 • 日常风险排查 • 应急物资储备	• 日常安保监控 • 居民体温测量 • 充电桩监测 • 烟雾热源监测	• 应急指挥调度 • 信息联动和发布 • 现场救援和人员疏散 • 协调人员行动 • 应急物资调配	• 灾害评估 • 救灾物资发放 • 心理干预

资料来源：作者自制。

从体制机制变革来看，多元协同机制还需要进一步完善。在疫情防控的实战中，社区应急管理机制得到完善，如大部分社区逐步建立了社区居委会、物业和卫生服务中心之间的资源衔接机制、人员调配机制和角色转换机制；一些地区还将原有的网格管理制度与应急管理责任对应起来，通过网格管理员落实应急管理任务；社区的应急管理志愿者队伍也逐步壮大。未来社区借助互联网、大数据、区块链等新一代信息技术推动居民自治机制由“精英模式”向“共建人模式”转型，即发展内生性社区自组织以提升社区韧性。①

从技术手段创新来看，数字化技术对社区应急管理提供全方位支撑（见表 2–9）。这些先进作用已经在新冠疫情防控中凸显出来，从“健康码”到“人脸识别”，数字化技术在智能化排查、高效化管理及云端化服务等方面拓展了应急管理的应用场景。②社区应急管理的数字化应用需要有坚实可靠的数据基础。一些社区探索了政府公共数据接入、区级数据调用和本社区数据独立存储的数据共享模式，破解了“数据孤岛”难题。为了推进社区应急管理，各级政府还要积极推行基层数据质量管理办法，探索建立数据标准规范体系，设立数据共享激励机制，并强化数据安全保障措施。

表 2-9　　数字化技术对社区应急管理的支撑作用

支撑作用	主要表现
监测预警	以智能感知元件为源头的物联网提供实时监测数据，并提供风险预警
辅助应急决策	数据汇总和智能分析为快速决策提供依据
提升协同能力	提升多部门在社区资源和行动方面的协调能力；加强社区居民的在线反馈，提升居民的在线沟通协作能力
提升公众风险感知和自我防护水平	智慧社区平台及时有效发布突发事件信息及防护知识，引导社区居民对突发事件的理性认识和应对

资料来源：作者根据实际调研整理。

① 周向红，鲁明慧．疫情防控视域下社区媒介参与社区治理的路径优化：演进韧性与技术嵌入 [J]. 行政与法，2021(03):28-43.

② 陈涛，罗强强．韧性治理：城市社区应急管理的因应与调适——基于 W 市 J 社区新冠肺炎疫情防控的个案研究 [J]. 求实，2021(06):83-95.

二、多元合作视角下公共服务与治理运行模式

（一）未来社区公共服务与治理的运行机制

未来社区公共服务和治理是城市治理网格化和数字化的延伸，在现实空间中体现为网格化管理，而虚拟空间的数字化技术为网格化管理提供支撑，二者相互赋能，共同构成了社区服务管理正常运行的有效机制。

1. 网格化基础

网格化管理是我国城市社会治理实践的创新成果。2004 年，北京东城区率先采用万米单元网格管理法，将整个东城区划分为若干个互相联结的网格单元，以网格为单位落实管理责任，实现了城市管理精准化，提升了社会治理效能。[①] 网格化管理不断在其他城市得到应用，形成了丰富的实践案例，并在权力下沉、资源整合、清晰化治理、精准化服务等方面展现出优势。

网格单元的划分一直延伸到社区，社区是社会服务的基础，也是网格化工作的基础，网格化管理要落实到社区，"一是要依托社区科学划分网格；二是依靠社区摸清底数；三是通过社区及网格明确责任、反映问题，为零距离服务、精细化管理奠定基础"[②]。

在我国城市管理中，网格化管理和社区治理在空间上有重合，其本

①② 宋贵伦．十年磨一"建"：社会建设理论体系与实践路径研究（上册）[M]. 北京：中国人民大学出版社，2019.

质是行政力量向基层延伸、社会治理和服务重心向基层下移，其优势在于管理的精细化和服务的精准化。① 经过全国各地近 20 年的实践发展，网格化管理从最初的社会治理责任体系再造逐步走上了治理与服务并重的发展轨道，并已成为国家治理基层社会的重要政策工具。②

在全国广泛推进网格化管理的背景下，大部分城市社区已经建立了社区网格化体系，大部分社区按照专人专职、“一格一员”配备了专业网格员队伍。网格员来自各个部门、专兼职皆可，但须具备多种能力、信用可靠。随着移动互联网的广泛应用，甚至每个在社区的人都可以是网格员，对身边发生的事件都可以通过手机端小程序进行上报。网格员的职能包括信息收集报送、纠纷调解处理、治安协管协防、基本社会服务咨询、国家政策宣传等，随时支持和响应社区内各类需求和突发事件。

2. 数字化支撑

网格化管理的发展历程与数字化技术紧密结合，始终坚持智能化发展方向，“不搞人海战术、加人加编制，而是靠科技信息、靠整合资源”③。网格化管理本身是对网格技术（Grid）的应用，“网格”本身是“基于互联网发展应用的一种管理新模式、新技术”④。北京市在推进网格化管理过程中较早地提出了“1 个网络系统、2 大部类内容、3 级信

① 吴结兵 . 网格化管理的实践成效与发展方向 [J]. 人民论坛 (29): 22-24.

② 刘伟，王柏秀 . 国内学界的网格化管理研究：回顾、反思与展望 [J]. 公共管理与政策评论，2022，11(01):157-168.

③ 宋贵伦 . 十年磨一“建”：社会建设理论体系与实践路径研究（上册）[M]. 北京：中国人民大学出版社，2019.

④ Foster I., Kesslman C. The Grid: Blue Print for a New Computing Infrastructure. San Francisco: Morgan – Kaufmann，1998.

息平台、4 级服务管理”[①] 的数字化建设思路，形成了城市“智”治的雏形（见表 2–10）。

表 2-10 北京市以网格化管理为基础的城市数字化平台建设思路

结构	内容
1个网络系统	以区县为单元，整合各类信息资源，实现多网融合，形成一个社会服务管理网络系统
2大部类内容	社会服务、社会管理
3级信息平台	区县、街道、社区
4级服务管理	区县、街道、社区、网格 以“格”为基础、以“网”为依托，实现各级各类组织全响应、党务政务社务各项工作全融入、社会服务管理全覆盖

资料来源：宋贵伦 . 十年磨一“建”：社会建设理论体系与实践路径研究（上册）[M]. 北京：中国人民大学出版社，2019.

网格化与大数据具有相互支撑的作用，“网格化离开大数据，顶多是电子表格、电子档案；大数据离开网格化，就只是库数据，就难以在社会治理中实现价值。科学整合的块数据与科学设计网格化的有机结合，则为社会治理创新插上了双翅、安上了双轮”[②]。

数字化支撑不仅需要建立统一的服务管理平台，还需要跨部门、跨层级的数据共享。信息传递包括自上而下和自下而上的双向传输：一方面，政府发布信息，通过网络中心和中央数据库进行数据处理，转换为具体的有针对性的操作信息，明确传递到各个社区分块；另一方面，基层网格员收集群众一手信息，通过任务派单，形成及时解决方案。[③]

社区积分系统是支撑社区共治的有效激励手段。杭州市部分未来社区通过区块链技术打造“积分身份证”，以治理和服务换积分，以积

①② 宋贵伦 . 十年磨一“建”：社会建设理论体系与实践路径研究（上册）[M]. 北京：中国人民大学出版社，2019.

③ 邵新哲，计国君 . 城市网格化管理与智慧社区协同运作机制研究——以四川省 S 市社区网格化管理为例 [J]. 软科学，2021，35(02):137-144.

分换商品或服务。积分内容分为日常行为积分和公益行为积分（见表2–11），将社区治理、周边商业、学习公益等生活场景串联起来，形成线上和线下的融合运营，引导居民参与社区共建、社区自治，实现社区服务生态闭环。

表 2-11　促进社区共治的积分支持系统

日常行为积分	公益行为积分
低碳出行 垃圾分类 消费积分 ……	邻里互助 志愿义工 爱心捐助 技能或资源分享 组织社区活动 ……

资料来源：杭州市滨江区某社区规划方案。

（二）未来社区公共服务和社会治理的特性

我国未来社区公共服务和社会治理的主要内容和提供方式总体上具有许多共同元素，国家的宏观规划对服务和治理的基本标准提出了一般性要求。但是由于人口结构、历史变迁、文化背景、地理环境和发展阶段等方面的不同，社区又是形态各异、各具特色的，因此未来社区的建设通常要求由标准化模块和特色化模块共同构成“一社一案”规划设计。

首先，社区治理和服务内容具有多样性。社区中人口年龄构成、收入水平、社区结构对服务和治理形成差异化需求（见表2–12）。社区治理和服务的规划建设要以深入的需求调研为基础，考虑各类需求的重要性和优先性，最大限度满足社区居民的多样化需求。

表 2-12　　差异化社区服务和治理需求

维度	分类	主要需求
年龄构成	0~3岁幼童	早教、托育、活动空间
	20~59岁上班族	早晚和节假日日常生活服务和健身
	60岁以上老年人	休闲娱乐、文化健康、养老医疗、家庭照护
收入水平	低收入群体	便利店、小超市等设施，希望商业、教育、医疗、娱乐设施具有较高的可达性
	高收入群体	功能类型多、服务广的高品质设施
社区结构	安置房社区	老年人口居多，“一老一小”是社区服务的主要对象
	人才公寓类社区	居家办公、创业空间、就业指导等
	产城融合型社区	工作和生活的双重便利，兼顾职住平衡，周边配套完善，交通出行便利

资料来源：作者根据调研资料整理。

其次，社区治理和服务结构具有层次性。各地经济发展水平不同，公共服务和治理能力也参差不齐。在《国家基本公共服务标准（2021年版）》提出的“七有”“两保障”① 基础上，经济社会较为发达地区提出了更高的标准和更丰富的内容。如，上海市将“七有”标准升级为“幼有善育、学有优教、劳有厚得、病有良医、老有颐养、住有宜居、弱有众扶”②，体现了公共服务的高质量发展。而浙江省则在国家“七有”的基础上增加了“体有所健、事有所便”，形成了 11 大服务领域 95 项基本公共服务项目。③ 各地应根据本地公共服务的总体要求制定社区服务的细化标准。

最后，社区治理和服务过程具有动态性。随着经济社会发展、技术进步，居民生活方式、发展理念均会发生新的变化，人民对美好生活的向往不断提升，社区治理和服务的功能构成也需要进行适应性调整，不

① 即幼有所育、学有所教、劳有所得、病有所医、老有所养、住有所居、弱有所扶等“七有”，以及优军服务保障、文体服务保障“两保障”。

② 上海市人民政府网：关于印发《上海市基本公共服务“十四五”规划》的通知（沪府发〔2021〕5 号）。

③ 浙江省发展和改革委员会网：《浙江省基本公共服务标准（2021 年版）》。

断优化和升级。例如，养老、托育是当前社区服务的主体需求，文化、体育，娱乐、休闲则是更高层次的需求，在较为发达的地区，社区居民还提出了健康养生、志愿服务、就业创业等新型需求。这就需要社区治理和服务及时响应居民需求，根据服务供给保障能力逐步提升服务水准，扩展服务范围。未来社区公共服务和治理的内容、水平总是随着现实需求的变化而动态调整。

三、大数据支撑未来社区公共服务和治理创新

“大数据 + 公共服务”“大数据 + 社区治理”蕴含着复杂的技术逻辑[①]，数字化技术对社区服务和治理的支撑主要体现在以下四个方面：需求精准识别、内容精准供给、问题精准治理和绩效精准评估。

（一）需求精准识别

大数据精准识别服务需求，既有以数据库为基础的普遍性需求分析，又有以画像为基础的个性化需求识别，还可以通过信息发布实现临时性需求的实时响应。

1. 以数据库为基础的普遍性需求分析

基层社区服务管理平台拥有的数据库包括两个层次，一个层次是

① 李春生．大数据驱动社区公共服务精准化：问题面向、运行机制及其技术逻辑 [J]. 湖北社会科学，2021(06):41-48.

与政府部门打通的公共共享数据，连通人口信息、法人单位信息、自然资源和空间地理信息以及宏观经济基础信息等四大基础数据库。截至2020年底，全国一体化政务服务平台已发布53个国务院部门的数据资源9942项，为各地区各部门提供共享调用服务达540余亿次，支撑身份认证核验15.6亿次、电子证照共享交换4.6亿次。[①] 在数字化程度较高的地区，公共数据的丰富性、准确性和互通性更高，社区可以通过标准化数据接口对接“城市大脑”，全面对接下沉的政府治理数据和数字社会公共服务数据，有力支撑社区的公共服务和治理。

另一个层次就是社区数据仓。社区数据仓汇聚了社区物联感知数据、应用服务数据以及社区各主体活动数据，既包括社区空间、人、车、房、物等资产数据，又包括人口流动、实时监测等动态记录数据。社区数据仓具有社区个性化特征，服务于不同类型的社区需求。

2. 以画像为基础的个性化需求识别

随着基本公共服务均等化程度不断提升，未来社区中的个性化、多层次的需求将日益凸显。而个性化需求往往超出了基于普遍性、规范化、流程式设计的公共服务和治理模式，原子化的社会结构使得零散的个体需求识别成为一个耗费劳动与成本的难题，需要有特殊的识别机制和供给机制。数字技术通过企业画像和个体画像可以实现对个性化需求的预测和识别，从而有可能实现定制服务和精准治理。

社区用户画像是指通过大数据等信息技术对社区范围内的居民和企业等用户主体的社会属性、生活习惯、消费行为、社会关系等特征进行抽象而构建的一种虚拟信息模型。用户画像以“人”为中心，以社区生活为内容，通过人房关联、人车关联、人物关联、人企关联、人事

① 中国政府网：国家互联网信息办公室发布《数字中国发展报告（2020年）》。

关联，全方位刻画用户在社区活动中的基本特征。智慧社区管理平台通过社区智能设备采集的居民身份信息，关联居民在社区的社会生活属性信息、行为习惯信息、兴趣偏好信息、心理学属性信息以及社会交往信息，进行数据组织、清洗、碰撞，形成居民用户画像大数据。①

用户画像的内涵包含用户属性、用户特征、用户标签三个基本要素，从整体上关注用户特征和潜在需求。用户画像由数据层、事实层、模型层和画像层构成，以统计分析、建模分析和模型预测将各个层次的数据联系起来（见图 2-2），形成对用户特征的精准画像。最终以用户画像为基础，满足个性化、定制化的社区服务需求。例如，浙江省“浙里智慧·基本公共服务”应用以家庭为单位进行精准画像，推动基本公共服务政策直达、服务直达，让老百姓更加便捷、均等、普惠地享受到基本公共服务。

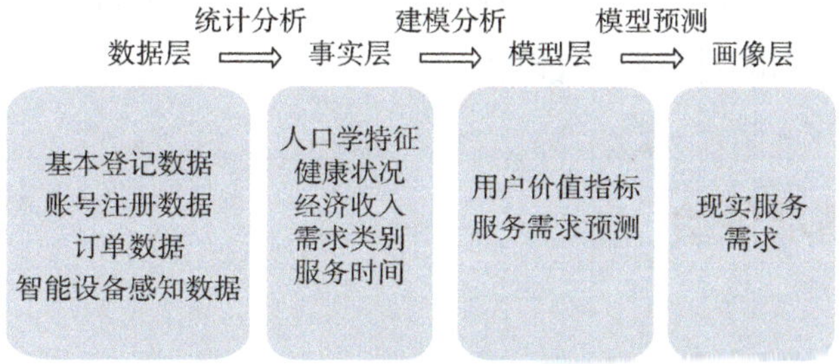

图 2-2　未来社区用户画像的层级模型

资料来源：何振宇，朱庆华，白玫．养老服务视角下城市老年人用户画像构建 [J]. 情报杂志，2021，40（09）：154-160.

3. 以需求发布为基础的实时响应

数据仓和用户画像可以解决社区内普遍性需求和群体性需求的识别问题，但是社区中一些个体性、临时性的需求难以通过算法模型加以解

① 张正初．基于居民画像视角的智慧社区信息系统模型构建 [J]. 软件，2021，42(08):123-125.

决。社区数字化平台往往设置个体需求发布模块。这类需求常常通过邻里互助的方式得以实现。如，临时接送或看护儿童、老人送餐、取送快递等借助需求发布模块能够得到及时响应。这种邻里互助的服务模式既有赖于积分奖励机制的良好运转，又需要借助社区信任等社会资本，但是由于服务具有自愿性，也容易出现响应不足的问题。

一些地方也开始探索引入社会组织响应社区中个体需求的服务模式。如深圳市推出“民生微实事”项目，由专业化社会组织承接小而微、小而急的民生服务，满足社区居民多元化和个性化的服务诉求。目前，深圳市级“民生微实事”项目库现有项目 133 个，累计实施 2484 个。以南山区为例，截至 2020 年 11 月 30 日，全区投入超过 1.05 亿元的资金，实施“民生微实事”项目累计 1740 个，惠民项目遍及全区 101 个社区，为将近 200 万居民群众带去“实惠”[①]。这种做法一方面更好地满足了居民所需，由“政府配菜”转向“百姓点菜”，另一方面也培育了社会组织的创新服务能力。

（二）内容精准供给

1. 整体规划

数字化技术从社区需求出发，从整体上制定公共服务内容，选择供给主体，整合和配置资源，形成个性化、高质量的社区服务和治理规划。

社区场景应用改变了公共服务供给的内容、方式和程序，实现了对

① 罗凯燕 . 深圳民生微实事落地项目数以万计，解决社区居民身边“急难愁”[N]. 深圳商报，2021-08-10.

社区公共服务需求的内容、类型、数量方式和机制等的总体认知。[①] 对公共服务供给进行统筹与设计，最大程度保证了公共服务内容的覆盖面和精准度。比如利用地图 POI 数据，以及社区服务设施使用情况数据等，就能对社区公共服务设施及其类型进行精准把握与布局。[②]

在供给主体的精准选择方面，数字化技术也具有优势。通过统一的社区公共服务招投标数据平台，可以汇集买方、服务方、项目、运行数据和效果评价等数据，对数据进行分类、整合和交互验证，筛选资质合格、口碑优良的企业或社会组织。大数据技术与传统数据具有互补性。入户调查、居民提案、社区议事会等方式与大数据结合可以更好地确定社区公共服务供给的总体方案。

作者在实地调研过程中发现，社区公共服务越来越具有社区特色。根据社区的人口结构、需求结构制订特色化公共服务方案，转变了传统的政府主导的包办式、粗放式服务模式，形成了以居民为中心的精细式、集约式服务模式。如杭州市滨江区缤纷社区根据社区的人口结构特征，以“一老一小一人才”为重点服务对象，优先安排养老、托育、健身、创业等特色化服务项目，及时引入生鲜超市、咖啡、书房等服务项目，改变了原有的以小餐饮、美发为主体的低端同质服务，还通过跨社区联建的方式整合了多个小区的公共资源，从整体上规划形成了高效、精准的社区服务格局。

2. 主体整合

数字化技术重塑公共服务供给主体之间的关系，以数据将政府部门、政府与企业、政府与社会组织联合起来，改变了传统的“单链条”

①② 李春生 . 大数据驱动社区公共服务精准化：问题面向、运行机制及其技术逻辑 [J]. 湖北社会科学，2021(06):41-48.

思维逻辑，形成一种多元主体跨界合作的网络状态，通过“数据多跑路、群众少跑腿”实现了社区公共服务供给模式的创新，解决了公共服务主体“碎片化”问题。

国内外多案例研究归纳了五种大数据驱动的公共服务模式①，分别是：政府服务市民（Government to Citizen, GtoC）模式、政府与政府（Government with Government, GwG）模式、政府与公司（Government with Business, GwB）模式、政府与公共部门②（Government with Public Sector, GwP）模式，以及公共部门与企业（Public Sector with Business, PSwB）模式。这五种模式在公共服务平台、数据、服务和价值四个核心要素方面存在显著差异（见表 2-13）。可见，大数据技术重构了公共服务供给主体之间的关系，形成多样化的供给模式，结合我国基本公共服务、非基本公共服务和生活服务的分类，在社区公共服务的供给中应当灵活选取与服务类型匹配的模式，优化社区公共服务体系，增加社区公共服务的多样性，提升社区公共服务的质量。

表 2-13　基于数字化技术的公共服务主体整合模式比较

维度	方面	GtoC 模式	GwG 模式	GwB 模式	GwP 模式	PSwB 模式
平台搭建	资金来源	政府	政府	政府；企业	政府	政府；企业
	搭建方式	委托	委托	委托；合作	委托	委托；合作
	平台互联	政务系统之间	政务系统之间	政务与商业系统之间	公共系统之间	平台互联较少
数据治理	数据共享	部门间共享	部门间共享	可能需要	不需要	不需要
	数据开放	偶尔需要	不涉及	通常需要数据开放	很少涉及	很少涉及
	数据使用	关联；比对	关联；比对	创造新模式	创造新模式	创造新模式
服务协同	职能创新	常常需要	常常需要	可能需要	不需要	不需要
	流程再造	常常涉及	常常涉及	部分涉及	较少涉及	不涉及
	参与主体	少有第三方	少有第三方	常有第三方	参与主体多	会有第三方

① 张会平，李茜，邓琳．大数据驱动的公共服务供给模式研究 [J]. 情报杂志，2019，38(03):166-172+179.

② 这里的“公共部门”是指除政府以外其他公共部门，如公立医院、公共图书馆等。

续表

维度	方面	GtoC 模式	GwG 模式	GwB 模式	GwP 模式	PSwB 模式
价值取向	公共价值	明确；强烈	明确；强烈	明确或模糊	明确；弹性	明确；弹性
	商业目的	不涉及	不涉及	常有商业目的	潜在涉及	潜在涉及
	个人利益	直接；强烈	可能涉及	潜在涉及	直接或潜在	直接或潜在

资料来源：张会平，李茜，邓琳．大数据驱动的公共服务供给模式研究 [J]. 情报杂志，2019，38（03）：166-172.

浙江省公共服务数字化改革对服务主体和内容的整合进行创新尝试，主要做法是坚持以人民为中心开发应用场景，打造“浙系列、邻系列、享系列”三大服务品牌，鼓励服务提供主体合作和资源共享，形成了一批群众认可、具有广泛影响力的典型应用（见表 2–14）。

表 2-14　浙江省数字化技术支撑系列化公共服务供给

服务系列	主要内容	主要特点	应用个数	举例
浙系列	基于社会事业幼有所育、学有所教等12个“有”，覆盖基本公共服务的主要领域，由省级部门开发的能在全省范围内普遍应用、上架“浙里办”的多跨应用	数据共享	18个	富阳率先试点的医学检查检验结果互认共享应用，有效破解了患者在区域内医院重复检查检验问题
邻系列	聚焦打造未来社区、未来乡村邻里场景，将12个“有”落地到社区和乡村空间的多跨应用	邻里场景	40个	嘉兴“邻里运动”场景应用
享系列	推进数据开放，基于政府掌握可开放的数据和资源赋能第三方机构开发	数据开放	4个	浙江省文旅厅将9类数据、47个字段开放共享给飞猪、马蜂窝等7个在线旅行社

资料来源：浙江省人民政府网，“建设示范区迈向新征程”新闻发布会（第一场）。

（三）问题精准治理

首先，大数据有助于及时发现问题。社区管理服务平台综合智能感知设备、人员流动信息、动态使用数据等能及时监测到社区范围内的异常状态，不仅节省了大量人力排查的成本，而且提高了发现问题的及时性和精准度。以社区治安问题为例，管控系统及时排查出火灾隐患，帮助民警破获辖区内盗窃案件，对独居老人用水用电异常情况也会实时报警，从而及时采取上门查访及救护措施。此外，依托社区微信群、社区公众号等新媒体平台，社区还能够收集居民意见。

其次，大数据有助于及时解决问题。社区数字化治理平台打破条块、条条之间的信息壁垒和数据孤岛，推动政府跨部门、跨层级的数据共享和业务协同，能及时解决问题。[①] 浙江省杭州市缤纷社区在日常执法中采取了多部门联合执法的方式，由公安、交警、市监、城管、消防等部门的执法人员组成联合执法队，在社区执法过程中发现问题后依托智慧平台的部门联动机制进行闭环处理。数字化平台使得联合执法成为可能，下沉到社区的执法队伍通过多部门业务协同系统有效解决社区综合问题，通过信息系统实现条块的协同联动，充分发挥条块各自的优势。

最后，大数据有助于社区居民共同参与解决公共问题。数字化平台为居民广泛参与社区治理提供了渠道，促进共建共治共享美好社区。如社区线上议事厅能围绕社区居民普遍关心的公共问题进行意见征集，在社区党组织的领导下，推动基层协商民主，拓展协商结构和议题范围，打破空间、时间的约束[②]，在调节社会关系、化解邻里矛盾等方面发挥了重要作用，还大大提升了普通居民的参与感，增进社区主体之间的相互理解和信任，为社区治理提供培育良好的社会资本。

---

①② 张锋．超大城市社区数字化治理：功能、价值、困境与路径 [J]. 城市发展研究，2021，28(12)：1-4+10.

（四）绩效精准评估

基于大数据的社区治理绩效评估比传统评估方式更加精准、灵活、及时，有利于社区治理和服务的实时监测和改进。评估流程包括评价体系建立、评价数据采集以及评价量化分析与报告生成。[①]评价体系通过制度建设确立社区治理绩效评价的主体、过程和指标体系。绩效评价指标是社区建设的“指挥棒”，往往包括自上而下的任务落实情况评价，也包括自下而上的居民满意度评价。数字化技术突显了社区居民作为评价主体的重要性。

例如，作者在调研中发现，浙江省未来社区建设的验收标准由客观指标和主观评分两部分构成。客观指标重点考核场景响应度、数字化平台落地性、运营可持续性和特色亮点塑造，同时还对社区居民发放满意度调查问卷，由居民对未来社区的空间感受、服务感受、居民参与和总体评价四个维度进行评分。

数据资源及其有序开放性还赋予了居民个人、社会组织和相关企业等主体参与社区公共服务评价的机会，使得第三方评估成为可能。社区主体可以根据相应的权限，使用社区公共服务大数据平台的数据，对具体公共服务效果进行评价。[②]特别是由政府购买提供的公共服务可以委托第三方运用大数据得到评估报告，有助于同行业服务质量排名和供给主体筛选评级。

居民对社区公共服务活动质量及内容进行实时的满意度评价是效果反馈的重要一环。居民个体、居民自治类组织一方面可以通过数字化

---

①② 李春生．大数据驱动社区公共服务精准化：问题面向、运行机制及其技术逻辑 [J]. 湖北社会科学，2021(06):41-48.

平台参与社区治理，另一方面可以监督和评价社区治理的效果（见图2–3）。评价结果有助于政府机构、社区组织根据居民的直观感受、心理意愿和需求偏好，进一步完善治理精细化的内容与目标。①

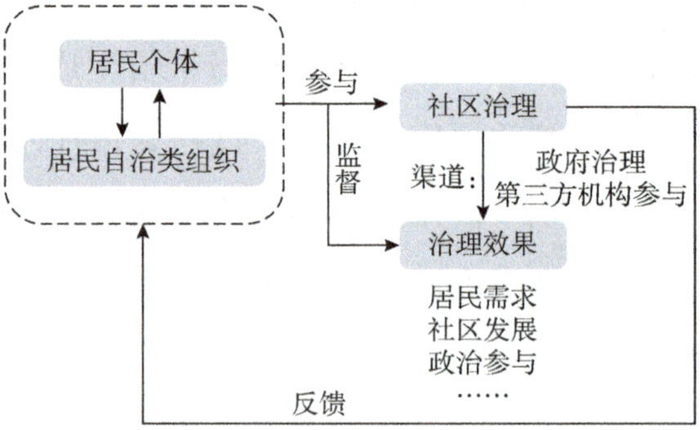

图 2-3　社区居民参与公共事务治理及监督机制

资料来源：陆军 . 城市大脑：城市管理创新的智慧工具 [J]. 人民论坛 · 学术前沿，2021（09）：16-25.

最后，需要指出的是，数字化技术在社区服务和治理中的应用也有其限度。一方面，数字化技术高度依赖社会数据的采集、计算和分析，对于很多无法进行数据化的社会事实在纳入算法模型时存在困难，也可能造成社会治理和服务的偏差。特别是老年群体、残障人士等特殊群体可能会面临公共服务不足或质量下降的问题。另一方面，数据安全威胁始终存在，个体隐私数据保护不当可能产生诈骗、侵权等违法事件。因此，充分认识到大数据在社区治理和服务中的优劣利弊，合理利用数字化技术，对于发挥大数据的正向赋能作用至关重要。

① 陆军 . 城市大脑：城市管理创新的智慧工具 [J]. 人民论坛 · 学术前沿，2021(09):16-25.

第三章

未来社区经济活动

在新型城镇化背景下，一方面，城市的经济运行和产业发展出现了新的形态，另一方面，在信息技术尤其是物联网、大数据、云计算、AI等的支持下，除了作为社会群体和社会组织的基本构成单位，社区也成为新经济要素的潜在集聚地，具备了孕育和承载新型经济活动的基础。社区的经济组织与活动方法决定于社区的功能形态，本章介绍了未来社区经济活动的概念、特征与内容；以基本功能为标准，将未来社区分为产城融合型、商住配套型、创业型和人才公寓型四类基本形态，在此分别阐述它们的经济组织和活动内容。

一、未来社区经济活动的概念、特征与内容

（一）未来社区经济活动概念

未来社区经济活动是指在一定的地域范围内，社区组织以满足社区居民物质及文化消费需求为目标，以实现最优资源配置为手段，提供经营性或非营利性服务产品的经济活动。从更广义的角度来讲，未来社区经济活动也可以被定义为社区内所有经济因素以及活动的总称。此时社

区即作为资源配置的空间载体而存在。未来社区经济活动包含着几层含义：①社区经济是一种经济现象；②城市社区经济中还包含着城市社区建设的成分；③社区经济兼具经济性与社会性的特点，遵循社区性的性质，社区经济模式的诞生是为了适应社区居民需求多元化的特征，是现代经济发展到特定阶段的结果。社区经济的发展旨在提升居民生活舒适度和幸福感。

（二）未来社区经济活动特征

总体上，发展未来社区经济有三个主要目标：提供经济性服务，满足社区成员需求；有效组织和配置资源，创造经济效益；增加岗位，解决就业与再就业问题。[①] 随着社区经济的不断发展，社区经济所包含的内容种类繁多，涵盖各行各业。但基于社区经济活动本身的性质所限，社区经济大多具有微观化、个性化、灵活化和轻资产化等特征。这些特征既是社区经济与传统经济活动属性差异的充分体现，展现出社区经济活动的灵活性和广度，同时也是未来社区经济运行中的发展趋势。

1. 微观化

社区经济活动覆盖市场更小，目标群体更为微观。多数社区经济活动最初不会将产品市场定位于全国，而是将其定位于社区内部或社区所在的特定区域。社区小规模市场的需求变化也较小，为社区内部的经济活动主体，尤其是初创企业早期的平稳成长提供了有利环境。

2. 个性化

社区经济活动所提供的产品或服务的个性化程度更高。由于社区

① 陆军等．营建新型共同体：中国城市社区治理研究 [M]. 北京大学出版社，2019：26-27.

经济主体的覆盖面较小，因此提供差异化产品的成本不高。同时，把社区内部居民作为目标群体也有利于建立情感联系，为产品提供附加情感。

3. 灵活化

社区经济活动的规模相对较小。同时，细分的市场定位有助于社区经济主体快速调整产品属性。当面临市场波动时，或市场需求发生变化时，创业者得以快速调整。

4. 轻资产化

社区经济活动的另一个重要特征是轻资产化，即以人力资本而非物质资本为主。以服务业为主的经济活动无须大量的物质资本。从客观条件来看，因为社区无法像园区一样具有充足的资金提供给经济主体，所以倒逼社区经济主体实行轻资产化的运营模式。

（三）未来社区经济活动内容

未来社区经济活动内容主要体现在以下五大需求。（见表 3–1）

1. 商业办公需求

（1）居家办公

居家办公是上班族居家基于互联网处理办公事务的一种办公模式。在这个办公模式下，员工无须每日通勤聚集在办公室完成有关工作项目。随着互联网技术的蓬勃发展，各行业的办公模式也在发生变化。互联网带来信息的互联互通与跨境交流的便利，成功创造了“线上”与“远程”等信息时代下尤为盛行的办公模式。值得注意的是，这类办公模式在新冠疫情大肆传播前在国际上已屡见不鲜。据各招聘网站与美国劳工统计局[①]调查结果显示，自2005年开始至今，远程与居家办公的员工数量都在持续上升。而社区作为城市居民生活服务的集聚地，是居家办公的主要载体和发生地。新冠疫情暴发后，为减少市民之间面对面的接触，加强疫情防控，“线上办公”与“远程办公”等类办公模式成为疫情防控背景下的工作与生活常态。“居家办公”一词变得尤为盛行。随着生产活动与社会活动两个领域的空间界限越来越模糊，从需求的角度而言，这样的空间功能混合模式大大减少了居民的通勤成本，同时从某种程度上也能够有效促进社区的职住平衡。[②]

（2）共享办公

技术发展带来的便利也使“移动办公”成为一种趋势。办公场所已不再局限于单一、高密度、封闭的办公楼，构建集生活服务、工作于一体的混合空间模式已成为租赁市场中的一种主流。截至2019年，国内联合办公行业运营平台数已超过2500家，其中较为知名的有优客工场、WeWork中国、纳什空间、氪空间等。[③]共享办公模式，也称联合办公空间（co-working space），将办公与娱乐、交流与协作以更自然的形式进行联结，提供更安全、更私密、更具社交性的工作环境。在疫情防控

① U.S. Bureau of Labor Statistics. 24 percent of employed people did some or all of their work at home in 2015. TED: The Economic Daily. 8 July 2016. https://www.bls.gov/opub/ted/2016/24-percent-of-employed-people-did-some-or-all-of-their-work-at-home-in-2015.htm.

② 于平．社区共享办公空间发展模式探析[D]. 天津大学．2020.

③ 张姣月，许学军．共享经济背景下联合办公空间发展及优化研究[J]. 经济研究．2020.9.

常态化的背景下，办公场所逐渐从集聚于城市商务办公区 CBD 转向多元中心社区化的发展。[①] 据中国国家信息中心发布的《中国共享经济发展报告（2022）》，2020—2021 年中国共享办公的市场规模同比增速为 26.2%，是共享经济所有领域中同比增速最高的领域。从这一点来看，共享办公模式与居家办公模式有着“分布式”的空间布局趋势特点，同时也强调了集生活和工作于一体的混合式空间发展特点。从微观的视角探析，共享办公与居家办公模式最大的不同之处就在于，共享办公无论是从空间还是从人才的角度来看，都具有显著的集聚效应。在社会经济发展与科学技术的持续推动下，商业办公需求除了从空间赋能方面推动社区经济发展，更会推动社区内的服务升级与多元化，以丰富的业务与盈利模式驱动与满足社区渐趋多元化的需求。

2. 休闲娱乐需求

随着人们生活水平不断提升，社区居民对居住与生活的品质要求也不断提高，对休闲娱乐等一类社区活动的需求也跟随上涨。从建设资源循环型社会到缩小城乡差异，不同社区休闲娱乐活动随着“高度覆盖性”互联网技术的蓬勃发展，对推动社区经济发展也发挥着显著作用。以社区中传统的旧货市场、跳蚤市场为例，科技催生了电子商务与连锁经营等新型经营模式；二手设备以旧换新、维修等相关服务不断完善，且有着便利消费的优势，能在很大程度上满足人民需求，驱动内需。在疫情防控常态化背景下，社区户外露营成为远行旅游的最佳选择，由此而催生了“露营经济”的新业态。

再者，在“互联网 +”时代的助推下，具有自然经济特征的传统

① 李剑云，马宏宇．后疫情时代下的社区共享办公空间设计研究 [J]. 设计，2021，34(10):142-146.

产业也开始出现变化。通过互联网技术的赋能，“共享农场”等产业升级与新型经营模式也开始萌现。这样的运行模式能够有效缩小城乡差异，给城市消费者带来更好的休闲体验，将乡村的闲置资源与城市需求进行最大化衔接，推动农村与社区的经济发展。[①] 纵观国内外“共享农场”的例子，每个项目都有自身独有的优势与特点，是产品差异化的表现。

3. 生产配套需求

秉持着产城融合的理念，传统工业园区也开始在空间上进行有序布局并在功能上实现产城一体化，统筹产业社区生产圈和生活圈建设，从单一生产型园区经济向综合型城市社区经济转型。围绕“便民利民惠民”的社区商业主要特征，园区内优先配置各项基础服务和公共服务，以满足社区居民不同且多元的消费需求。在数字化技术的驱使下，不少园区内的邻里中心也尝试推出社区居民统一线上平台“邻里生活”服务平台，推动居民消费者以更便利的方式了解各项产品与服务，从而刺激社区消费需求。

4. 生活性服务需求

2021 年，住房和城乡建设部、中央政法委、中央文明办等十部门联合发布《关于加强和改进住宅物业管理工作的通知》，明确鼓励有条件的物业服务企业向养老、托幼、家政、文化、健康、房屋经纪、快递收发等领域延伸，探索“物业服务 + 生活服务”模式，以满足居民多样化多层次居住生活需求。目前，国内许多生活性服务网点业态

---

① 刘镇，毕清瑞，赵健昇 .“互联网 + 共享农场”模式的运行及可行性分析 [J]. 农业技术与装备，2021(12):106-107.

配置仍不够齐全，如大众化早餐、文化休闲、体育健身、维修、配钥匙等服务网点不足，养老服务、家政服务供给更是存在短缺情况，一些生活性服务需求难以得到有效满足。社区生活性服务需求市场潜力巨大。

生活性服务需求与生产配套需求两者都兼具“一站式”且多元化、全面服务的特点。伴随着科学技术的发展，通过大数据技术分析与数据共享建设民政、医疗、公安等多部门服务与管理的统一资源平台，为社区居民提供“一站式”的生活性服务，建设集多功能于一体的邻里型社区服务中心，提高社区综合服务水平，是未来社区经济的主要发展趋势。

5. 共享经济需求

共享经济作为一种新型的服务供给和消费模式，在以创新驱动引领高质量供给、满足人们多层次需求方面的作用日益显现。共享经济模式是指人们通过互联网或移动互联网技术平台，实现闲置或盈余商品、服务、经验的分享、交换、借贷、租赁等共享经济行为。[①] 随着“互联网 +”时代的到来，共享经济在推动结构优化、促进消费方式转型等方面的作用都十分显著。据国家信息中心发布的《中国共享经济发展报告（2022）》显示，2021 年中国共享经济市场交易规模同比增长高达 9.2%，且共享型服务和消费继续发挥稳定增长的重要作用。随着建设智慧城市的战略不断推进，共享汽车、共享单车、共享充电宝等共享项目正在城市里如火如荼地展开。例如：部分一线城市已将共

① 李建军，韩珣 . 共享经济理论研究进展 [J]. 金融科学，2017（2）.

享停车位的规划工作列入城市规划工作内[①]；有些城市甚至利用公园闲置用地建设智能停车场，如东莞市的中堂滨江体育公园停车场成功提高了土地和空间的利用率，极大地缓解了滨江大道的交通压力，同时也通过数字化运营为群众提供更加智能、便捷、高效的停车服务，从而实现全市一张网格局。

表 3-1　未来社区经济的五大需求

	商业办公需求	休闲娱乐需求	生产配套需求	生活性服务需求	共享经济需求
驱动要素	互联网+、技术发展				
空间布局特点	“分布式”混合功能空间	混合功能空间	产城融合式、混合功能空间	混合功能空间	共享公共空间
模式	由互联网技术发展推动的“线上”“远程”和“移动”办公	由互联网技术催生新型经营模式、满足社区逐渐多元化的需求	由单一生产型园区经济向综合型城市社区经济转型	建设民政、医疗、公安等多部门服务与管理的统一资源平台，为社区居民提供“一站式”的生活性服务	通过互联网实现闲置或盈余商品、服务、经验的分享、交换、借贷、租赁等共享经济行为
发展趋势	服务多元化、共享办公产生集聚效应，促进社区经济发展	产业数字化、产品差异化发展	服务多元化、“一站式”服务平台	服务多元化、“一站式”服务平台	共享基础设施建设与智慧城市建设同步推进
典例	居家办公、共享办公	帐篷营、跳蚤市场、共享农场	工业园区内邻里配套	养老、医疗、教育等增值服务	闲置停车场的数字化运营

资料来源：作者自行绘制。

① 姬杨蓓蓓，成枫，张小宁．城市中心区域毗邻私有停车场的共享停车位优化设置研究 [J]. 系统工程理论与实践，2020，40（11）：2934-2945.

二、未来社区经济活动的类型划分

（一）产城融合型社区经济分析

产城融合是现阶段城市产业发展需求与土地集约化、复合化开发原则相结合的产物。本节主要分析产城融合型社区的内涵、特征，及其社区经济活动的形式。

1. 产城融合型社区的概念与内涵

“产城融合”(Industry–city Integration)，是指随着新型城镇化的推进，为规避早期城市规划中频现的产城分离的“孤岛”效应，旨在增强产城关系和产城互动的新型规划理念与核心发展方针。产城融合可以促进产业与城市的功能与价值融合，有效实现“以产促城、以城兴产、为人服务、产城人融合”的城市建设理念。在产城融合规划发展的背景下，作为城市最基础的组成单元，社区将成为承载经济、生活、政治和文化等活动的多功能集合体。

产城融合型社区，指在一定的地域范围内，以产业为保障，承载城市产业的空间经济发展功能和部分产业服务配套活动的城市社区。在现代城市中，产城融合型社区是达成城市资源最优配置目标，驱动城市更新，实现产业、城市、人三者协调持续发展和保持活力向上的重要基础。[①] 还有学者从经济发展战略角度提出，产业化与城市化协同匹配的关键就在于激发产业园为城镇社区单元注入活力，把城市社区发展为产

① 杨虞波罗，杨波．产城融合为城市经济发展注入新动能．沈阳日报.2019 年 04 月 15 日．

业空间的服务单元，实现产业与城市的双向平衡。[①]

社区化的产业空间既是对城市生产空间的离散灵活转化，也是空间信息流动变化引发的必然结果。如何在空间上进行有序布局并在功能上实现产城一体化，统筹产业社区生产圈和生活圈建设，是一个循序渐进、不断深化与完善的系统工程。总体上，各城市产城融合式社区的实践探索，沿着“产—城—人”向“人—城—产”[②]发展规律转变，以人为本的理念不断强化。

2. 产城融合型社区的类型与特征

（1）产城融合的类型

有学者根据不同的区域空间，将产城融合的发展模式划分为新城区、老城区和小城镇三种不同类型（见图 3–1）。[③]

另有学者根据建立的模式与路径的差异，将产城融合型社区分为以下三种类型。①传统产业园区的转型与重构。“产城融合”建设初期主要针对解决传统产业园区“产城分离”，以及“无产”“空城”等问题，引导产业园区由“生产环境”向“生活环境”转型，使单一生产型园区发展为综合型城市社区经济，甚至成为国家产城融合示范区。[④]②“卧城”转型模式。对城区现有纯居住区进行重新规划建设，将其转换成产城融合型社区。③建设新区。推进产业融合型新城新区的规

① 张道刚．“产城融合”的新理念 [J]. 决策，2011（01）: 1.

② 雷晓琦．从“产城人”到“人城产”双流产业社区转型之变．四川日报．2020 年 12 月 17 日．

③ 潘锦云，吴九阳．产城融合发展模式的形成机理与实现路径——基于提升城镇化质量的视角 [J]. 江汉论坛，2016（11）：23-29.

④ 中国政府网：国家发展改革委办公厅关于开展产城融合示范区建设有关工作的通知．发改办地区〔2015〕1710 号．2015 年 7 月 9 日．

划与投资建设，形成相对独立的城市空间单元[①]，保障产业和人口的同时集聚与平衡。

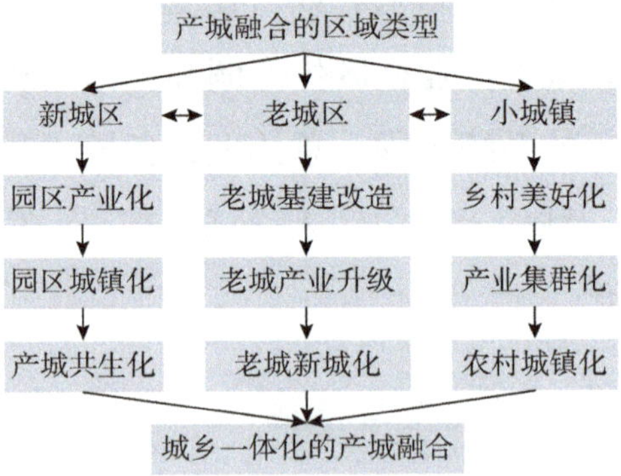

图 3-1　产城融合发展模式

资料来源：潘锦云，吴九阳．产城融合发展模式的形成机理与实现路径——基于提升城镇化质量的视角 [J]. 江汉论坛，2016.

（2）产城融合型社区的特征

产城融合型社区旨在促进产业生产与社区生活的融合，产城融合型社区以“人—城—产”为核心理念，其包括四个主要特征。①功能复合。产城融合型社区集生产服务和生活服务等多种类型的设施于一体，功能复杂多元[②]，是融合生产、生活、娱乐、学习等活动为一体的综合体。②空间融合。空间融合既包括社区平面组织也包括空间内垂直功能的融合。例如，社区内商务办公建筑应实现开放、共享特征，在多元功能复合的情况下，有效保持空间的高效利用。③配套完善。产城融合型社区应坚持人文导向，在保持开放混合的空间形态的基础上，聚集相应的各类设施及配套服务，以充分满足社区居民的多样化需求。④协调发展。产城融合型社区强调“人—城—产”协调发展，不能一味追求经济

① 冯奎．中国新城新区转型发展趋势研究 [J]. 经济纵横 .2015 年第 4 期．

② 王哲．产城融合背景下的科技小镇发展机制与策略研究．硕士学位论文．广东工业大学 .2021 年 5 月．

利益最大化，必须在经济、环境与生活需求之间保持有效平衡。

3. 产城融合型社区经济发展实践

（1）国外案例与实践

第一，新加坡裕廊工业园。作为世界著名的“花园工业镇”，新加坡裕廊工业园从规划初期便非常注重完善的服务配套设施建设，旨在打造工业体系齐全的工业基地和环境宜居的新型工业城镇，以避免出现“空城”现象。一方面，裕廊园区为聚集人口，在1976年发展了20000多套公寓①；另一方面，不断强化持续的产业升级，保障实现“以产促城”。历经劳动密集型、资本密集型、技术密集型和知识密集型等四个产业创新主导阶段，裕廊园区通过裕廊湖区绿地、新科学中心、企业孵化器和购物中心的建设，有望在2026年建成城市第二个旅游与商业中心，成为“人—城—产”的区域规划建设典范之一。

第二，英国曼彻斯特媒体城片区。作为英国工业革命的发源地，曼彻斯特大城市病、空气污染与水污染严重，产城融合度很低，城市发展不可持续。在曼彻斯特发展“创意之城”重塑工业衰败区的进程中，媒体城社区成功实现了混合布局。媒体城利用混合开发的办公综合体，吸引到BBC等大型影视媒体，以及约40家知名媒体服务企业入驻。在人口和人才吸引方面，媒体城也成绩显著。此外，毗邻繁华的曼彻斯特市中心索尔福德大学的分区、公寓、酒店与休闲娱乐等设施都基本综合设置在各个街坊单元中，均实现了空间上与功能上的混合布局。②

---

① National Heritage Board Singapore. Jurong New Town and Jurong Industrial Estate. https://www.roots.gov.sg/stories-landing/stories/jurong-industrial-estate/story.

② 约翰霍金斯创意生态实验室 . 英国新兴服务型城市重塑 —— 曼彻斯特 .http://creco.cn/?p=1571.

（2）国内案例与实践

第一，苏州工业园。建于1994年的苏州工业园区至今已发展接近30年，其产业园区的转型与重构非常著名。从最初的低端制造业到外资投入的高科技产业，苏州工业园已成功转变为服务业比重不断上升、高端制造业和智能制造为主的产业体系。[①] 其园区开创初期，先侧重于工业发展，园区内的住房和公共服务较为落后。随着传统产业园区向综合城区转变，如今围绕建设世界一流高科技园区目标，积极融入全球创新网络，聚力打造高质量发展创新引擎，加速集聚创新资源，创新产业也开始快速增长。[②]

第二，上海松江新城。上海松江新城是产城融合模式从纯居住组团向综合城区转变，最终实现“卧城”转型模式的典型。上海松江新城发展初期面临低居住率和没有产业支撑的双重挑战。基础配套设施不完善加剧了恶性循环，造成“空城、空产”现象。对此，松江新城修改总体规划，明确强化产城融合，坚持服务经济主导和多元化发展，同时打造工业和科技园区积极推进新兴产业。[③] 如今，松江新城以长三角G60科创走廊为战略依托，已建成具有国际影响力的科创走廊和重要科技创新策源地。

4. 产城融合型社区系统运行模式

产城融合型社区系统主要有政府、企业、地产商与居民四类主体，前三者是产城融合社区的开发主体。其中，政府重视土地利用效率、经济发展与居民就业；企业注重自身的成长环境与发展空间，以及相应的

---

① 冉净，斐曹静．中国的产城融合发展及对城市新区建设的启示 [J]. 区域经济评论 .2020.03.

② 苏南国家自主创新示范区网．苏州工业园区：打造创新平台培育创新沃土 .2021.03.11.

③ 上海市规划和自然资源局．上海市松江新城总体规划修改 2010—2020（公众参与草案）.2011.05.19.

经济效益；而地产商除了经济效益以外，更为重视地方政府政策与潜在的投资风险。

前述的传统产业园区转型重构、“卧城”转型和建设新区等三类产城融合发展模式，无一例外都将经历重新规划、落地实施和逐渐成熟的渐进发展路径，并形成一种社区经济循环机制，最终实现“人—城—产”的有机循环（见图 3–2）。但是，在不同的政治社会环境下，产城融合社区的运行模式有所差别。例如，在社区规划中，新加坡、中国的政府机构经常发挥统筹规划与总体引导的作用，政府主导社区建设。反观在美国的区域转型和城市更新项目过程中，更常见的是“小政府”和企业、地产商参与性较高的局面。

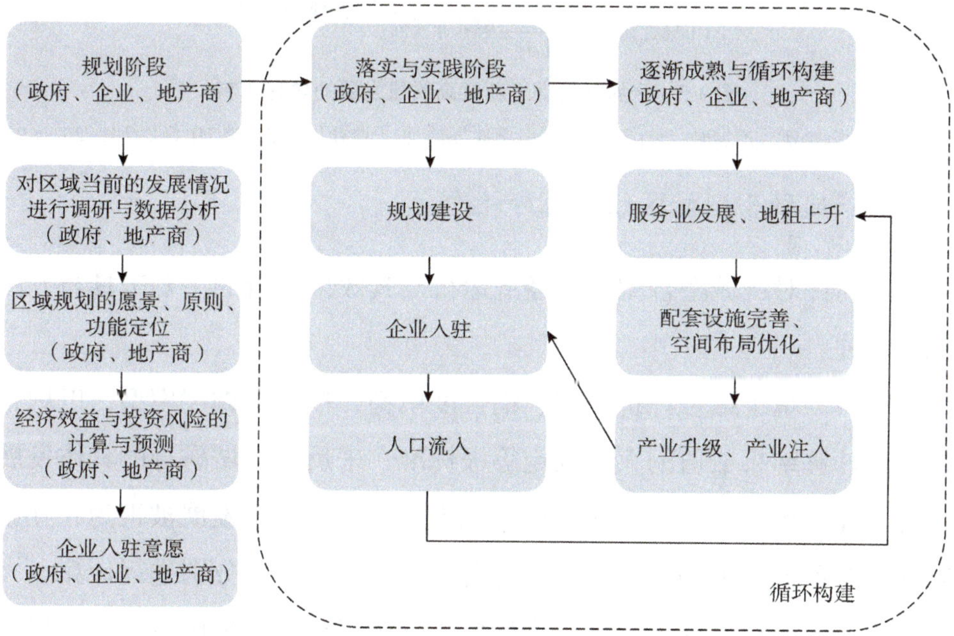

图 3-2　产城融合型社区建设的流程图

资料来源：根据文献（Potseshkovskaya，2021）整理自绘。

从微观视角来看，通过探析产城融合型社区经济的循环，可以发现产城融合模式促进新区高质量发展的内在机制（见图 3–3）。产城融合模式强调，产业的注入会延伸出对基础设施改善、人口流入、服务业发展以及公共服务消费等全方位的需求，从而驱动了新区经济发展。现实中，为了延续良性循环，持续刺激社区经济发展，产业须与技术发展同步，有效促进产业升级，这是产城融合型社区有效保持经济效益的关键所在。

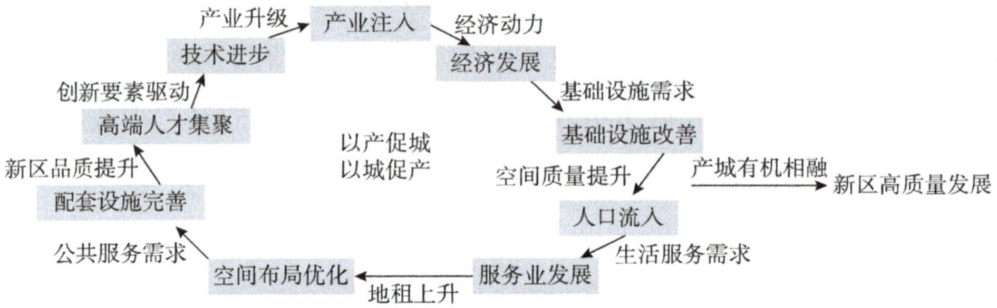

图 3-3　产城融合促进新区高质量发展的内在机制

资料来源：冯烽 . 产城融合与国家级新区高质量发展：机理诠释与推进策略 [J]. 经济学家 .2021（9）.

5. 产城融合型社区经济运行评价

当前针对产城融合型社区经济运行及其效果评价的主要工具与方法包括四种。

第一，基于综合评价模型、耦合度模型、耦合协调度模型，以耦合协调度计算结果数值的大小划定等级标准，来反映产城融合的具体发展情况。在评价模型中，产业支撑、城市建设以及人本发展被视为相互影响的三个系统，模型对三个系统各自的综合发展水平分别进行计算。①

第二，将产城融合度评价指标体系分为目标层、准则层、要素层与因子层，以产业发展指标、城市建设与服务指标以及居民发展指标进行

① 安静 . 国家级新区的产城融合发展水平研究 [D]. 东北师范大学，2021.

模型构建[①]，衡量产城融合的质量和水平。

第三，选用层次型测度指标体系，分别从工业化发展指标、城镇化发展、产城融合分离系数等方面对产城融合进行测度（见图 3–4）。再采用因子分析法和聚类分析法，根据各因子方差贡献率得到产城融合度的最终得分。[②]

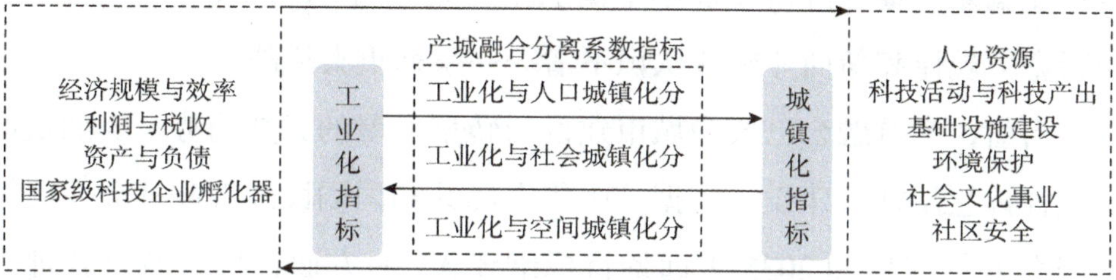

图 3-4　高新区产城融合度测度指标体系

资料来源：王霞，苏林，郭兵，李雪 . 基于因子聚类分析的高新区产城融合测度研究 [J]. 科技进步与对策 . 第 30 卷第 16 期 .

第四，从产城融合型社区空间优化的视角，针对产城融合背景下新兴产业园社区化设计进行研究，提出新型产业园应为职住平衡的产业园，并提出园区内不同功能的理想比例（见表 3–2）。[③]

表 3-2　新型产业园区功能组成比例

园区功能	比例
产业功能	60%~70%
居住功能	15%~25%
生产性服务功能	5%~10%
非生产性服务功能	5%~10%
公共设施	公共设施根据实际情况灵活调整

资料来源：张馨月 . 产城融合模式下新型产业园社区化设计策略研究 [D]. 华南理工大学，2020.

① 甘德彬 . 滇中城市群产城融合度评价及其发展路径研究 [D]. 云南师范大学，2018.

② 王霞，苏林，郭兵，李雪 . 基于因子聚类分析的高新区产城融合测度研究 [J]. 科技进步与对策，第 30 卷第 16 期 .

③ 张馨月 . 产城融合模式下新型产业园社区化设计策略研究 [D]. 华南理工大学，2020.

综合发现，迄今学术领域尚未形成一套完整成熟的关于产城融合型社区经济运行效果评价的综合性指标，目前仍聚焦于对给定区域的产城融合度衡量。根据目前的学术研究成果，产城融合度的宏观评价应包括产业发展、城市建设、环境、服务、居民发展等方面的指标。

总体上，我国产城融合型社区建设面临着缺乏统一的参照标准、数据存在偏差、地区经济发展不平衡加剧产城分离[①]，以及对产城融合后的新竞争规律和新商业模式认识不清等一系列重大挑战。

当前，产城融合已成为城市建设与转型发展的必然趋势。要加快产城融合智慧型社区建设，依据《中华人民共和国国民经济和社会发展第十四个五年规划和2035年远景目标纲要》，一方面，将产城融合理念从规划阶段贯穿至实践，形成一个良性的循环机制；另一方面，开辟智慧社区治理的新模式，高度重视建成硬件、软件、平台与服务高度融合的有机整体。[②]

（二）商住配套型社区经济分析

即使在科学技术快速发展的背景下，社区业态所能提供的商业和服务也具有不可替代性。为居民提供各类商住配套型服务是传统社区组织满足社区居民物质及文化消费需求的主要手段，通过提供经营性或非营利性服务产品的经济活动[③]，旨在提升居民生活舒适度和幸福感。[④]

① 张国云．产业融合：高质量发展与扩大有效投资的风口 [J]. 中国发展观察，2021.

② 申永丰，杨小军．全面把握智慧社区建设的科学内涵 [J]. 中国社会科学报，2021.

③ 沈冠辰．我国城市社区经济发展研究 [D]. 吉林大学，2017.

④ 丁宁．小微企业与社区经济韧性的协同发展研究 [D]. 北京建筑大学，2019.

1. 商住配套型社区的概念与内涵

（1）概念与内涵

根据社区内典型的经济活动形式和经济目标来划分，商住配套型社区主要是指社区范围内以商业与服务等经济活动为主，在不同层级的社区服务圈提供差异化的商业和服务与居住功能相匹配的综合型社区。

其内涵主要有三个方面。一是强调以本社区居民为主要服务对象和服务目标；二是本社区内经济活动以提供社区居民日常生活需要的商品和服务为主；三是强调与居住功能的匹配，根据社区人口规模和住宅规模以及社区内居民可达的范围划分不同层级的社区服务圈，并提供相应层级的商业与服务与之配套。

（2）社区服务圈的界定

在对商住配套型社区经济的理解中，一个关键概念是对社区服务圈的界定。国内于2016年由上海率先提出“15分钟社区生活圈”概念，此后国内各地在研究和实践领域展开深入探索。2021年7月，自然资源部组织制定的《社区生活圈规划技术指南》在全国推广实施，社区生活圈在其中被解释为在适宜的日常步行范围内，满足城乡居民全生命周期工作与生活等各类需求的基本单元，融合“宜业、宜居、宜游、宜养、宜学”多元功能，引领面向未来、健康低碳的美好生活方式。同年，商务部办公厅等11部门联合印发《城市一刻钟便民生活圈建设指南》，推进城市一刻钟便民生活圈建设，要求在步行15分钟范围内，以社区居民为服务对象、以满足居民日常生活基本消费和品质消费等为目标、以多业态集聚形成社区商圈。同年12月，住房和城乡建设部发布《关于印发完整居住社区建设指南的通知》，提出完整居住社区应配有完善的基本公共服务设施、健全的便民商业服务设施、完备的市政配套基础设施和充足的公共活动场地，为群众日常生活提供基本服务；15分钟社区生活圈则应串联各居住社区，统筹范围内的设施配套。

社区服务圈的概念与社区生活圈相近，经过近年来的研究与实践的深入发展，其内涵逐渐丰富和完善，逐渐成为包括行为空间范围和具体物质空间的综合性概念，是以社区为中心，在居民一定时间步行范围内，配置居民基本生活所需的各项功能和服务设施，提供满足居民日常活动所需形成的多功能空间范围。

2. 社区服务圈的主要类型与特征

出于对居民生活便利性的考虑，关于社区服务圈的大部分研究主要根据空间距离与需求频次，将社区服务圈划分为5分钟、10分钟、15分钟三个层级。在《社区生活圈规划技术指南》中将5分钟和10分钟生活圈合并，提出建设5~10分钟、15分钟两个圈层;《完整居住社区建设指南》将完整社区的规模划定为5~10分钟内步行可达各类社区服务设施，15分钟生活圈则是通过社区步道和骑行网络将完整社区串联起来，统筹构建相关服务设施。为便于研究，此处仍以5分钟、10分钟、15分钟生活圈三层级为例展开分析。①

（1）5分钟便民生活圈

5分钟便民生活圈，主要以居民步行5分钟可满足其基本生活

① 以下分类标准内容来自《城市居住区规划设计标准》。

需求为原则划分的居住区范围；一般是由支路及以上级城市道路或用地边界线所围合，居住人口规模为 5000 ~ 12000 人，配建社区服务设施的地区。社区应在此范围内主要提供超市、便利店、小型菜市场、水果生鲜店、美容美发店、书店、网吧、棋牌室、银行网点、快递网点、健身房、诊所、药店等便民服务设施满足居民基本生活需求。

（2）10分钟便民服务圈

10 分钟便民服务圈，主要以居民步行 10 分钟可满足其基本物质与生活文化需求为原则划分的居住区范围；一般是由城市干路、支路或用地边界线所围合，居住人口规模为 15000 ~ 25000 人，配套设施齐全的地区。在此范围内社区应提供配套的基础服务设施，如社区综合服务设施、文化活动站、室外综合健身场地、卫生服务站、养老服务站等，特别注意面向儿童、老人的基本服务要素。

（3）15分钟社区服务圈

15 分钟社区服务圈，主要以居民步行 15 分钟可满足其物质与生活文化需求为原则划分的居住区范围；一般是由城市干路或用地边界线所围合，居住人口规模为 50000 ~ 100000 人，配套设施完善的地区。15 分钟社区服务圈层级内配置面向全体居民，提供内容丰富、规模适当的综合服务设施，如大型多功能活动场地、卫生服务中心（社区医院）、门诊部、养老院、老年养护院、文化活动中心（含青少年、老年活动中心）、社区服务中心（街道级）、连锁商超等。[①]

---

① 戴尚．基于居民需求的居住区配套设施与居民获得感研究 [D]. 兰州大学，2020.

3. 商住配套型社区的经济发展实践

商住配套型社区发展演变与社区生活圈的发展紧密相关。

生活圈这一概念起源于亚洲，1965 年，日本在《第二次全国综合开发计划》中率先提出“广域生活圈”的概念。生活圈作为合理配置基础设施和公共服务设施、促进区域均衡发展的规划手段，直至今日依旧在发挥重大作用。① 此后，日本又提出“定居构想”，生活圈深入到城市生活尺度，该构想由定居圈、定住圈、邻里和街坊 4 个层级组成，其中定住圈是指居民以家为中心，开展一日生活所需的通勤、购物、休闲与医疗等活动所形成的空间范围②，其内涵与现今“社区生活圈”的含义较为相似，强调生活圈是一个整体性概念，是以服务设施为核心，同时需要各类空间要素充分支撑和协调的空间体系。

20 世纪 60 年代，佩里③的“邻里单位”理论在韩国社区的规划和建设中开始被应用；20 世纪 70 年代，生活圈规划具有强烈的内向性，以城市街道为划分边界，减少社区出入口，造成了社区的封闭与割裂；20 世纪 80 年代，韩国借鉴日本经验开始建立由居住区、邻里、组团构成的三级体系，并依照生活圈的不同等级提供配套的服务设施。④

在我国，上海市对“15 分钟生活圈”展开了深入研究。2014 年，上海市新一轮总体规划明确提出营造“15 分钟生活圈”。2016 年，《上海市 15 分钟社区生活圈规划导则》发布，强调社区内要提供多样化的舒适住宅，提供就近就业机会，鼓励低碳安全出行，提供类型丰富、便捷

① 程蓉 .15 分钟社区生活圈的空间治理对策 [J]. 规划师，2018，34(05):115-121.

② 和泉润，王郁 . 日本区域开发政策的变迁 [J]. 国外城市规划，2004(3):5-13.

③ 克拉伦斯 · 佩里，美国社会学家、城市规划师，于 1929 年首先提出“邻里单位”理论。

④ 朱一荣 . 韩国住区规划的发展及其启示 [J]. 国际城市规划，2009，24(05):106-110.

可达的社区服务以及提供绿色开放、活力宜人的公共空间。2017 年，上海市多部门联合编制的《上海市 15 分钟社区生活圈规划研究与实践》一书中，对社区服务设施圈提出三项要求：满足居民对家与设施之间的步行需求，以家为核心按照 5 分钟—10 分钟—15 分钟的圈层布局；重点关注老人、儿童等弱势群体的步行要求，在 5 分钟圈层布局幼儿园、公园、菜市场等设施；满足居民对设施与设施间的步行需求，基于居民生活特征以步行尺度进行关联布局（见图 3–5）。

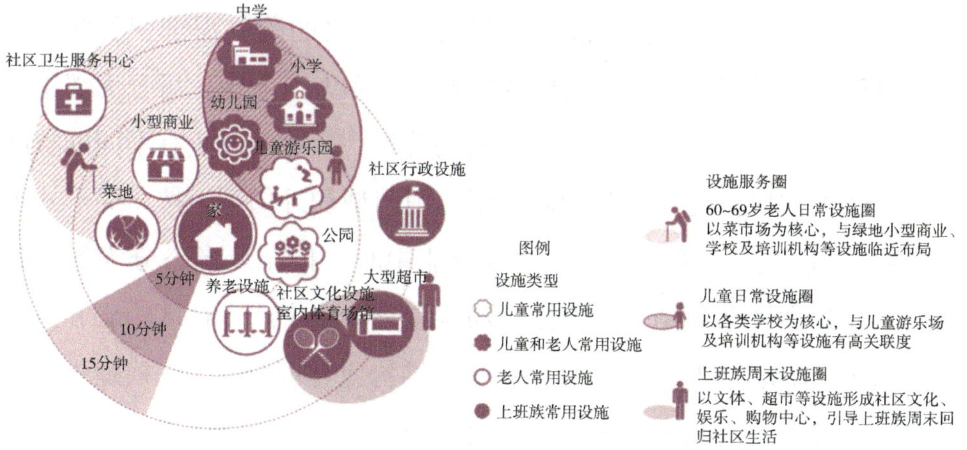

图 3-5　上海市社区服务设施圈层布局示意图

资料来源：上海市规划和国土资源管理局，上海市规划编审中心，上海市城市规划设计研究院 . 上海 15 分钟社区生活圈规划研究与实践 [M]. 上海人民出版社，2017.

在空间模式上，为便于各层级中心的快捷联系，生活圈框架体系的构建综合考虑了产业、文化、娱乐、生态与交通的因素，不仅有助于形成生活圈内部舒适的空间环境，也便于开展以人为本的社区空间治理，强调自下而上的实施机制和广泛的公众参与。

4. 商住配套型社区系统运行模式

商业经济主体以社区底商、商业街、购物中心、新零售企业为主，客体主要是指在社区范围内提供各项经营、零售与体验服务，服务对象面向社区生活圈内全体居民。

（1）社区商业服务经济系统

①社区商业经济的要素

社区商业经济主要包括规模等级、空间范围、业态配比三大要素。

常规社区商业的规模等级主要与社区居民的购物需求相关联，根据社区服务圈的级别、商业设施的影响范围和人口规模，可分为邻里商业、居住区商业、社区商业三种不同的等级[①]；社区商业有不同的空间布局形式，按服务对象可分为内向型、中间型和外向型，按布局形式可分为社区底商、社区商业街及社区商业中心，按布局形态分为街区条块、块状集中及条块结合式，按布局位置分为集中式（社区中心和主要出入口）、沿街式和多点式[②]；商业业态结构应合理分配、规模适中，形成大小商业业态如超市、餐饮、理发、药店、邮件快递收发点等分布均衡的社区商业网络。

②社区商业经济的载体

社区商业经济过去主要由各线下商业设施承载，商家入驻商业街或店面，面向消费者提供商业服务。随着互联网平台的使用，社区商业经济逐渐形成“供应商—社区前置仓—消费者”的发展链条，门店逐步转向发挥仓储和自提的作用。

---

① 中华人民共和国商务部 .《社区商业设施设置与功能要求》（SB/T10455-2008）[S]. 中国标准出版社，2008.

② 宁英 . 环首都地区社区商业服务设施配置研究 [D]. 北京建筑大学，2016.

③社区商业经济的市场和路径

社区商业经济主要面向社区服务圈范围内居民，居民日常生活中具有消费需求，在消费者行为理论中，不同的群体对于消费具有不同的偏好，在理性人假设下，居民会趋向于选择成本更低的场所和方式进行消费。社区商业经济在社区可达范围内提供消费者所需的商品和服务，吸引居民选择，由此形成较为稳定的消费市场。

（2）社区商业经济运行模式

①商超零售型

在社区服务圈中，传统社区商业经济与居住区相配套，以圈层模式呈现：5 分钟便民服务圈内以小超市、便利店、诊所、药店等便民商业服务为主；10 分钟便民服务圈则以提供超市、菜市场等基础商业服务为主；15 分钟社区服务圈往往分布有较为大型的社区综合商业中心、购物中心、大型连锁商超等满足居民需求。

在互联网时代，社区经济的运行模式也有所变更，出现了社区团购、前置仓智慧物流等新兴商业经济发展模式。这种模式常以居民社区为主要消费区域，采取“预售 + 自提”形式，平台提供商品、仓储、配送等众多资源，在社区设置团长自提点，负责处理用户自提、售后和社群运营等事项，用户加入团长组建的社群就可以接收到商品的各类信息，美团优选、多多买菜、兴盛优选、盒马鲜生等企业已经建立较为成熟的平台。

在现代技术赋能下，现代社区商业依托大数据和云计算，搭建起集社区信息共享、社区便民购物、社区生活服务等于一体的社区商业智慧化平台[①]；此外，智慧型社区商业向智能化、共享化、体验化延

① 王春娟，王成荣 . 数字经济背景下社区商业智慧化转型：理论体系与机制模型 [J]. 商业经济研究，2021(10):5-9.

伸[①]，通过线上电商平台终端与线下服务网点，形成较为系统的社区商业服务配置（见图 3–6）。

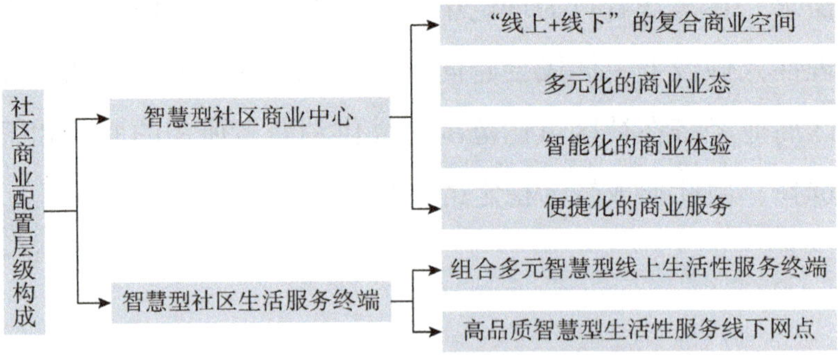

图 3-6　智慧型社区商业配置的层级构成

资料来源：康健，王成荣，王春娟．数字经济背景下智慧型社区商业配置研究 [J]. 商业经济研究，2021(21):29-32.

②服务体验型

相比于较为单一的商业零售业，社区服务圈内还提供多种多样的体验式服务。互联网时代“社群 + 内容”模式方兴未艾，典型代表如大众点评、小红书等，通过将具有共同兴趣爱好的人集中在一起，原创内容输出沉淀，再进行商品推荐，用户之间产生交流，催生了“探店博主”等网络达人，通过其推荐与说明，用户不必亲自到店咨询就可大致了解到店体验，由此实现对潜在用户的吸引，实现订单转化。通过这种方式，社区内的入驻商家与企业也可以较为及时地在居民评论中获得反馈，由此实现良性循环，提升服务的质量与效率。

5. 商住配套型社区经济运行评价

商住配套型社区经济实质上是一种城市混合功能的实践，通过提升

① 康健，王成荣，王春娟．数字经济背景下智慧型社区商业配置研究 [J]. 商业经济研究，2021(21):29-32.

商业和服务业的质量和水平，提升不同层级服务圈提供配套设施和服务能力。这种商住功能混合模式使商业与服务设施的可达性增强，社区在一天中的较长时间段内保障足够的人流量，商业营业时间窗口期延长，收益提升，有利于提升社区经济活力。

利用互联网平台减少中间环节，推出新型商业与服务模式，降低了企业和居民双方的成本，零售业通过线上平台预约与物流系统配送，实现了点对点的消费模式，企业销售产品所需要经历的中间环节大幅减少，人力、物流、场地等成本得以缩减。线下服务类预约模式的普及也使得无谓时间损耗降低，帮助居民有针对性地消费相关服务。

（1）定性分析与评价

社区服务圈的建设促进社区内功能混合，在不同的层级范围提供相应级别的配套设施，满足居民更多样化、更深层次的需求，帮助社区生活的幸福感得到提升，社区生活更加和谐。5 分钟、10 分钟、15 分钟社区服务圈内对于适老化设施以及托幼设施的规划与建设，对缓解目前一些社区内设施不足且分布不均的状况有极大帮助。发展完善的社区服务圈体系对解决老龄化带来的附加问题和缓解年轻人育儿焦虑也有裨益。

新一代信息技术所构建的体系使得虚拟现实与物质空间更加紧密结合，社区居民需求也跃升至更高层次，推动了线上教育、网络诊疗等行业完全脱离空间限制。线上信息咨询、服务预约的发展，使得线下到店或到户的实物与人工服务的效率也得以提升，居民对于虚拟空间和实体物质空间的中转连接功能需求增大。社区生活圈的建设将社区作为载体，推动线上与线下服务体系集合成有机的整体。

（2）量化分析与评价

发展社区服务圈，鼓励商住配套型经济发展，参照目前已有相关研究可以建立经济效益的成本—收益分析指标体系。其中，成本主要包括政府成本、承接主体成本以及公众成本三方面的一级指标，每个层面又各自有不同的二级指标（见表 3–3）。

表 3-3　基于成本收益分析建立的指标体系

一级指标	二级指标
政府成本	财政投入
	行政人员投入
	项目研究成本
	信息公开成本
	选择成本
	管理监督成本
	绩效评估成本
承接主体成本	竞标成本
	服务投入成本
	服务改造成本
	协调沟通成本
	评估成本
	志愿者培训成本
公众成本	诉求成本
	反馈成本
	监督成本

资料来源：朱鹤．基于成本效益分析的政府购买养老服务范围研究 [D]. 上海工程技术大学，2017.

基于上述对社区服务圈功能构成的认识，有研究以《城市居住区规划设计标准》为主要参考依据，结合各地实践，构建 15 分钟社区生活圈配套设施达标率和完备度评价指标体系以衡量其社会效益（见表

3–4）。其中，5 分钟、10 分钟、15 分钟社区生活圈范围的划定，将居民特定步行时间内的可达范围通过居民步行速度和步频转化为以居民步行 0~300 米、0~500 米、0~1000 米范围内应配置的生活服务设施。对于某个社区，若 5 分钟社区生活圈内 i 设施存在，则 i 设施在 5 分钟社区生活圈达标，同时也在 10 分钟、15 分钟社区生活圈达标；若 i 设施不存在，则不达标。i 设施达标率 =i 设施达标的社区数量 / 社区总量；j 社区设施配套的完备度 =j 社区拥有的设施类型数 / 社区应有设施种类总数。[①] 依据不同圈层所应包含设施的类别和数量在相应范围内实际存在与否，分别计算生活圈配套设施达标率和完备度。

表 3-4　　15 分钟社区生活圈配套设施达标率和完备度评价指标体系

<table>
<tr><th colspan="3">圈层</th><th>设施</th></tr>
<tr><td rowspan="3">15分钟社区生活圈</td><td rowspan="2">10分钟社区生活圈</td><td>5分钟社区生活圈</td><td>社区服务站、室外综合健身场地、幼儿园、老年人照料中心和托老所、文化活动设施，超市、药店、洗衣店、美发店，再生资源回收点、生活垃圾收集站、公共厕所</td></tr>
<tr><td>—</td><td>小学、商场、菜市场和生鲜超市、餐饮设施、银行营业网点、电信营业网点、公交车站、机动车停车场</td></tr>
<tr><td>—</td><td>—</td><td>初中、大中型多功能运动场地、卫生服务设施、养老院和老年养护院、文化活动中心、社区服务中心、街道办事处、司法所、邮政营业场所、轨道交通站</td></tr>
</table>

注：社区服务站包括居委会党群服务中心等设施。室外综合健身场地包括公园、绿地广场等设施。鉴于老年人日常照料中心和托老所数量均较少将二者合并统计。基于数据可获得性，文化活动设施主要包括棋牌室，文化活动中心包括棋牌室、博物馆、展览馆、美术馆、图书馆、科技馆、文化馆等设施。由于小型多功能运动（球类）场地、中型多功能运动场地、大型多功能运动场地存在设施重复且不易区分，统一命名为多功能运动场地，包括篮球场、排球场、足球场、游泳馆等运动设施。社区商业网点中由于各项设施的功能差异较大且日常使用频率极高，将超市、药店、洗衣店、美发店的达标率分别进行测算。其中，超市主要为便利店、杂货店、社区超市等设施；商场包括商场超级市场等设施。卫生服务设施包括卫生服务中心（站）门诊部、卫生院等。邮政营业场所包括邮政局邮政支局等邮政设施以及其他快递营业设施。

资料来源：江曼琦，田伟腾．中国大都市 15 分钟社区生活圈功能配置特征、趋势与发展策略研究——以京津沪为例 [J]. 河北学刊，2022，42(02):140-150.

① 江曼琦，田伟腾．中国大都市 15 分钟社区生活圈功能配置特征、趋势与发展策略研究——以京津沪为例 [J]. 河北学刊，2022，42(02):140-150.

（三）创业型社区经济分析

随着信息技术的飞速发展，工作场所、岗位与人员的空间分离，居家办公成为一种全新的工作方式。伴随着工作空间与生活空间不断融合，城市的创新创业活动逐渐从园区转移到社区中。

1. 创业型社区经济的概念与内涵

居家办公与社区创业这两种全新的经济业态均将社区作为空间载体。由于社区创业与居家办公所代表的经济业态较为类似，且社区创业对社区运营的要求更高，可视为居家办公的更高端形态。要界定创业型社区经济，应首先明确如下重要概念。

（1）居家办公

居家办公（Work from Home）通常被定义为在住所而非传统工作场所处理办公事务的工作形态（Drucker & Khattak，2000）。工作者通常使用电子信息技术，如计算机、传真等通信方式保持与办公室或其上级管理机构的联系。作为远程办公的一种特殊形态，居家办公的概念早在20世纪80年代就已被提出。有学者认为，居家办公具有提升生产率、增加工作弹性、减少通勤时间等优势（Lewis,1998）。但受限于网络传输速度与移动通信的限制，这一模式并未大规模推广，而仅作为特定情况下的方案使用。直至最近十年，移动通信技术的发展使得居家办公模式重新流行起来。

（2）社区创业

社区创业指在社区这一空间载体中发生的创业活动。有别于传统创业活动往往发生在科技园区中，社区创业这一活动是在社区的生活空间中产生的。社区创业的创业空间布局与生活空间高度重合，并共享生活设施，从而降低创业成本。社区创业的创业空间往往呈现出网络化的空间布局（鲍宇廷和段进，2018）。除了降低创业成本，将创业活动从园区转移到社区还有另一个优势，即创业活动的同群效应。社区中的创业活动频繁发生对其他居民的创业行为具有显著的带动作用（刘斌，2020）。因此在“大众创业，万众创新”的背景下，社区成为创业活动的重要场景之一。

2. 创业型社区的运行模式与系统

（1）创业型社区的组织系统

社区创业活动的主体即创业者，是创业活动的主导者与承担者，通过主观能动性影响创业活动的进展。通常，创业者创立创业项目或初创企业作为实质经济主体，完成商业活动中的运转。相比于创业者本人，初创企业实现了人、财、物等基本要素的整合，真正实现了生产活动的循环。

社区创业活动的客体指创业主体在创业活动中所面对的一系列作用对象，包括社区创业经济中的所有参与者，即其他创业者、外来的投资者以及潜在的消费者等。创业者与创业客体不断进行交互，完成创业活动。

社区创业活动的载体指创业活动发生的空间场所，即社区空间。由于创业活动需要物质资本，因此创业活动只有在特定的空间载体下才能实现。社区提供了社区创业活动所需的空间载体。而社区运营商或社区工作人员作为社区空间载体的具象，为创业者提供创业服务（见图3–7）。

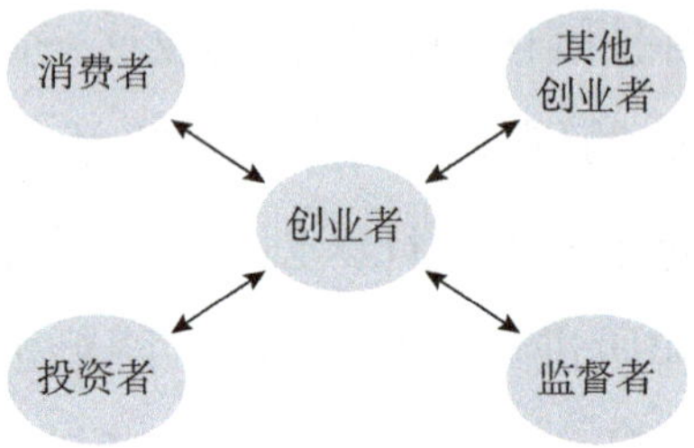

图 3-7 社区创业主客体关系图

资料来源：作者自行绘制。

（2）社区创业活动的要素和路径

社区创业活动的成功与否取决于三大要素：外源环境、空间载体、创业生态。其中，外源环境指初创企业所在社区之外的环境总和，包括物理环境、商业环境、创新环境、制度环境等。外源环境通过创新成果溢出影响社区创业活动效率。空间载体指创业活动所发生的实体场所，包括社区内部的生产空间、生活空间等。良好的空间载体能够降低创业活动成本，促进创业活动发生。创业生态指初创企业所在社区内部的商业生态。社区内部的环境往往受社区层面的一系列制度供给所影响，因此商业生态可被视为社区运营的重要结果。总体来看，外源环境和创业生态都属于“软要素”，而空间载体则属于“硬要素”。外源环境、空间载体与创业生态三大要素在一定程度上呈现出相互替代，但又相互补充的关系。一个良好的创业型社区需要将这三个要素紧密结合，缺一不可，并充分发挥其作用。

社区创业活动的核心路径就是将社区中优质的创业项目孵化并推向更大的市场。社区仅是作为初创企业生命周期开端的空间载体。因此，创业型社区的使命就是将初创企业由种子孵化成功，无须考虑孵化后的事项。依据企业生命周期理论，初创企业的成长可分为四个部分：孕育—成长—加速—孵化。而在不同阶段，社区需要为初创企业提供不同类型的服务。

在孕育期，初创企业对社区内部的商业生态更加敏感。活跃健全的商业生态有利于创业者迸发出独特的创意，这是创业项目的雏形和基础。因此在该阶段，社区需要构建相对完整的商业生态氛围。在成长期，初创企业的商业模式逐渐清晰。此时社区住户是初创企业最初的消费群体，用以检验初创项目的质量。换言之，社区提供了消费市场。社区还可以为创业企业提供廉价便捷的双创服务，进一步节省初创企业的运营开支。在加速期，初创企业需要寻找投资者获得融资，实现初步扩张。此时社区又可以作为连接初创企业与投资者的桥梁，积极发挥平台作用。相比于初创企业单独寻找投资者的模式，创业型社区作为整体对接投资者的效率更高。最后，初创企业基本完成孵化，退出社区并迁移至园区或更大的商业区。此时社区需要承担监督者的责任，防止已经孵化的初创企业扰乱社区内部的创业生态（见图 3–8）。

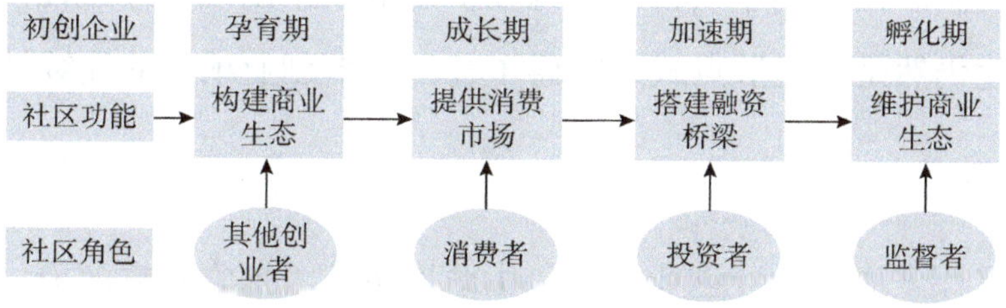

图 3-8　社区创业活动的核心路径

资料来源：作者自行绘制。

3. 创业型社区经济的问题与工具保障

（1）主要问题

第一，创业服务的顶层制度设计普遍缺失。目前，多数创业型社区都能够为创业活动提供空间载体与资金支持，但对如何激发创业活动、孵化创业项目还缺乏整体的顶层制度设计。具体表现为部分创业型社区缺乏统一的运营商，完全依靠创业者的自发组织维系创业生态；社区内部缺少可靠便捷的创业服务，无法充分有效地整合创业资源；部分成功创业项目孵化后，创业型社区的加入门槛水涨船高，从而抑制了良好的创业生态。

第二，社区的可持续性运营模式匮乏。创业型社区往往以补贴价格提供生活空间与创业空间，并辅以便利的双创服务。而这些前期投入成本如何以商业化的模式收回是创业型社区可否持续运营的关键。目前，部分以地产模式运营的创业型社区探索依靠娱乐设施租金收入补偿取得了一定的成功。但更多的创业型社区缺乏类似的思路，只依靠不计成本的投入式运营将使得创业型社区难以为继。

第三，社区创业的连续性不足。成功的创业孵化项目是创业型社区的宝贵资源。但目前多数创业型社区忽略了这一资源，未能搭建长效创业反哺机制。社区创业项目与外源投资者的联系割裂，导致社区的创业项目孵化仍然是零星散点式，阻碍了社区内部创业项目的连续转化。

（2）工具保障

一是探索成立社区创业基金。由政府牵头，探索建立政府、国有企业、社会资本多方出资的社区创业引导基金。基金主要用以解决社区初创企业融资难、融资贵问题，引导社会资本流向政府规划的重点创业领域，例如数字经济、交通物流等项目。围绕社区创业基金，进一步探索开设新兴服务、金融服务等方面的工作专班，指导创业者充分享受创业优惠。

二是探索打造社区创业生态圈。不同于传统社区，创业型社区的住户不仅是服务的消费者和接受者，更是社区的搭建者和经营者。因此社区运营商可以尝试通过建立入住者筛选机制，尽可能地以比例配套特定的人才、资本、技术等要素，辅以生活设施与创业服务的配套，构建良好的创业生态。在社区内部实现资源互补互助，实现园区良性互动创业生态。

（四）人才公寓型社区经济分析

人才吸引力是区域经济发展的重要因素之一。当前，城市政府的人才工作逐渐由简单的物质激励政策向营造良好整体环境的综合性政策转变，各地政府纷纷从人才实际需求出发，通过打造适宜发展的地方品质、提供宜居宜业的综合配套、搭建创新创业的平台载体，来营造人才公寓型社区经济，使不同类型人才都能在城市中安居乐业。

1. 人才公寓型社区的内涵与特征

人才公寓是指专门用于人才就业的生活配套租住公寓。人才公寓型社区，指围绕着人才公寓所形成的居住社区，一般按照“政府引导、财政出资、市场管理”“市场价、明补贴、有期限”和“轮候补租、契约管理”等原则进行租赁和管理。

按照产权所属的不同，人才公寓可分为租赁型人才公寓和产权型人才公寓。租赁型人才公寓主要指为当地就业、创业的人才提供住所和配套设施，可用于人才短租或居住周转。该类人才公寓以市场化租赁价格为标准，在政府顶层设计的引导和财政支持下，确定一定的租金补助数额，并通过市场化管理手段进行租约签订和入住管理。产权型人才公寓在为人才提供住所和设施的同时也可用于出售，人才可购买人才公寓并相应获得产权，其具体政策与限价商品房基本相同。该类人才公寓主要供给特定相对固定的人才群体，例如专家和教师等。在人才公寓产权全部转交前，公寓不能在未经特批的情况下被出借、出租或转让。

2. 人才公寓型社区经济发展综述

（1）我国人才公寓的发展

我国人才公寓起源于20世纪末。1994年，我国明确了住房商品化和社会化的发展改革目标，并为保障低收入家庭福利，相应建立社会保障性住房制度、全面推行住房公积金制度。人才公寓也开始取得初步发展。同年，我国首个人才公寓——上海浦东人才公寓诞生。21世纪初，我国更加重视人才培养、引进，关注人才对住房的需求，随着国家和地方不断颁布的人才战略规划，我国人才公寓型社区也进入了完善和全面实施阶段。在中央顶层设计的指导下，各地开始加强对人才公寓相关政策实施的创新和监管，具体政策包括四方面：第一，对人才公寓进行资金监管。例如，杭州市为当地人才公寓设置特别存款账户，出资方、运营方等资金在该账户内运转并接受政府机关监管。杭州市还设立了人才公寓租赁系统的风险防控基金。第二，通过“商改住”建造人才公寓。例如，深圳市政府将部分空闲的写字楼和商业用地改建为租赁型人才公寓，并规定了相关标准和保障方案。上海、广州、重庆等地区也陆续推出了相关政策。第三，通过“城中村”改造建立人才公寓。东莞市政府对可进行集中、片区化管理的“城中村”进行因地制宜的改造，建设为人才公寓和长租公寓，提供给初创企业员工等人才居住，并为公寓提供部分财政补贴和税收减免。第四，利用集体建设用地建造人才公寓，如福建、江西、山东、贵州、海南五省提出“集体用地创建租赁住房”的规划。

总之，我国人才公寓经过二十余年的发展，已初步形成规模。但是，大部分人才公寓项目盈利来源相对单一，主要依靠向特定人才群体进行租售来回收成本，市场规模相对较小，使得人才公寓的出资方盈利难度较大，面临较高的经营难度。

（2）人才公寓型社区经济的发展

随着人才公寓的发展成熟，相关社区经济体系也围绕公寓逐步发展起来。人才公寓型社区经济主要通过改善环境品质、吸引人才入住来获得租售利润，进而吸引文化、餐饮、娱乐等不同类型的物业和商业入驻并获取租金，从而创造更多经济红利。一个典型案例是深圳水围柠盟人才公寓。水围村位于深圳市福田区，改造前本为"城中村"。2016年，在深圳市、区两级的人才住房政策指引下，水围村被改造为504套优质公寓，由承建方转交给地方政府，政府将其作为人才福利性公寓出租，最终于2018年5月开始运营。目前，柠盟人才公寓已经取得了显著的人才服务效益和商业利润。首先，该人才公寓社区已为三批人才提供住房，总入住率达80%，租金仅为同期周边小区的60%~75%，有效地实现了人才公寓建设的初衷。其次，该人才公寓产生了较大的经济红利。公寓1~3层为商铺，承建方负责招商并进行市场化运作管理，形成了包含餐饮、娱乐、文化、科技等产业在内的多样化经济体系，商铺租金达原来的一倍以上，物业价值大幅提升。此外，柠盟人才公寓对楼宇和环境的自助改造也刺激了公寓商业价值的提高。

3. 人才公寓型社区经济运行系统

在人才公寓型社区经济的运行和发展过程中，可参考"多中心治理"理论，建立多元平等的治理主体关系，各主体之间自愿、平等、协作，在各主体追求自己利益的同时，为发展人才公寓型经济的共同目标相互协调适应，并通过多个供给方（即承包商、运营商等）的相互依赖、竞争、合作和制衡来提高供给效率、降低成本、增强回应性，最终达到提高人才公寓型社区经济价值和公共利益的目的。①

（1）政府

在人才公寓型社区经济中，政府主要负责法律法规和政策条文的制定、对开发商和运营方的监管、对商业引入的激励等。人才公寓型社区经济的良好运转有助于更好实现地方政府的经济目标，并在长期内有利于建立地方政府的良好形象。

在多中心治理下的人才公寓型社区经济中，政府需要转变传统的自上而下、单中心管理思维，向开放、包容、合作、共赢的多中心治理转变。具体而言，多中心治理下，政府应在人才公寓型经济中发挥的作用包括以下两点。

第一，明确地方政府在人才公寓型社区经济中的角色和责任，加强自身能力建设。城市人才公寓的供给包括公寓和周边经济体系的布置安排、供给生产和消费。地方政府应改变大包大揽的做法，不再负责人才公寓经济体系的供给生产，而是将其交给效率更高的市场私营部门，政府则主要负责人才公寓经济中公共服务和物品的安排。此外，从人才公寓经济和城市治理的宏观视角来看，地方城市政府也应加强治理能力建设，提升治理效率，内部依法行政，防止权力滥用。在人才公寓型经济的发展过程中，政府还应采取一系列鼓励措施，激发多元主体参与的积极性，并以此赋能市场、社会、居民主体参与城市治理，为城市的可持续发展注入源源不断的力量。②

第二，政府应对现有的人才公寓相关准入制度、产权制度、监管

① 谭禹．多中心治理理论与保障性住房的多元供给 [J]. 城市问题，2012(12):63-67.

② 杨坚桢．多中心治理：我国城市治理现代化的路径探析 [J]. 湖北工程学院学报，2017，37(01):98-102.

制度等进行改革，为私人资本、社会组织等进入该供给领域提供相应的制度安排。首先，在准入制度方面，城市政府应放松土地市场规制，除开发商外应让更多的专业建筑商、住房合作社参与人才公寓的建设和供应。城市政府也应对涉及人才公寓的转让土地的大小规模加以限制，以控制目前过大规模地块的整体出让势头，避免部分开发商垄断土地拍卖。其次，在产权制度方面，城市政府应做好产权保护工作。产权保护是市场主体投资人才公寓等公共产品生产中的重要问题，如果产权得不到有效保护，私营部门往往会失去投资热情。因此，政府应出台有关人才公寓产权保护的政策，明确规定人才公寓的产权主体，国家保护私营部门投资人才公寓的合法所有权，如出现侵占、毁坏人才公寓的行为，则由相关部门进行处罚。最后，在监管制度方面，地方政府应对多元主体进入人才公寓型经济的供给领域负有监管责任，对多元主体的进入条件等构建严格的监管体系，并据此进行检查，以保障人才公寓型经济中基础设施的质量。此外，城市政府也应该在财政和融资方面给予参与人才公寓经济的多元主体适当补贴。

（2）开发商、运营方与附近企业

开发商和运营方是人才公寓型经济中的重要主体，主要负责提供相关基础设施和基本生活服务。开发商和运营方能够从人才公寓型经济的发展中获取直接经济利益。在市场机制下，开发商和运营方为了追求利润最大化，不断更新技术，在供给人才公寓基础设施和相关服务中严格控制生产成本，能够有效提高公共产品的供给效率和效能。除了发挥市场在公共物品生产领域的这一效率优势外，开发商和运营方作为私营部门主体，倾向于追求利润最大化，但开发商和运营方也应注重社会效益，通过保证高质量供应和运营来维护、提升企业形象及口碑，建立良好的社会关系。

人才公寓附近企业是人才公寓型经济的间接受益者，通过与人才公寓签订协议，附近企业可以使聘用员工以更低的价格租住，从而有利于企业吸引人才，提升自身竞争力。

（3）居民

作为直接权益群体，居民主要在人才公寓型社区经济中享受各种利益，包括低廉的租金、完善的生活服务和便利的配套设施等。除享受利益外，人才公寓型经济中的居民也应为这一经济体系的良好发展作出贡献，比如提升公共参与率，从而有效促进经济决策的民主化和总体城市治理的现代化。首先，政府应构建完善的信息沟通渠道和反馈机制，居民应积极通过媒体、微博、网站、电话等方式广泛提供信息和反馈，使人才公寓经济体系的运行和决策能够更好地平衡各方利益关系。其次，城市政府也应积极推行社区自治，创设完善的社区参与机制，下放权力，积极推行社区去行政化，提升人才公寓型经济中社区自我管理和发展的能力。

4. 人才公寓型社区经济的问题与对策

（1）主要问题

第一，人才公寓型经济涉及多元主体和复杂利益关系，项目管理难度较大。人才公寓型经济涉及主体包括居民、政府、承建公司、相关产业的私营部门、土地所有方等，且由于人才公寓的改造、建设、运营全周期耗费时间较长，多元主体间的利益关系较为复杂，这对人才公寓型经济主管方的项目管理能力提出了极高要求。例如，成都某人才公寓每年均会发生两次较为集中的入住潮，需投入大量人力、物力协调为其办理入住手续，且平时也需要对房源进行维修和维护。但该人才公寓的专项管理人员仅有 4 名，人均管理公寓数量达 4300 间，已远远超出正常的项目管理人员配比，且由于实际管理过程缺少信息化系统，导致了公寓管理不及时、不科学等问题。①

第二，人才公寓型经济须进一步提升经济和创新活力。人才公寓型经济在我国发展时间较短，大部分人才公寓的配套设施相对不太完善，导致既有项目收入来源中，租金收入占到绝大多数，单一的收入来源极易受到市场因素的负面影响，抵抗外界风险的能力不高，容易导致人才公寓型经济的经营受到较大压力。因此，我国人才公寓型经济需要进一步提升经济和创新活力。具体而言，人才公寓型经济不仅应包括提供生活服务与便利的配套设施，还应包括丰富的产业支撑，形成其内部的就业和循环体系，并最终提升经济和创新活力，实现人才公寓型经济的可持续发展。

（2）保障措施

①营造良好的政策环境

政府应营造良好的政策环境，注重政策工具的系统性、配套性和动态性，规范管理城市更新融资。在金融政策工具方面，应完善人才公寓经济中私营部门（开发商、运营方等）融资相关金融工具的规定，保障良好融资秩序。在税收政策方面，应对现行税制予以完善，免除部分与人才公寓相关的税收，以期实现税收中性。例如，可递延或减免土地使用权转移所产生的土地增值税或所得税。

②加强有效监管和社会监督

目前，我国对人才公寓经济的有效监管和监督不足，应打通自上而

① 魏小娟．成都市 A 公司人才公寓项目运营模式研究 [D]. 电子科技大学 .2021.

下的监管和自下而上的监督渠道，加强对地方政府和私营部门参与人才公寓项目的有效评估。在自上而下的监管方面，应设立专门监管主体负责审查，如可由审计署或地方规划局负责。参与人才公寓融资、建设和运营的政府或私营部门每年进行自查工作，并送交报告至监管主体。监管主体负责审查报告，就出现的问题与政府或私营部门进行沟通。监管主体也应定期抽查人才公寓项目，同时接受来自居民和媒体的举报。监管工作应纳入地方政府绩效；对于存在问题的私营部门，要依法依规进行相应处罚。

在自下而上的监督方面，政府应将与人才公寓经济相关的信息公开化。一方面，政府网站上设立相关专题，上传每一个项目的具体内容，公众可了解详情并进行打分和评价，这部分信息将被反馈给监管主体以作为定期评估的参考。另一方面，人才公寓项目应在醒目处设置标识牌，标识牌上应包含空间尺寸、服务设施、融资方式和结构、开发商、运营方等，降低公众和媒体监督获取信息的成本。

三、未来社区经济活动的支撑保障

（一）培育社区经济活动市场的政策支持

1. 培育壮大新业态

《中华人民共和国国民经济和社会发展第十四个五年规划和 2035 年

远景目标纲要》中要求“营造现代时尚的消费场景，提升城市生活品质”，完善大中城市宜居宜业功能。

为顺应消费升级趋势，进一步培育新兴消费，促进消费新模式和新业态的发展，2021 年 3 月，国家发改委等 28 部门联合印发《加快培育新型消费实施方案》，鼓励培育壮大零售新业态，拓展无接触式消费体验，针对目前主要承担社区消费活动的便利店开展品牌化、连锁化三年行动，鼓励便利店企业应用现代信息技术建立智慧供应链，推动数字化改造。

上海市《青浦区加快推进现代服务业高质量发展实施细则》中提出，要支持引进商业新业态新模式，推进商贸业新型基础设施建设，同时加快推进电子商务与商贸业、制造业融合发展；鼓励软件信息等拥有高新技术的企业进入，给予政策和资金支持；支持新兴及专业服务业发展，支持楼宇经济发展。

2. 融合发展新经济

2020 年，北京市出台《关于进一步促进社区商业发展的若干措施》，支持商超类企业创新转型，进行数字化升级改造；同时鼓励电商、快递企业与超市、便利店、社区商业综合体、商务楼宇等合作开展末端共同配送服务，支持共同配送网点信息化配套设施建设，提升末端配送集约化水平；鼓励发展“互联网 + 生活性服务业”，支持集在线交易、信息查询、服务推荐、消费评价及大数据分析等功能于一体的生活服务类平台建设。

2021 年 5 月，商务部等 12 部门联合发布《关于推进城市一刻钟便民生活圈建设的意见》，鼓励商业与物业、消费与生活、居家与社区等场景融合，实现业态多元化、集聚化、智慧化发展。要求社区优先配齐基本保障类业态，支持与居民日常生活密切相关的服务网点在安全、合法的前提下采取“一点多用”、服务叠加等方式发展微利业态，保障生活必需。

《加快培育新型消费实施方案》中也对社区发展融合经济提供了保障措施。该方案鼓励线上发展直播经济，推动政企合作建设直播基地，加强直播人才培养培训，促进新媒体、消费、物流等产业融合与提质增效。针对新业态布局，方案提出，鼓励办公楼宇、住宅小区、商业街区、旅游景区等布局建设智慧超市、智慧商店、智慧餐厅、智慧驿站、智慧书店等智能化社区网点；推进电子商务公共服务平台建设应用，提升中小电商企业数字化创新运营能力，重视购物节等促销活动的拉动作用，组织指导各地开展线上线下深度融合的促销活动。

3. 鼓励推进特色化

《关于推进城市一刻钟便民生活圈建设的意见》中提到，要因地制宜发展品质提升类业态，鼓励发展特色餐饮、运动健身、保健养生、新式书店、教育培训、休闲娱乐、老年康护、幼儿托管等品质提升类业态，促进商文旅融合，拓展社交化、特色化功能，满足居民多样化的消费需求，提升生活品质。

在北京市《关于进一步促进社区商业发展的若干措施》中，鼓励社区发展特色商业，积极引导市级特色消费街区提升品质，突出街区在商业、产业、旅游、文化、建筑等方面特色，加强宣传推广，按照动态评估机制，定期组织第三方、专家学者、消费者、媒体进行全面评估；同时支持特色小店发展，鼓励各区发展体现地方传统文化、城市商业风貌和独特风情，在市民中享有较高知名度和口碑的零售、餐饮等生活服务业特色小店，着力打造具有国际都市特点、北京文化特色或非物质文化遗产内容的“小店经济”。

（二）激发社区经济活力的政策保障

政府针对企业、开发商（运营商）和居民等社区经济主体出台相关政策措施，以激发社区经济活力。

1. 企业

深化行政审批制度改革，让企业的准入与退出更加便捷。在成都市《关于持续创新供给促进新消费发展的若干政策措施》中，当地主要实行包容性管理和审慎性执法，对新产业、新业态、新模式，变“事前设限”为“事中划线”“事后监管”；持续深化商事制度改革，依法放宽企业夜间促销活动审批，简化消费促进活动审批流程，在规划引导、场地设施、交通安全保障等多方面给予支持。

2. 开发商（运营商）

明确产权归属。在发展社区经济的过程中，由于涉及老旧社区迭代更新，用地类型以及运营主体复杂，明确社区经济的产权归属是应当重点关注的问题。《北京市关于开展老旧楼宇更新改造工作的意见》鼓励原产权单位（或产权人）作为实施主体进行自主更新，由原产权单位（或产权人）授权的运营主体，或由区政府委托的平台公司依法依规取得楼宇产权或运营权后，也可作为实施主体。《上海市城市更新条例》则主要根据城市更新地块具体情况，供应土地采用招标、拍卖、挂牌、协议出让以及划拨等方式处理；鼓励在符合法律规定的前提下，创新土地供应政策，激发市场主体参与城市更新活动的积极性，针对社区的部分仍需进一步细化。

3. 居民

鼓励社区居民创业创新。目前，我国已有多地出台税收减免、店铺租金减收、给予商业贷款贴息等措施为社区人才创业创新提供资金补助，吸引人才落户。广东东莞市《松山湖国际创新创业社区项目入驻管理及扶持办法》按照科技型企业、现代服务业项目和配套项目三种类型，分别罗列了入驻应满足的条件。针对科技型企业入驻人才，为其提供住房租赁和子女教育支持。比如新入户人才可向市住房和城乡建设局申请入住公共租赁住房或 6000 元 / 年的租房补贴；为科技型企业人才子女提供公办学校学位，在税收、员工工作时间等入学条件方面适当降低标准。

（三）强化政策措施的配套监管

1. 成立专门化管理机构

应建立一个一体化专门机构，+ 负责社区公共物品和经济运转的相关政策或方案制定、审批和监管等，包含以下部门：第一，政策或方案制定部门，定期组织与社区经济的负责人员进行研讨，及时更新相关政策或方案。第二，审批部门，该部门负责对不同社区经济运转的方案进行审批，以检查其方案是否符合城区规划要求。第三，日常管理部门，负责管理社区公共物品的日常运营，与提供社区经济公共产品的私营部门签订合同，并制定社区经济的运转规范与权责范围。第四，监管部门，负责对社区经济运转情况进行定期检查，接受居民的投诉、上报等，并对不合格情况进行相应处罚。

2. 建立有效的监管监督机制

在社区经济的运转中，涉及大量私营部门的出资和服务，以及在较长时间内承担社区的运营和维护，因此需要政府制定合适有效的监管和监督机制，以保障社区经济的运转。

首先，保证社区经济中公共产品和服务的可达性。应规定社区经济的相关设施要在显著位置设置醒目的标示牌，标示牌上应设有统一的社区经济标志，并注明主要用途、提供的私营部门来源、运营时间、政府条款中规定的服务质量、监管部门、投诉和上报电话与官网等，以方便居民监督。

其次，对社区经济公共物品与服务的项目竣工时间加以严格规定。部分公共项目可能存在建设和运转进度严重滞后于其他项目，不利于提升社区服务的整体性和一致性。因此，有必要在地方政府的社区规划中，规定私营部门和社区必须在公共服务和设施的建设过程中预先支付担保金，以保证进度。

再次，应与私营部门和社区进行详细的事前规定并签订合同，保证公共服务的使用功能不变，避免过程中出现改变用途的违约情况。

最后，对社区经济中涉及的公共设施和服务的维护运营标准进行详细规定，保证其满足经济运转的日常使用需求，并对其负有终身维护责任。

（四）落实空间载体的供给保障

1. 明确政策目标

公共利益是多元化的，由纷繁复杂甚至相互冲突的利益构成。因此，有必要通过当地居民参与的正当程序来制定政策目标，明确社区经济究竟基于哪种公共利益的考量以及保护哪些相关方的利益，要遵循“使大多数人获益”的原则，避免出现以公共利益为旗号但实际上为少数利益群体服务的情况。例如，社区经济的政策目标可制定为：改善社区环境，丰富社区内的经济活动和文化活动，营造社区的创新、创意氛围，提高社区内人气，等。

在明确政策目标后，私营部门和社会资本可在政府和居民的监督下，在社区内提供社区所必需但自治机构或当地政府无法或不愿独自生产的公共品，包括：（1）步行环境改善设施，例如开放空间和步行扩宽区；（2）公共服务设施和公共住房，如社会活动中心、老年活动中心、托儿中心等。

2. 采用科学化的激励机制

我国社区经济运营目前存在的较大问题在于私营部门参与融资和运行较少，而私营部门对社区经济参与的回避主要缘于社区经济回报和风险不对等，因此，政府可提前向私营部门支付部分参与回报，从而减轻风险，激励私营部门参与社区经济。

政府支付的回报须保证私营部门的合理利润空间，一般而言，社区经济通常回报在项目总金额的 10%~12%，因此政府应向私营部门支付的总金额可在 10%~15%，其中政府可提前支付 5% 左右的金额。政府应制定一套支付回报的科学计算机制，该计算机制需要综合反映公共物品类型、地租差异、房地产市场变动、宏观经济变动等因素所带来的城市更新成本变化，并定期进行更新修正，保证时效性和科学性。

3. 建立多样化的管理制度

有效保障空间载体供给需要上级政府提供多样化的管理制度。可参考国外对私营部门生产公共物品的已有的管理制度，包括裁量型制度（discretionary）、羁束型制度（as-of-right）两种类型。

在裁量型管理制度中，私营部门需要首先向政府负责管理社区经济的委员会或办公室提交设计方案，由其进行个案审批。委员会或办公室对每个不同的社区经济方案进行独立审批，具有较大的自由裁量权，从而可根据不同社区情况制定合适的运行和管理方案。

在羁束型管理制度中，上级政府首先须制定一套涵盖多重社区经济对象的具体、详细的规定，私营部门和社会资本继续将方案送交上级，上级政府中的委员会对其进行合规性审查，只需满足最低要求，私营部门即可进行社区经济设施和服务的提供。

第四章

未来社区空间形态与功能组织

党的二十大报告指出，提高城市规划、建设、治理水平，加快转变超大特大城市发展方式，实施城市更新行动，加强城市基础设施建设，打造宜居、韧性、智慧城市。本章主要针对未来社区的空间形态和功能组织内容进行研究，总结发展趋势、目标重点与实践经验。首先，分析未来社区空间形态与功能组织的发展趋势，总结线上线下生活融合趋势带来的未来社区空间结构的变化、新需求带来的新功能及新设施组织、塑造“小而美”的未来社区空间等。其次，提出未来社区空间形态与功能组织的目标与重点，具体包括空间形态、布局结构、功能配置和要素组织四个方面。最后，在此基础上，对国内外未来社区实践经验进行分析，划分为空间模块和模式模块两个方面，总结经验，作为实践工作的参考。

一、未来社区空间形态与功能组织的发展趋势

未来社区建设以物质空间为载体，因而，空间载体本身的变化是未来社区发展变化的重要内容。如武前波等（2021）基于对未来社区的研究总结，无论技术如何变化，理想的生活环境和居住空间一直是人类的追求；在对浙江未来社区工作的解读中，宋维尔（2019）认为九大场景中建筑场景是其他场景的“容器”。这些论述均说明未来社区中的空间

载体作用十分重要。

总体上，通过对相关案例的总结可以发现，未来社区空间形态与功能组织的发展趋势可以从空间结构、新功能及设施、空间场景三个方面来解读。与之对应，相关的规划标准与社区配套设施也应进行相应的调整。

（一）线上线下生活融合趋势带给未来社区空间结构的变化

社区单元的空间组织以人的尺度为依据，一般以步行尺度为标准，如 15 分钟生活圈模式规模为步行 15 分钟、半径 1 公里的范围。当前，未来社区的空间结构也具有以人的步行尺度为基础的内涵，但与以往的社区单元规划模式不同，未来社区的空间结构需要应对线上线下生活融合趋势带来的空间结构变化（牛强等，2019）。如浙江省未来社区建设提出以 TOD 模式为骨架，融合九大场景的应用（浙江省发展和改革委员会办公室，2019）。面向未来、结合新技术的社区发展需求要求社区空间结构发生新的变化，如刘泉等（2020a；2020b）认为结合智慧城市建设的趋势，未来社区的空间结构不应局限在步行尺度范围内，而是因应新技术的应用，形成圈层的扩大（见图 4–1）（王富海等，2022）。

1. 创新资源和智慧功能融合，塑造新的社区空间结构

未来社区重视邻里中心模式、生活圈模式和 TOD 模式的结合，上述模式也关注对智慧技术的应用，形成共同的内涵，从而在社区中心形成融合集聚的新发展趋势。如在轨道站点地区，构建智慧管理运营中心，集聚智慧化的公共服务设施和各类创新资源。这种兼具智慧和创新内涵的结构是当前国内外未来社区建设的主要趋势。

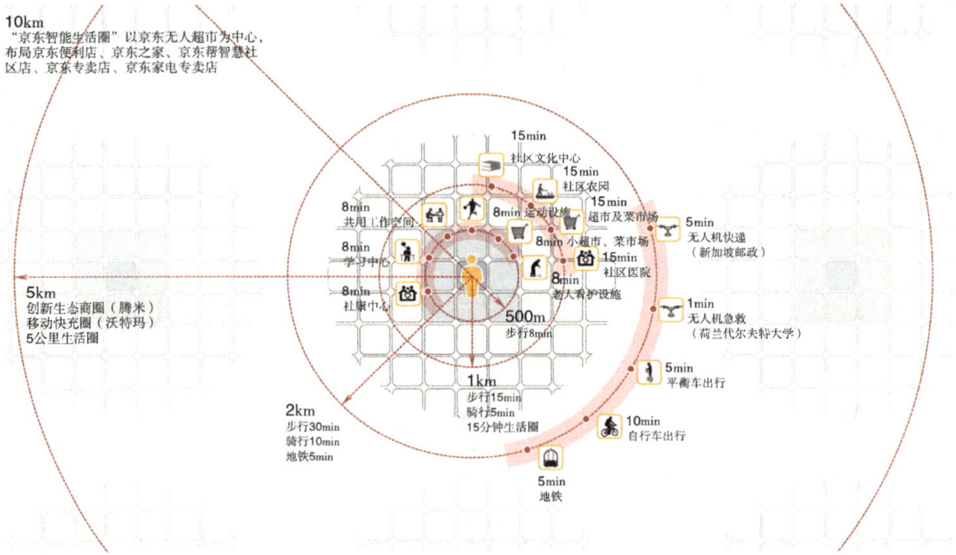

图 4-1　未来社区空间结构的扩大趋势

资料来源：王富海，刘泉，黄丁芳．工作回归引领智慧社区的功能增强与空间发展 [J]. 城市规划学刊，2022(2): 101-108.

如多伦多滨水区是典型的智慧社区建设案例，空间布局上具有 TOD 特征，承载的功能主要是为以谷歌公司为主的创新人群服务（Sidewalk Labs，2019）。我国雄安新区启动区控规中的 15 分钟生活圈社区单元和浙江省提出的未来社区模式也重视智慧技术、生活模式的创新（中国城市规划设计研究院，2020；浙江省发展和改革委员会，浙江省发展规划研究院，2021）。

具有融合模式内涵的未来社区在空间布局上的发展趋势可以参照智慧 TOD 的可能变化，体现在交通、功能、形态和空间四个方面：首先，在鼓励慢行的基础上，自动驾驶等新技术将加强站点地区与周边区域的连接；其次，在功能混合的基础上，TOD 将在主要节点形成服务智慧创新发展的原生功能；再次，在紧凑形态的基础上，未来社区将形成更灵活的多中心、簇群化布局形态；最后，在人性空间基础上，形成具有可识别性的共享化、智慧化的公共空间网络（刘泉等，2020b）（见图 4–2）。

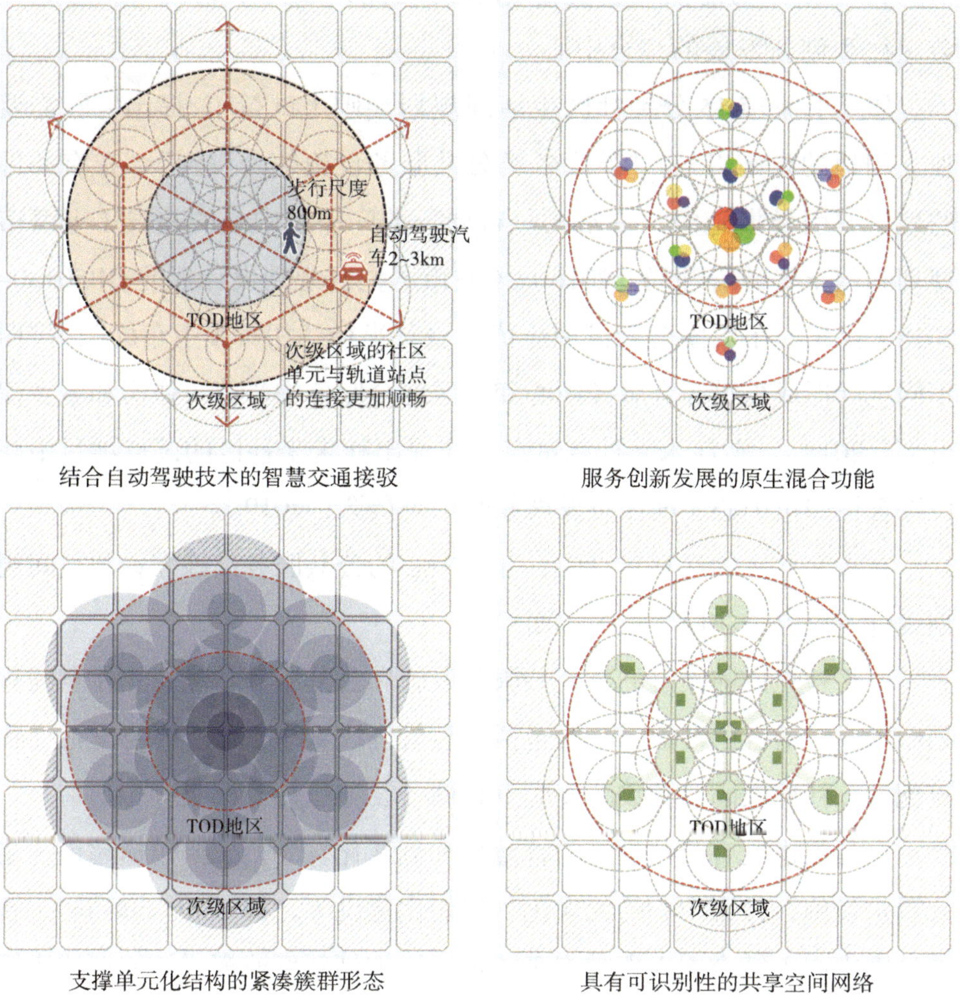

图 4-2　因应智慧发展的 TOD 规划的演变趋势

资料来源：刘泉，钱征寒，黄虎，等．未来城市智慧 TOD 的发展趋势思考——兼议 TOD 化与去 TOD 化之争 [J]. 规划师，2020b(22): 5-11.

2. 智慧发展与综合提升的新社区中心

邻里中心具有供给公共服务和承载社区交往两个内涵。在城市智慧创新发展的新趋势下，未来社区单元将不再是单纯的居住社区，而成为综合发展的功能单元，邻里中心将进行智慧发展，从容纳基本的社区服务功能演变为更加综合的功能，成为承载公共服务、社会交往和创新发展的综合中心。

如《上海市15分钟社区生活圈规划导则（试行）》提出，除需要独立用地的设施以外，“鼓励各类公共服务设施综合设置”，在有条件的地区，引导设施的“一站式”布局，推广邻里中心的建设（上海市规划和国土资源管理局，2016）。《城市居住区规划设计标准GB50180-2018》提出，生活圈配套设施应依照服务半径“相对集中布局”，按照不同尺度形成街道综合服务中心和社区综合服务中心等（住房和城乡建设部，2018）。浙江未来社区试点工作提出在未来社区的试点项目中建设综合性邻里中心（浙江省发展和改革委员会，2019）。

在未来社区的规划建设中，邻里中心的公共服务设施配置和空间规划设计应重点关注以下三个方面。

一是补充以前没有的新公共服务设施和公共服务功能，并在空间规划中形成针对性的考虑，主要包括智慧管理、共享办公、终身学习、物流配送、社区农园、救灾防疫应急和储备设施等几个板块。

二是促进既有公共设施的智慧化和创新化发展，主要包括超市，老人看护设施，社康中心的无人化、智能化建设等，如Care Collective（智慧社康中心）结合无人驾驶汽车技术，增加创新商业模式的移动式店铺（Sidewalk Labs，Idea Couture，2018）。

三是预留一部分弹性空间和场地以应对未来社区智慧化发展中的一些不确定的发展要求，如救灾防疫资源如何储备，用于运输药品的急救无人机放置在什么区域等（见图4-3）。

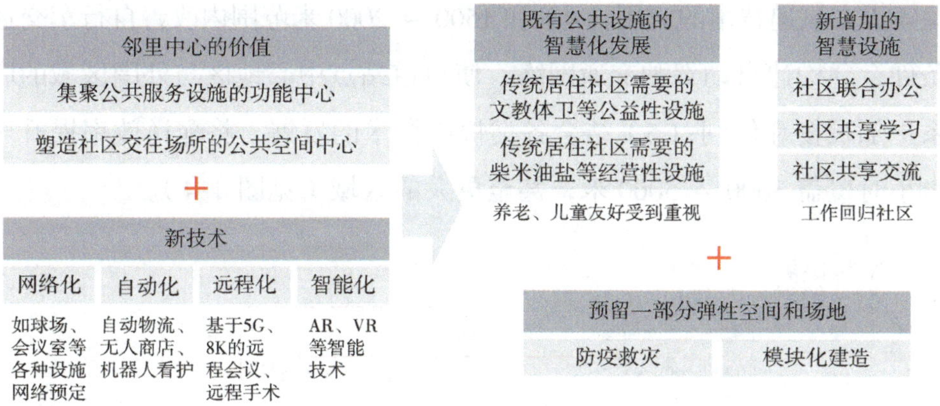

图 4-3　邻里中心智慧发展的趋势

资料来源：深圳市蕾奥规划设计咨询股份有限公司供稿。

3. 线上线下生活融合趋势带来未来社区范围的扩大

未来社区空间结构变化的重要特点是线上线下生活融合趋势带来未来社区范围的扩大。虽然步行尺度是社区单元的基本尺度，但技术的发展将不断改变和优化人们的服务获取方式和出行方式，自行车、汽车、快递配送、无人驾驶和无人机技术将会进一步压缩时空关系（牛强等，2019）。而建造技术的发展将使进一步增大单位用地上的人口数量与建筑强度成为可能。此外，技术的快速发展不断改变社区的空间结构，改变居民对外出行和获取服务的能力。

巴蒂（2014）称，随着信息技术的发展，对尺度的物理限制会有新的可能。具体的发展趋势包括：（1）生活圈内应该进一步优化步行环境，以此确保在半径 400 ~ 500 米范围内步行出行成为首选方式；（2）在半径 800 ~ 1000 米范围内形成更加完善的步行网络，加强这一区域与轨道、公交站点及设施集聚的中心地段的步行联系，并配置符合生活圈智慧发展需求的设施与功能；（3）优化“最后一公里”快递物流环境，探索无人快递技术的应用;（4）在 1500 ~ 2000 米范围内改善自行车交通条件，并构建自动驾驶交通网络，使轨道站点中心地区与外围区域的联系更加顺畅和便利;（5）结合各类快递技术的发展，将配送效率提升至半小时覆盖 3000 ~ 5000 米，甚至更大的区域（见图 4–4）。

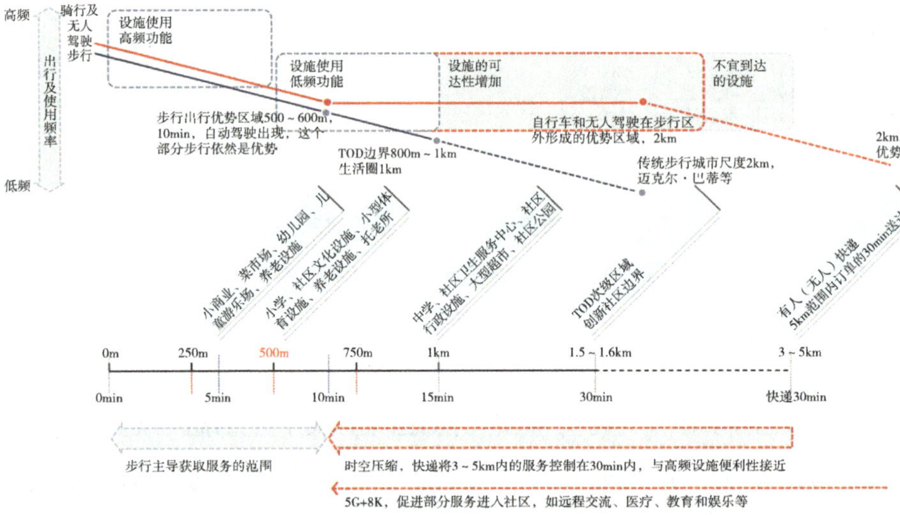

图 4-4　智慧社区居民出行能力和服务获取能力变化

资料来源：刘泉，钱征寒，黄丁芳，等 .15 分钟生活圈的空间模式演化趋势 [J]. 城市规划学刊，2020a(6): 94-101.

（二）新需求带来的新功能及新设施组织

1. 社区功能从单一的居住功能走向混合发展

现代主义城市规划的核心是将城市划分为居住、工作、娱乐与交通等功能分区。它的本质是城市在面向工业社会生产（工作）方式改变所产生新需求时的一种应对方式。其结果造成社区居住功能的单一化。1961 年，简·雅各布斯（Jane Jacons）出版了著作《美国大城市死与生》，反思单一化的功能分区，鼓吹功能混合。如今功能混合已成为城市规划设计的普遍共识。不过，在具体执行中，功能混合却很难得到有效实现。

随着新一代信息技术的应用与发展，工作方式日趋自由灵活，而新冠疫情蔓延明显加快这一进程，工作回归社区成为未来社区发展的趋势之一。工作所代表的生产方式与社区所代表的生活方式是一体的，未来社区建设的重点内容不是智慧技术的软硬件建设，而是搭建数字媒介的生活环境，也就是打造全新生活方式（王富海等，2022）。

智慧技术促进工作回归社区，与以往四大主导功能的结构不同，学习功能将成为智慧城市及智慧社区的重要功能，并与工作、生活和娱乐等传统功能在社区内融合。如日本提出“社会 5.0”概念，关注“生活—工作—学习—娱乐”等功能的融合发展（日本経済団体連合会，2017）。澳大利亚提出 20 分钟社区（20–Minute Neighbourhoods）概念，强调商业、工作、交通、居住、娱乐和学习等六个主要功能（Grodach C, et al, 2019）。

综合而言，以往现代主义城市规划所提出的居住、工作、娱乐与交通的城市四大功能正在发生改变，拓展形成居住、工作、学习、娱乐与交通等五大功能，并呈现融合的趋势（见图 4–5）。城市结构也从以单一功能单元（宽马路、大街区）为主构成的功能分区结构向以混合多功能单元（小街区、密路网，轨道公交、慢行、自动驾驶融合）为主构成的单元化结构模式转变。

2. 智慧技术应用视角下的共享与创新趋势

在智慧技术影响下，未来社区将形成功能更加综合的城市空间单元。特别是在新冠疫情背景下，工作回归社区、居家学习和居家工作等成为应对疫情的重要手段。未来社区所具有的社会交往、信息共享，甚至社区创业的价值更加受到关注。如日本在家工作和从城市搬往

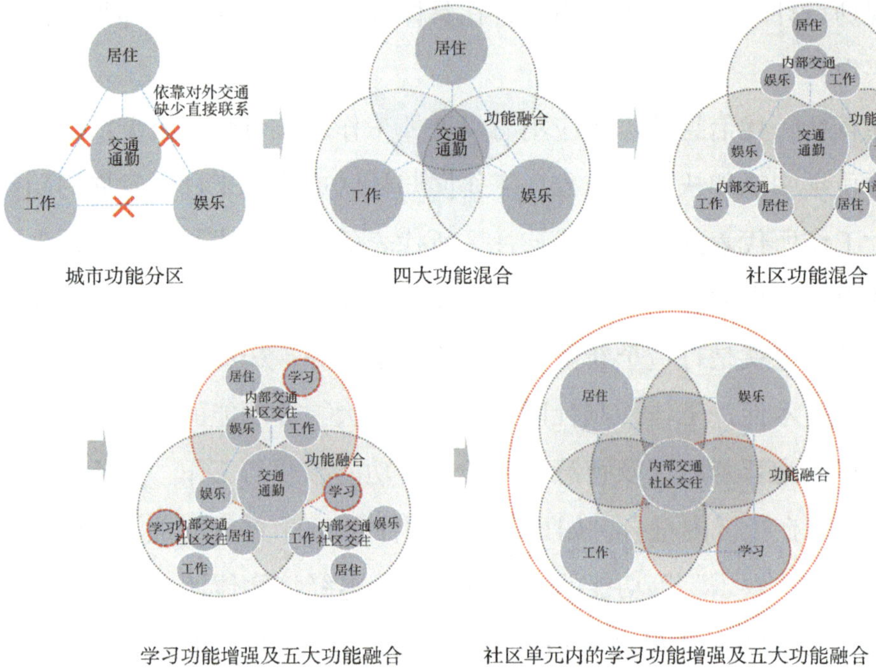

图 4-5 未来社区学习功能增强及五大功能融合

资料来源：王富海，刘泉，黄丁芳．工作回归引领智慧社区的功能增强与空间发展 [J]. 城市规划学刊，2022(2): 101-108.

郊区居住的人数开始增加（諸賀加奈，吉田謙太郎，2021）。新加坡防疫措施要求居民居家办公，而政策结束后，有 80% 的居民希望继续居家工作（城市中国，2021）。

在未来社区的建设阶段，随着具有创新创业等工作功能和创新人群回归社区，共享成为未来社区的重要特征，共享发展的模式之所以重要是因为在创新领域，隐性知识的传播通过人际互动，因而与空间相邻有关，聚集不可避免。在未来社区，创新交流与空间共享是十分重要的内容（可姆尼诺斯，2016）。

设施的共享是未来社区共享发展的重要方面，如浙江的未来社区试点在提出建设综合性邻里中心的同时，也提出要重视共享空间的配置

（浙江省发展和改革委员会，2019）。在智慧社区的建设中，如加拿大多伦多滨水区，我国上海市、雄安新区均建议结合社区服务中心布置社区创业设施的设计（中国城市规划设计研究院，2020；上海市规划和国土资源管理局，2016；Sidewalk Labs，2019）。

未来社区从功能单一的居住单元向带有综合发展功能的城市功能单元转化，将使社区服务中心及内部的公共服务设施成为承载创新活动的空间载体。如加拿大多伦多滨水区的智慧社康中心（Care Collective）提出将传统药店转变为集药房、咖啡店、授课室于一体的空间，提供不同程度的医疗健康服务和专业指导的活力空间（Sidewalk Labs，Idea Couture，2018）（见图 4–6）。

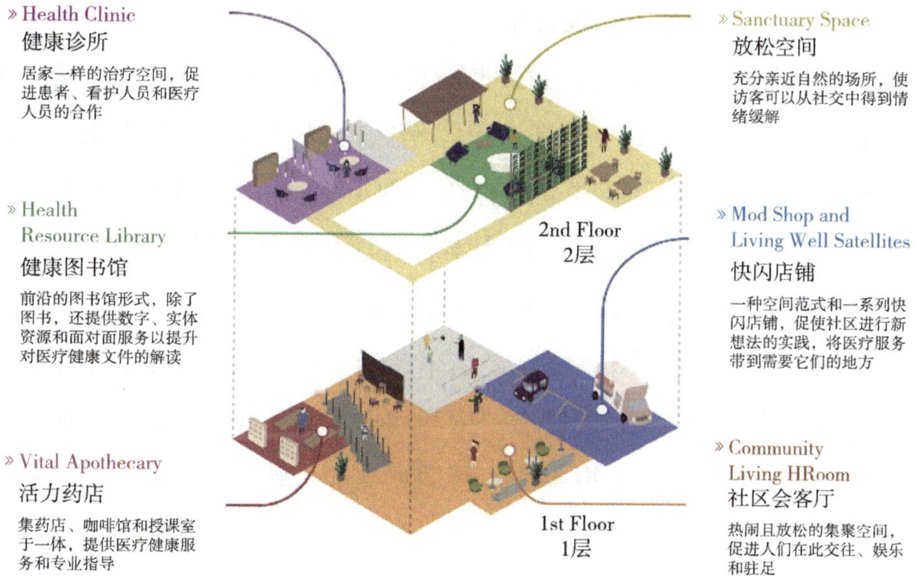

图 4-6　多伦多滨水区的智慧社康中心

资料来源：Sidewalk Labs, Idea Couture. Living Well on the Waterfront: Imagining the Future of Community Health[R]. 2018.

3. 服务新需求的新功能及新设施

随着技术的发展，城市及社区生活方式出现新的变化。如大城市办公楼及产业区白领加班的现象愈加普遍，下班后儿童的照看问题成为普遍存在的社会问题。IT、网络、设计、快递、外卖、专车等新兴行业的出现，塑造了新的社会人群。这些新需求需要未来社区的新功能和新设施予以回应。

如深圳市南山区西丽社区面积约 3 平方公里，总人口 5 万人，其中户籍人口 2 万人。辖区有小区 19 个，公寓 35 个，企业 700 多家，是一个新旧街区并存、产城高度融合的社区。为了服务各类人群的需求，社区中心建设了党群 G+24 小时服务工作站、安心驿站、社区图书馆、“四点半课堂”等智慧空间及设施。

深圳市南山区沙河街道白石洲东社区面积约 1.3 平方公里，常住人口约 4 万人，其中 94% 为外来人口。辖区内以“城中村”为主，人口多、小商户密集、租金低廉，现有快递网点 18 个，有超过 800 名快递骑手长期聚集在本社区活动，成为本社区居民群体的最大特点。因此，白石洲建设了“暖蜂驿站”，为快递骑手提供充电、休憩、冲凉服务及设施，同时基于骑手每日高强度走街串巷的工作模式，探索骑手工作与社区工作协同的工作方法，提出“望闻问切”的工作原则，鼓励骑手在工作中及时发现事件、上报事件，帮助党支部了解居民困难、实时解决居民问题。

此外，社区是低碳城市建设的重要空间载体。推动低碳社区建设，逐渐打造低碳生活方式，成为建设低碳社会的重要内容。低碳发展也成为未来社区建设的重要内容。如 2015 年 2 月，国家发展改革委发布了《低碳社区试点建设指南》，进一步明确了低碳社区试点建设过程中的基本内容。除了绿色建筑、公交出行、功能混合的空间规划内容以外，社区内进行碳评估工作将成为判断未来社区是否成功的重要考虑因素。

（三）塑造“小而美”的智慧空间

1. 结合场景创新的社区空间优化

在智慧城市建设时期，涌现创新将成为一种普遍趋势。这些自下而上具有创新内涵的智慧城市场景将成为描绘未来智慧城市整体愿景的重要组成要素，也是推动城市智慧发展的重要支撑。“小”趋势对经济和社会发展的影响越来越大，城市规划领域也有部分学者提出了针对“小”趋势未来城市空间发展的设想。与对智慧城市发展目标作出空泛的“大描绘”和“大愿景”相比，因应“小”趋势和“小”变量的需求，智慧城市场景创新可以发挥更重要的作用。

当前，自下而上的未来社区建设、城市双修、微更新和社区生活圈等面向微观尺度的城市建设工作受到重视。智慧城市场景在空间上具有微特征，智慧城市建设的目标可以通过微空间发生变化的形式实现，优先体现在街区和社区层面的街道、广场和小公园等公共空间，建筑组群等载体。

如多伦多滨水区的智慧城市场景将以空间为载体，促使智慧技术与空间要素结合，承载创新活动的发生，满足创新人群的需要，进行空间规划建设方面的创新探索。在多伦多滨水区的方案中，虽然街道、建筑和公共空间等要素是传统的，但其内部的场景则是基于新技术的新工作生活方式在小尺度空间形成的复杂集合（Sidewalk Labs，2019）（见图 4-7）。浙江未来社区九大场景形成的“巨系统”同样具有这种涌现创新的特征。

图 4-7　多伦多滨水区场景中的“小”趋势和微空间

资料来源：Sidewalk Labs. Toronto Tomorrow: A New Approach for Inclusive Growth, Volume 1: The Overview[R]. Toronto: Sidewalk Labs, 2019.

2. 结合微更新的社区空间优化

2021 年 8 月，住房和城乡建设部发布《关于在实施城市更新行动中防止大拆大建问题的通知》，城市规划建设的模式发生变化。通知提出，“要严格控制大规模拆除。除增建必要的公共服务设施外，不大规模新增建设规模，不突破老城区原有密度强度，不增加资源环境承载压力”。在此基础上，随着城市建设大拆大建时代的结束，服务新区新建的智慧城市项目需要面对新的发展形势，而结合老旧社区改造的智慧化提升工作逐渐受到重视。智慧城市和未来社区建设从重视新区新建项目走向关注改造整治工作，产业链条向后端延伸，大大拓展了智慧城市建设工作的内容。结合老旧社区的改造整治要求，基于微更新方法的社区空间优化成为趋势。

无论是政府投资项目还是企业投资项目，无论规模大小，在不同环节、不同阶段，都存在大量细节性的“小设计”要素对城市整体的公共空间品质具有重要影响。由政府带头强化公共空间的设计质量，必然会推动全社会形成共同的价值观。如珠海市开展的社区体育公园工作，将城市中闲置的边角地利用起来，建设服务社区的体育场地和公园设施，产生了良好的社会影响。

二、未来社区空间形态与功能组织的目标与重点

（一）未来社区空间形态与功能组织的目标

未来社区不是单一功能的居住社区，而是以智慧技术应用为基础、创新发展为内涵、人性化空间为载体的智慧城市终端单元。未来社区空间形态与功能组织的目标包括三个主要方面。

目标一，满足人民日益增长的美好生活需要。围绕以人为本的规划理念，关注不同人群的需求变化，梳理多场景空间需求，打造人本尺度社区空间格局，建设高质量与高品质社区空间。

目标二，构建创新的社区空间与智慧设施。积极推进新一代信息技术在社区层面应用，实现线上平台功能与线下实体空间有效串联，构建更智慧的社区空间，提供更便捷多样的社区服务。通过创新设计，实现智慧技术应用与人性化空间设计的结合，构建形态多样的社区设施与空间产品，创造交叉共享的社区新空间，提供多样创新的智慧设施。

目标三，实现社区低碳发展。通过营造人本尺度空间格局，鼓励步

行与公共交通出行，积极推进低碳技术与社区建设的融合，实现社区低碳发展。

（二）未来社区空间形态与功能组织的重点

未来社区空间形态与功能组织逻辑方法将发生巨大的改变，社区尺度的空间形态更加人性，社区各类空间与设施布置更为便捷与智慧，社区功能配置多元复合，要素组织彰显创新，应用更多创新服务设施与新空间载体，打造人本尺度社区，在步行范围内满足更多人群的需求，凸显低碳理念，并最终形成未来社区的空间形态与功能组织新模式。

在空间形态上，未来社区将重点塑造“小街区、密路网”的人本尺度社区空间形态。积极引入 TOD 导向的混合立体开发模式，围绕公共交通节点优化公共服务、商业服务配置，构建步行优先的慢行系统与社区游憩系统，同时充分考虑未来无人驾驶汽车等新技术在社区的发展，打造人本尺度高品质社区空间形态。

在布局结构上，未来社区将重点关注线上生活平台发展给线下生活带来空间结构与尺度的变化，打造全新的社区空间服务体系。在社区线上平台不断发展背景下，社区空间及设施的种类、服务半径乃至组织形式均发生显著变化，社区的空间结构与空间形式更加多样，未来社区应充分利用线上平台，探索建设更符合现代人生活习惯的、更高效更便捷的空间结构，形成全新的智慧社区空间服务体系。

在功能配置上，未来社区重点关注符合发展需求的更加混合的功能配置。未来社区关注新时代背景下不同人群的需求变化，在社区空间上与新技术有机结合，建设邻里、教育、医疗、养老、服务等多场景空间功能，形成更为混合的功能配置，服务更多元的人群需求。

在要素组织上，未来社区重点关注空间要素与技术要素的融合，建立场景应用需求下的模块化要素组合机制。在技术驱动与实际居民需求下，未来社区突出城市设计重要性，深度融合新型空间要素和新技术产品，形成更具科技感的创新服务设施，建设服务不同人群的新空间载体，降低能源消耗，提高居民生活环境与生活品质。

三、未来社区空间形态与功能组织的实践经验

智慧技术的发展将使城市规划进入“积木化”新模式（高艳丽等，2019），空间要素模块化组织方法的探索对因应新技术需求具有重要意义。从历史的角度看，城市规划发展进程中重要的命题之一就是如何促进新技术产品与空间要素的融合。在智慧城市阶段，新的智慧技术必将与城市空间融合，呈现出全新的空间形态。

未来社区空间形态与功能组织的模块化对策包括两个层面的内容，一是空间模块的组织，涉及公共设施、公共空间、建筑要素等；二是模式模块的总结，即因应未来社区的不同模式类型，以模块化的方法，提出相对的建设对策。对策主要的目标即基于相关案例的经验，将好的解决办法组装成模块，为相关工作更好地开展提供借鉴。

（一）空间模块

对于城市社区来说，空间的活动或功能类型，可分为基本生活空间与机会生活空间，具体包括居住空间、工作空间、休闲空间、消费空间、城

市公共服务空间和社会空间等，并呈现融合趋势，即各类空间功能上的融合与混合。具体空间要素大体包括基础设施、公共设施、公共空间、交通组织、建筑功能、卫生条件和绿化环境等几个主要内容（张健，2016）。而对老旧社区来说，停车难、公共空间不足、公共设施老化等是普遍存在的问题。因此，未来社区空间模块的对策主要针对空间类型，围绕主要空间要素，结合现实需求和问题，与新技术应用带来的变化趋势进行总结。

1. 公共设施模块——更加智慧的设施与服务

（1）未来社区驾驶舱——社区智慧管理运营中心

未来社区驾驶舱是社区治理中枢，需要充分利用人工智能、云计算、物联网等先进技术，建立社区治理平台，让社区基层治理更智慧。未来社区驾驶舱面向政府社区工作人员，整合各类管理与执法主体，培育精细化多元治理新模式。

浙江未来社区试点提出“一心三化九场景”，其中“三化”之一为数字化，即打造未来社区数字化平台；“九场景”之一为未来治理场景，即依托社区数字精益管理平台，构建党建引领的“政府导治、居民自治、平台数治”未来治理场景（浙江省发展和改革委员会，浙江省发展规划研究院，2021）。深圳市福田区和南山区则在区和街道层面建设智慧城市运营中心（见图4–8），进行区、街道、社区、独栋建筑的各类数据收集，推广试点智慧社区“南园模式”，形成“党建全覆盖、矛盾全化解、控防全天候、服务全提供、人民全参与”的基层治理特色（丁侃等，2018）。上海市提出，“社区街道的精细化管理，加强党建引领，培育孵化本地化服务机构，完善基层综合执法体制机制，推进街道城管执法中队下沉”（上海市人民政府办公厅，2021a）。

图 4-8　深圳市福田区香蜜湖街道智慧指挥中心

资料来源：作者拍摄。

案例1 杭州市缤纷未来社区综合治理中心

亮点：数字化系统管理下的多主体一体化治理机制。

缤纷未来社区包含3个社区，5个小区，涉及的管理主体、执法主体、数据平台众多，同时存在业态问题复杂、居民投诉数量多等问题。在此背景下，缤纷未来社区通过设立综合治理中心，建立一体化治理机制解决上述问题。缤纷未来社区综合治理中心设立在缤纷社区服务中心旁，该中心联合当地公安、城管、交警、市监、消防等部门主体，整合形成全新的管理团队，负责社区公共事务。围绕“治理一体化”核心，缤纷未来社区打破部门隔阂，整合资源建成社区“微脑”，即一体化综合治理平台，实现“多跨融合、高效协同、整体智治”的智慧治理理念。通过综合治理中心的治理平台，整个社区情况一目了然，智能设备自动识别问题，上报中心，派单解决，极大提高工作效率［七彩工程咨询（杭州）有限公司，浙江南方建筑设计有限公司，2019］。

案例2 深圳市南山区西丽社区智慧管理运营中心

亮点：算法超市帮助社区管理人员利用智慧化手段，高效完成各类基层治理事务。

深圳市南山区西丽社区智慧管理运营中心位于南山区西丽街道办事处行政服务大厅二楼，数字化架构与系统方案由南山区负责，社区负责数字化硬件设施的投资建设。西丽社区智慧管理运营中心包含一个社区大脑驾驶室，通过打通BIM数据，数据大屏可以访问每一栋楼的每一户居民各类基础数据，辅助基层网格员管理。同时运营中心可以利用“算法超市”功能模块，寻找数据解决方案，开展各类专项的治理任务。在应急指挥方面，智慧运营中心在社区防疫工作方面取得突出成绩，系统快速响应，自动下发防疫核查任务，网格员接到通知，在社区负责核查，做到基层减负。

案例3 杭州市瓜沥七彩社区智慧中心

亮点：建立社区积分制度，吸引居民主动加入社区建设。

智慧中心位于社区服务大厅内，在杭州“城市大脑”与萧山区平台的赋能下，根据系统的服务人群，数字化系统分为“沥家园”数字化治理体系以及“之江七彩云”社区数字化管理服务体系。“沥家园”是由线上线下四个端口构成的特色数字化治理平台，线上端包括面向社区管理的驾驶舱和面向居民的微信小程序；线下端由“沥·MALL”兑换店和七彩公共服务中心两个端口组成。政府工作人员和居民均可发布公益任务，居民通过完成任务获得积分，积分可以兑换相应商品。“之江七彩云”则建设了面向社区C端的居民社区邻里圈，成为社区交流平台（瓜沥七彩社区，2021）。

（2）共享办公室与创新中心

在未来社区，随着服务工作回归社区，以及社区创新创业需求的增加，建议结合社区中心的布局，建设共享创新的设施，如共享办公室、社区创新中心等。共享办公室与创新中心以工作空间为主要功能，融合社会交流、创业公共服务、消费等功能，形成一站式创业创新中心。

在具体实践中，雄安新区启动区提出构建城市创新中心、组团双创服务平台和社区创新中心三级创新设施体系，保障高效可生长的创新创业服务供给（中国城市规划设计研究院，2020）。此外，邻里中心也成为未来社区促进交流、激发创新的重要空间载体。如日本柏之叶新城创新实验室、美国南部机密技术公司和波士顿创新区的创新中心等，均具有营造社区氛围、服务创新发展的作用（Gensler Research Institute，2019）（见图 4–9）。

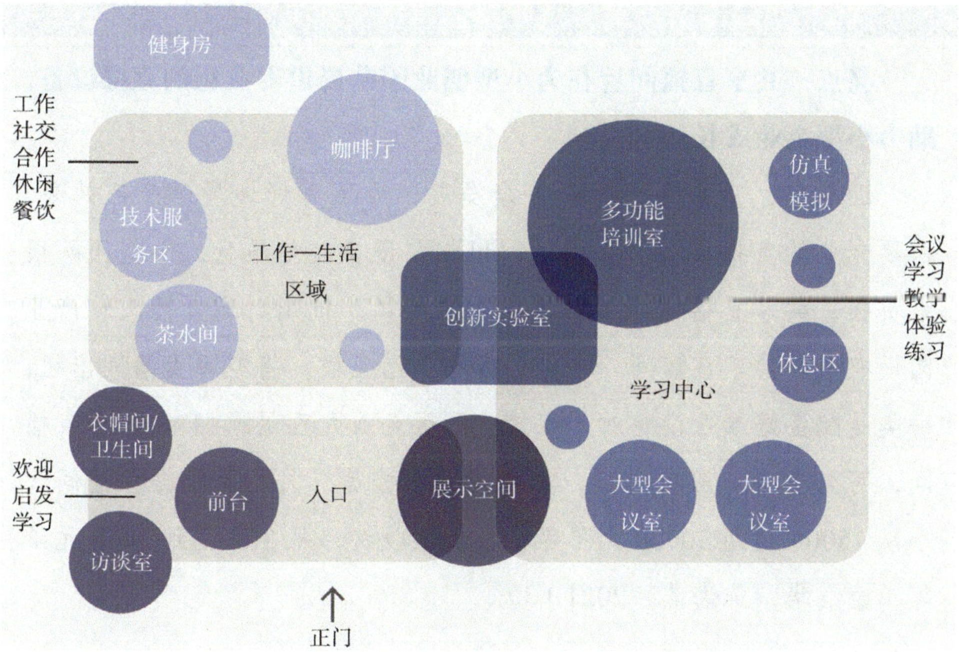

图 4-9　美国南部机密技术公司工作场所布局策略

资料来源：Gensler Research Institute. Shaping the Future of Cities[R]. 2019.

案例4 共享办公：杭州瓜山未来社区瓜山北苑朗诗空间

亮点：按照创新办公生命体孵化发展四个阶段规划为 My Desk、My Room、My Space、My Block 四个产品模块。

朗诗空间设计主题为“社交让工作其乐无穷”，将联合办公设计空间打造成功能化、品质化的多元场所。项目室内面积 6300 平方米，室外面积 3500 平方米，强调各空间与建筑的空间互动。My Desk 为个体自由职业者设计，My Room 服务 4~16 人模块创业团队，My Space 为小规模企业服务，My Block 适合中型企业共同成长。设计模糊空间边界，应用模块化概念，最大限度利用单元可移动家具组合不同场景模式（LOD 建筑设计事务所，2020）。

案例5 空间设备共享：杭州财通直播文化产业园共享直播间

亮点：共享直播间旨在为小型创业团队提供专业化的直播设备，助力小型企业成长。

近年来，直播带货行业持续发展，为了更好地展示产品效果，需要专业的直播设备和直播间，但相关设备较为昂贵，小型团队很难负担，共享直播间完美解决了这一问题。杭州财通直播文化产业园设有两类共享直播间。一类是本身自己直播，将空闲直播间出租；一类是配备好专业设备对外租赁。园区企业九乙贝通拥有 22 个直播间，可配备专业服务人员，如场控、中控等，月租金根据直播间大小从 15000 元到 30000 元不等，按场次收费，从 300 元到 3000 元不等（童红华，陈海燕，2021）。

（3）智慧社康中心

未来社区针对社区居民康养服务需求设立智慧社康中心，通过线上建立电子健康档案，线下布置基本智慧医疗设备，提供智慧化社区康养服务。智慧社康中心以医疗公共服务为主要功能，兼顾社会交流、医疗消费等功能，为社区提供健康服务与交流平台。

浙江省未来社区将优质医疗列为未来健康的重要内容之一，具体内容包括：构建名医名院零距离服务机制，探索城市医院与社区医院合作合营模式，通过智慧技术加持，促进高品质医疗资源普惠共享（浙江省人民政府，2019）。上海市提出，“深化智慧健康服务，整合各方健康检测资源，在各街镇设立智慧健康驿站”（上海市人民政府办公厅，2020b）。深圳市提出，“推动社康机构、医院、公共卫生机构信息互联互通，实现电子病历、基本公共卫生服务信息向居民电子健康档案汇聚”（深圳市卫生健康委员会，2021）。

案例6 “互联网+健康”：上海市黄浦区智慧健康小屋

亮点：充分利用互联网、大数据技术，建设包含健康自检、体质监测等功能的智慧化服务设施，为居民提供有针对性的健康建议与宣教。

智慧健康小屋是黄浦区2019年市政府实事项目，是“互联网+健康”和“医养结合”的创新产物，目前黄浦区10个街道均已建成智慧健康小屋。智慧健康小屋功能定位为“健康自检载体、健康指导渠道、自我管理平台以及信息汇集中心”。居民可在驻点医疗人员、社区工作人员帮助下，利用社保卡在健康小屋服务终端完成登录，利用健康体征自主检测设备、国民体质自主检测设备完成身体测试。智慧检测设备会根据测试结果提供相关建议，并可预约挂号医院专家，与家庭医生线上沟通。智慧健康小屋的检测记录同时汇入居民电子健康档案，形成居民健康信息与医疗机构、体育指导机构间的互联互通，实现健康检测、评估、干预三位一体服务（上海黄浦区人民政府，2019）。

案例7 “健康大脑+智慧医疗”：杭州缤纷未来社区缤纷卫生服务中心

亮点：重点关注“一老一小一人才”，用专业化、人本化、数字化手段，赋能健康服务最后一公里。

缤纷卫生服务中心面积1768平方米，配备医务人员13名，为周边2.1万常住人口提供医疗服务。服务中心共分三层，一层健康自助中心、二层智慧诊疗中心、三层儿童服务中心。中心利用互联网技术，搭建多学科远程会诊功能，结合居家健康管理，实现专家线上面对面会诊和在线复诊。缤纷卫生服务中心可通过自主检测设备完成健康检测，并建立居民健康档案，协助居民挂号与分诊［七彩工程咨询（杭州）有限公司，浙江南方建筑设计有限公司，2019］。

（4）一站式智慧社区服务中心

未来社区的一站式智慧社区服务中心，满足社区居民基本公共服务需求，练就小事不出社区的公共服务能力，同时充分利用空间集成消费、交流、休闲、学习等功能，将各类社区服务整合为一，满足居民公共服务、购物消费、医疗保健、餐饮、健身、交流、学习、工作等各类需求，实现一个中心满足社区所有的基本需求。

在具体实践中，新加坡邻里中心模式一直走在前列，至2015年，新加坡已开发出第四代邻里中心。传统的新加坡邻里中心往往与轨道交通站点相结合，配备运动设施、小贩中心、社区图书馆、停车场等设施，而在最新一代的邻里中心内，商业、养老、医疗、儿童等服务功能进一步融合，同时建筑单体引入立体绿化与新能源等新兴技术（陈程等，2021）。杭州瓜沥七彩未来社区积极引入综合社区服务中心模式，形成“七心合一”的社区中心架构，包含社区的交通出行中心、公共服务中心、智慧管理中心、文化中心、创业中心、邻里共享中心、运动健康中心等（瓜沥七彩社区，2021）。

案例8 社区公共服务空间中枢：深圳西丽社区街道办事处行政服务大厅

亮点：社区居民、外卖小哥、中小企业经营者等众多人群的一站式智慧服务中心，让居民愿意来、主动来、积极来。

深圳市西丽社区街道办事处行政服务大厅包括党群G+24h生活馆、24小时自助服务、便民服务区、打印照相服务设备、公共服务柜台、政务公开宣传区等众多功能分区。在满足居民政务公共服务需求的基础上，服务大厅的党群G+24h生活馆包含图书馆、咖啡柜台，便民服务区提供充电、雨伞、微波炉、休息等服务，居民可通过刷身份证，随时进入这些区域，使行政服务大厅成为复合便民中心，为居民和外卖小哥等不同群体提供服务。

案例9 复合型公共服务中心：杭州市七彩社区公共服务中心

亮点：根据居民的实际需求，改变服务策略，为整个社区以及瓜沥镇的居民提供一站式综合性服务的社区中心功能。

七彩社区公共服务中心是为社区居民提供公共服务的创新设施。根据工作人群的工作时间情况，七彩社区公共服务中心的工作时间是早晨9点到晚上8点半，全年无休，双休日、节假日都可以办事，保证居民不请假也能办事。另外除了日常民生及人才的相关公共服务，交通、城管等部门的公共事项也集成在这里办理，目前可办理的民生事项达到261个。另外公共服务中心与商业、文化等业态相结合，使居民在办事之余还可以做其他事，产生复合型效益。中心还集成了部分新技术，形成了24小时服务区，居民可根据需要随时办理相关事项或投递材料（瓜沥七彩社区，2021）。

案例10 新加坡榜鹅社区中心综合医院大楼

亮点：新一代社区服务中心，为所在社区提供公共设施、购物商场、政府综合医院、花园平台等多种室内外设施。

新加坡榜鹅社区中心位于榜鹅生态市镇Waterway East组团，与轻轨站Oasis相连，建筑面积2.74万平方米，旨在为社区提供公共设施、购物商场、便利设施和政府综合医院等设施，中心设计引入了屋顶花园以及连续的阶梯状花园平台连接至一楼，使社区中心变成了社区花园。榜鹅社区中心综合医院大楼一层是面向水岸的带有顶棚的风雨广场，连接了贯穿场地的东西向和南北向道路，放置了众多“街道家具”供人休息，可以用于各种类型的社区活动，成为社区中重要的交通和活动节点。与风雨广场直接相连的地下一层、地面一层二层是超市、丰富的餐饮以及购物场所，以及与 Oasis 轻轨站直接相连的廊道，继续往上是社区医院以及儿童培训机构，最顶层为社区屋顶花园，屋顶花园及阶梯状花园平台分布有各类儿童游乐设施及健身器材（Multiply Architects，2017）。

案例11 新加坡国立大学U-town Stephen Riady中心

亮点：共享开放的学习空间，功能齐全的学生社区中心。

U-town Stephen Riady 中心位于新加坡国立大学学生村中心草坪旁，建筑面积 2.39 万平方米，与周边斜坡地形融为一体，是区域内的交通节点。建筑共包括三层主体建筑以及楼顶绿地，融合学生服务、餐饮、购物、艺术表演、健身运动、交流活动等多种功能与服务，全区域覆盖无线 Wi-Fi，可以基本满足学生在这里生活的所有需求。中心一、二、三层分布有各类教室，一楼布置有学生一站式服务中心、Fare Price 超市、比萨店、带顶棚的多功能活动场地、艺术表演厅、多功能运动场、延续至三层的攀岩墙等设施；中心二楼包括一条连接 Create 及 ERC 两个区域的交通走廊，一个学生食堂及大型就餐区域，以及可移动的座椅区，就餐区域及座椅区平时可作为学生交流场所，周边墙上、地面布有插头；中心三楼是多功能活动区域、多功能练习室、健身馆等设施，健身馆内包括一个无边泳池（DP Architect，2022）。

（5）“四点半课堂”与园区儿童友好设施

未来社区建设“四点半课堂”与园区儿童友好设施，为双职工家庭提供托儿服务，同时兼顾儿童教育培训、亲子活动、社区交流等功能，是以教育服务为主体，兼顾休闲、社会交流等功能的复合空间。

浙江省提出，义务教育阶段学生课后服务由学校主导与社会参与相结合；要充分发挥社会资源的作用，吸纳各方面力量参与课后服务，不断丰富课后服务内容，提升课后服务品质（浙江省教育厅，2021）。上海市提出，以校为本，多方参与；充分挖掘校外教育活动场所、社区教育资源、社会公益力量等资源，建立健全校外力量引入和管理机制（上海市教育委员会，2022）。

案例12 深圳市西丽社区“四点半课堂”

亮点：提供针对性服务，解决家庭后顾之忧。

深圳建设“四点半课堂”的工作，行之多年，可以追溯到2011年左右。在西丽街道，这一工作结合该区域IT行业从业人员较多，加班时间较长的特点，形成了针对性的服务趋势。以西丽社区为例，该社区设置有一个200多平方米的“四点半课堂”，专门为周边园区双职工父母设置，放学后儿童可以到这里参加一些课后活动，解决双职工家庭的后顾之忧。

案例13 深圳市天安云谷智慧园区屋顶乐园

亮点：提供户外活动空间，满足儿童探索、游玩需求。

深圳市天安云谷智慧园区为儿童提供了大量充满趣味又宽广的户外活动空间。比如建设4万余平方米的全天候、公园式大连廊；在产研楼屋顶打造8600平方米的云顶花园；创建占地3万平方米的极创公园，配有橡胶地垫与适应各年龄段儿童游玩的设施，如滑梯、跷跷板、攀爬网、独木桥、旋转盘等，还设有500余米的橡胶慢跑道，满足儿童健身锻炼需求；建立1800平方米水云间剧场、叠级看台、景观廊架与互动音乐喷泉等充分体现儿童友好的场地空间，多方面满足儿童户外探索、游玩需求（龙岗区妇联，2022）。

2. 公共空间模块——促进远程互动与面对面交流的公共空间

（1）智慧化第三空间——非正式交往空间

结合智慧技术，建设未来社区第三空间，提供无线网络、电源等功能，为创新人群非正规交流和社区居民的社会交往提供公共空间，提供居住和工作地点以外的非正式公共聚集场所，附带消费、休闲、服务等功能。

第三空间（The Third Place）是美国社会学家雷·奥尔登堡（Ray Oldenburg）提出的概念。居住地称为“第一空间”，工作地称为“第二空间”，而“第三空间”则是居住和工作地点以外的非正式公共聚集场所。

这些非正式交往空间并不是包含空间边界的独立空间概念，它的组织相对分散，满足随机发生的交往需求，使居民在轻松愉快的环境下完成交流（包广龙等，2016）。非正式交往空间最初是指在工作场所的交流空间，随着工作回归社区趋势，未来社区的非正式交往空间需求更为普遍，且交流的内容不限于工作，也可以是相同的爱好。针对未来社区，宋维尔认为，第三空间是基本核心，如何营造和生活有关联的社区公共生活空间，是整个未来社区的成败要素和亮点（施冠宇等，2021）。

未来社区内的第三空间种类较为多样，既包括传统的室内咖啡馆、酒吧等消费空间，室内座椅区等非消费空间，也包括室外道路及广场露天咖啡馆、酒吧等消费空间，室外座椅区域等。随着新技术的应用和新生活方式的变化，第三空间也将更加丰富多彩。

案例14 新加坡国立大学U-Town Education Resource Center（ERC）交流区

亮点：7天×24小时的学习中心内的、正式场所之间设施完善的非正式交流学习空间。

新加坡国立大学ERC是一个专门为学生设计的7天×24小时的学习空间，包括各类机房、自习室、研讨室等设施，是一个完全开放的区域。ERC非正式交流学习空间主要位于一楼以及三楼的教室外部空间。这些区域通常会根据实际情况放置可移动或不可移动的课桌，课桌周边地面或墙体会布置插头，部分区域放置有移动白板方便学生使用。在一楼的非正式交流学习空间旁，设置有一家星巴克及三台自动售卖机，服务有需要的同学（National University of Singapore，2019）。

案例15 美国波士顿创新区District Hall

亮点：District Hall的建设旨在提供一个会面、交流想法、举办商业和社会活动的场所。

主要功能：餐厅和咖啡厅、一个灵活的会议空间，可容纳250个人；一个带休息室座位和工作台的聚会空间；以及几个名为“pods”的灵活空间，旨在支持各种用途，包括弹出式零售商店、会议、工作坊和展览；等等。通过可涂写墙面、可轻松改装的家具，以及可编程照明等灵活自定义空间，适应不同行业需求（孙晨光、朱文一，2018）。

案例16 浙江上城杨柳郡社区"第三空间"

亮点：上城杨柳郡社区开展空间利用再赋能，以5000余平方米的社区配套用房、4万余平方米商业用房为重点，聚焦复合共享，激活"第三空间"。

结合居民群体年轻化、有创造性的特点，建立"社群创造营"和"社群主理人"长效机制，以"创意+"推动社区商业、公共服务融入社区生活，以文化为纽带强化"校社联动"，建立居民自治的新治理模式。同时，创新"数字孪生"，营造线上线下深度融合的社区生活；创新工作机制，实施多方联动，保障可持续运营（杭州市城建消防中心，2022）。

（2）未来社区运动空间及设施

未来社区的运动空间及设施积极与新技术结合，创新社区健身服务模式和运动空间设计方法。空间与设施提倡共享模式，打通线上与线下空间，提高运营效率，科学记录数据。从功能上看，未来社区运动空间及设施在传统运动服务基础上，融合了社会交流、休闲、消费等更为丰富的功能。

在浙江未来社区试点过程中，将社区的运动健身空间集成到了未来健康场景，提出创新社区健身服务模式，科学配置智能健身绿道、共享健身仓、虚拟健身设备等运动设施（浙江省人民政府，2019）。上海市则提出"完善高品质的15分钟社区体育生活圈，推进智慧体育场馆建设，加快公共体育场馆无线局域网全覆盖，推广共享公共运动场模式，逐步实施市民健身房智慧升级改造，推进社区体育设施'二维码'全覆盖，积极引入智慧技术提升设施服务质量等行动计划"（上海市人民政府，2021）。

案例17 智慧共享：杭州市瓜山未来社区柒号主场未来运动空间

亮点：利用智能系统的无人管理综合体育健身中心。

瓜山未来社区是浙江省首批未来社区之一，是唯一一个原建筑保留改造翻新的项目。瓜山未来社区将“体育元素”与社区深度融合，不仅在每个组团内部配备免费的24小时健身房，同时还建设了一个单层2800平方米的体育健身中心，包含2个室内篮球场、4个室外篮球场（屋顶）、3个羽毛球场地，以及滑步车、街舞等其他场地。智慧体育中心结合智慧技术实现无人管理，运动者通过小程序预约时间，直接扫描进场。场地采用物联网技术控制，可自动调节灯光等设施，同时球场内配备NBA赛事中常用的抓拍剪辑系统，随时留下篮球运动精彩瞬间（郑维维，2021）。

3. 交通组织模块——人性化、低碳化、智慧化的交通组织

（1）共享停车位与智能停车楼

未来社区共享停车位充分利用新一代信息技术，通过搭建线上服务平台，整合社区各类停车位信息，缓解社区停车压力。智能停车楼可充分利用停车场空间，有助于缓解部分社区空间紧张、停车位紧张的问题，并可利用智慧技术，完成车辆信息登记、识别入场、车位指引、车辆缴费、识别出场等功能，实现5分钟快速停车和取车。

浙江未来社区针对未来交通场景提出，在社区统筹车位资源，搭建车位共享管理系统与机制，推广停车自动导引设施，最终实现居民与访客的5分钟快速停车和取车（浙江省人民政府，2019）。上海市在《社区新型基础设施建设行动计划》中提出，“积极推广社区智慧停车，3年内，建成市级公共停车信息平台，接入社区周边公共停车场（库）和道路停

车场的动静态数据，方便社区居民停车，缓解停车压力”（上海市人民政府办公厅，2021）。深圳市交警针对城市老旧小区和城中村停车难、乱停车问题，基于全市停车基础数据库，开发建成服务平台“深圳共享停车”，利用智慧化系统，让共享停车变得方便快捷（深圳市公安局交通警察局，2020）。

案例18 杭州市缤纷未来社区智慧停车与共享停车位

亮点：充分利用社区停车位资源，通过线上智慧共享停车系统，匹配资源，提高停车位使用效率，方便居民生活。

缤纷未来社区通过线上智慧系统，打通电动车充电、车位共享、智慧引导等多个需求，实现社区内部的快速停车与取车。社区内100%部署汽车充电桩，车主可通过线上系统确定充电桩位置，跟踪充电量情况，社区工作人员可以通过系统及时发现充电桩设备问题，方便日常管理。在共享停车方面，社区车主可通过手机发布共享停车信息，需求用户可通过手机预约车位，并通过手机导航快速到达车位［七彩工程咨询（杭州）有限公司，浙江南方建筑设计有限公司，2021］。

案例19 深圳万科云城智能立体车库

亮点：通过引入智能立体车库，利用极小地下空间，停放254辆车，同时使用全自动化设备使存车取车时间缩短到60秒。

深圳万科云城智能立体停车库由中集智能停车有限公司设计，地上一层，地下三层，利用机械设备可实现车辆的平面移动和垂直升降，车库共254个停车位，10个进出车厅，平均取车时间约60秒。车库顶层采用绿化连廊设计，实现100%植被覆盖，车库采用全玻璃幕墙，美观安全。存车车厅具备光电监测功能和轮挡装置，保证车辆停放的安全可靠。车库门口设置有指纹识别存取车操作系统，方便用户操作，同时用户也可以通过线上平台和手机 App 操作预约存取车、支付停车费，节约停车时间（静态交通网，2017）。

（2）“暖蜂驿站”

在未来社区为快递骑手建设“暖蜂驿站”等专门的服务设施，提供休憩、餐饮、洗漱、休息场所，同时通过党建引领，利用骑手的工作特性，服务社区，使骑手更好地融入社区建设。

快递和外卖是互联网时代连接线上服务与线下商品的重要纽带，是社区物流系统的重要组成部分。针对快递企业集聚的社区以及各社区外卖小哥的休息需求，深圳市在实践过程中，尝试设立“暖蜂驿站”服务骑手人群，并在骑手人群中成立党支部，通过党建引领使骑手服务社区，融入社区建设。

案例20 深圳市南山区沙河街道白石洲东社区“暖蜂驿站”

亮点：将集装箱设计成“暖蜂驿站”，布置各类便民设施服务骑手群体，并通过线上平台与党建引领，引导骑手团体服务社区。

白石洲东社区面积 1.3 平方公里，居住人口超过 4 万人，聚集了 9 家快递网点、9 个寄存点，长期活跃在村里的骑手 800 余人。根据这一特性，白石洲村利用集装箱设立“暖蜂驿站”，使其成为骑手的 24 小时温暖港湾。驿站内设有座椅、充电插头、饮水机、微波炉、图书、空调，为骑手提供可学习、可充电、可歇脚、可饮水、可热饭、可取暖、可用药、可纳凉的综合服务，同时在驿站周边设置 AI 智能换电站、暖蜂打折食堂、免费洗澡处、积分兑换商店等服务设施，为骑手提供各类便捷服务。在“暖蜂驿站”的线下空间，社区吸纳党员骑手成立党支部，并建立骑手志愿者团体，线上依托“党群 G+”小程序，凝聚骑手力量，建立骑手积分激励制度，引导骑手通过志愿服务、困难互助等形式获得爱心积分，骑手可通过积分在兑换超市换取生活物品（吕雪良，2021）（见图 4-10）。

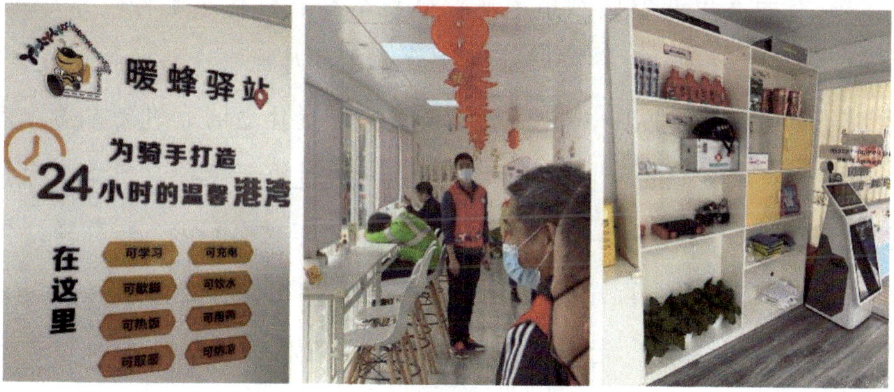

图 4-10 白石洲东社区“暖蜂驿站”

资料来源：作者拍摄。

（3）路缘分时管理空间

未来社区建设路缘分时管理空间，利用新技术改造道路两旁停车位，将空间纳入智慧平台统一管理，通过设定停车时间、按需求动态收费等方式方法，细化路侧空间管理，解决车辆乱停乱放问题。

在具体实践中，美国、加拿大等国家的部分城市通过精细化的路缘管理，有效缓解了城市停车位缺乏的问题。2016 年美国西雅图率先尝试路缘管理，根据道路的实际功能，道路空间被有效分配给公交车道、自行车道，余下的道路两旁空间优先满足公共自行车停放、临时卸货等需求，剩下的空间按照需求配置短时停车位、一小时停车位、多小时停车位等。部分国外城市尝试将卸货及上客功能转移到周边道路，减少车辆的占道行为，同时使用自动监控执法系统，减少车辆乱停乱放现象（NACTO，2017）。

案例21 杭州缤纷未来社区九甲巷路缘改造

亮点：通过对现有道路两侧空间的重新规划，融合相应智慧硬件，打造活力趣味的新社区街道。

原有的九甲巷空间利用率底，机动车和非机动车乱停现象严重，“街道家具”缺失，整条街都缺乏活力。通过对现有道路的重新设计，九甲巷将机动车道从 9 米缩窄到 7 米，并设置独立的非机动车道，同时拓宽沿街商业区域，打造市井商业街。通过重新设计，道路两旁布置专门的非机动车停车位 50 个、机动车停车位 30 个、外卖驿站停车位 20 个，重新分配路缘空间，满足更多样化的停车需求，并引入智能停车管控系统、光控智能灯杆，自动监测乱停乱放现象，提升整条街的形象，形成新的活力市井商业街［七彩工程咨询（杭州）有限公司，浙江南方建筑设计有限公司，2021］（见图 4-11）。

图 4-11　杭州缤纷未来社区九甲巷路缘改造

资料来源：七彩工程咨询（杭州）有限公司，浙江南方建筑设计有限公司．缤纷未来社区一体化方案 [R]. 2021.

（4）无障碍通学路径

未来社区设置专门的无障碍儿童通学路径，通过路权分配、交通组织、多元群体参与为社区青少年打造安全的上学道路。

从国内外众多城市近年来进行的儿童友好型学校周边交通改善实践经验看，交通改善策略主要针对路权分配、设施功能、交通组织、公共空间等四个方面进行。在路权方面，优先保障儿童步行道路路权；在设施功能方面，明确学校管控的区域界定，通过多种形式明晰专属空间，同时在区域内完善各类街道信号设施；在交通组织上，通过专人引导，加强道路交叉口秩序维护，实现儿童有序集散；在公共空间方面，增加公共空间趣味性，在通学道路两侧增设寓教于乐设施，同时完善通学路径照明、绿化、遮阳等设施，提升儿童空间友好性（肖文明等，2018）。

案例22 杭州缤纷未来社区无忧通学路

亮点：人本化邻里守望场景创新亮点，设立专属通学道路空间，组织社区全民护学队伍，建设社区儿童监护数字化系统，打造杭州缤纷未来社区无忧通学路。

杭州缤纷未来社区西侧有丹枫小学，东侧有奥体小学，两所小学由丹枫路相连，丹枫路由中间穿过缤纷未来社区。两个小学之间的丹枫路路段被设计成无忧通学路，道路上专门开辟出0.6米宽的步行路，并用醒目的蓝色线标注，路面用绿色标注通学路等字样。通学路两侧进行绿化修剪，并增设路灯，同时在沿途交叉路口及重要节点设置6个学校护学岗位，10个社区护学岗位。街道社区人员、家长义工、社区志愿者、商户、城管、交警、老师等人群共同参与社区儿童护学工作，组织护学志愿者，在放学时间协同组织学生有序集散。另外学校学生佩戴手环，沿途监控接入守护系统，附近商铺设立爱心志愿者，通过数字化手段与邻里帮助，有效监测学生放学情况，共同打造无忧通学路［七彩工程咨询（杭州）有限公司，浙江南方建筑设计有限公司，2021］。

（5）综合智慧交通枢纽

未来社区建设社区级智慧交通枢纽，升级现有社区公交首末站、经停社区的地铁或轻轨站，使社区交通枢纽成为综合性的服务场所，复合公共服务、消费、社会交流等多种功能，方便居民生活。

新加坡自20世纪90年代以来，就在社区建设中引入TOD概念，结合轻轨站点、社区公交车始末站设立社区公共停车场，以及一站式的邻里综合体，形成社区交通中枢、服务中枢、消费中枢（陈程等，2021）。浙江省未来社区建设试点提出，“推广公共交通导向开发(TOD)布局模式，在公交枢纽和轨道交通站点周边，提高开发强度，实行地上地下空间高强度复合开发模式”（浙江省人民政府，2019）。

案例23 TOD公交：杭州瓜沥七彩未来社区TOD公交综合楼

亮点：以社区公交始末站为基础，融合交通、健康、文化等多种功能的复合交通中心。

七彩未来社区在规划前期，保留场地内原有老旧公交首末站地块，借鉴新加坡“交通＋邻里”的复合式开发经验，结合当地政策，创新性提出“原址提升＋功能混合”的TOD综合开发模式。新的TOD公交综合楼共六层，一楼保留原有功能，形成一个室内公交总站，并集成了1500平方米的社区健康服务中心，二楼至五楼是社会停车场，同时还有一个电影院、一个老年活动中心、一个运动健康中心以及屋顶游泳池、屋顶篮球场、屋顶小型足球场等。在设计上，TOD综合楼在每一层均通过风雨连廊与社区其他服务设施相连，极大地方便了居民生活（瓜沥七彩社区，2021）。

（6）未来社区末端配送

未来社区通过引入无人驾驶配送车辆、无人机、智能快递柜等新型硬件设施，搭建未来社区末端配送网络。

随着线上购物的持续发展，未来社区的社区空间开始关注线下“最后一公里”智能配送网络建设，无人机、无人驾驶汽车、智能快递柜等新型硬件逐渐应用于未来社区内，未来社区末端配送系统将面临重大重构。上海在2020年提出“完善社区智能末端配送，合理规划布设社区智慧零售终端、智能取物柜等智能末端配送设施”（上海市人民政府办公厅，2020）。浙江省在未来社区试点的未来交通场景提出，运用新兴技术，整合社区餐饮、零售及快递数据和配送体系，打造智慧社区物流配送系统，实现货物30分钟配送入户（浙江省人民政府，2019）。

案例24 无人机配送：深圳·星河WORLD园区无人机配送

亮点：在商场楼顶布置无人机机场，社区布置无人机外卖柜，形成无人机配送商品的全新模式。

自2017年起，美团就开始进行无人机配送方面的研究，目前已在深圳试点建立由综合自主飞行无人机、地面承接装置以及智能调度系统组成的城市低空配送网络。2021年12月，美团无人机外卖配送业务正式落地深圳·星河WORLD园区。按照流程，用户

> 在深圳·星河 WORLD 园区，可通过美团 App 下单支持无人机配送的外卖，骑手接到订单后前往商家取货送至星河 WORLD 楼顶起飞点，装载货箱后无人机按照智能调度系统的路线规划将货品送至目的地取餐柜，用户通过手机扫描打开取餐柜取走外卖。目前深圳共有 7 个居住社区支持这项服务（张问之，2021）。

（二）模式模块

1. 新建住区模块

新建未来社区是指存在较大安全隐患的老旧小区完全拆除重建，以及选取适宜城市区域规划新建未来社区。新建住区以居住为主要功能，规划建设须考虑各类居民的服务需求，同时须考虑社区的长效运营，所以新建住区模块往往追求“未来社区模块功能设计、投资开发建设稳步跟进、后续社区长效运营管理”的一体化机制（浙江省发展和改革委员会，浙江省发展规划研究院，2021）。新建住区没有存量空间的直接制约，但需要考虑新建住区居民实际需求，围绕更好的居住体验灵活配置各类空间模块。

在浙江省的未来社区实践中，未来社区新建住区空间模块规划设计，以人民美好生活向往为中心，围绕“邻里、教育、健康、创业、建筑、交通、低碳、服务、治理”等九大场景，以人本化、生态化、数字化为价值导向，打造“三化九场景”社区服务体系。

在空间方面，新建住区注重居住区居民的实际需求，重点关注公共服务设施的配置、公共空间的设计以及社区内外联系的交通组织。在公共服务设施方面，需要充分考虑社区基层治理的实际需求，设置社区智慧管理运营中心、智慧社康中心、一站式智慧社区服务中心、“四点半课堂”等日常生活经常使用的公共服务设施；在公共空间方面，主要关注社区智慧运动空间设施、以娱乐为主的社区非正式交往空间、疫情应急多功能空间等，形成适宜的公共空间体系，满足居民健身、交往需求，同时考虑疫情防控需求；在智慧交通组织方面，重点关注社区智慧停车系统与智慧停车楼、面向特定人群的服务驿站、无障碍通学路径等。

2. 产城融合模块

产城融合是指产城一体化发展，即产业发展与城市发展相辅相成，协同并进，是近年来各城市积极探索的科学发展模式，也是未来城市发展的趋势之一。与传统的城市分区发展不同，产城融合围绕人的需求而展开，使人的居住和工作更紧密地联系在一起，实现多要素协同发展（韩宝富，2014）。

未来社区产城融合模块打破传统产业园区职住分离、配套缺少、空间单一的模式，将多元商业服务、企业公共服务、人才服务等纳入整体的规划中，在功能和空间上实现工作、生活、学习、商业、休闲、医疗、公共服务等功能有效融合，在丰富功能的同时，注重社区的长效运营，形成产业与城市共同发展的新模式。具体实践包括杭州钱塘云帆社区、深圳坂田天安云谷、杭州上城始板桥社区等。

在空间方面，产城融合模块与新建住区模块相比在六个方面有所加强。一是企业相关政务服务的园区服务中心与服务平台；二是商务服务，如酒店、会议空间等；三是面向初创企业的共享空间与设施，如共享办公室、共享会议室、共享直播间、共享专业设备等；四是面向人才的服务空间，如人才服务中心、人才公寓等；五是非正式交往空间，包括咖啡馆、屋顶花园等；六是服务园区职工家庭的空间，如“四点半课堂”、托儿服务中心等。

3. 特色功能模块

特色功能模块是指满足特定区域、特定人群的特殊需求的未来社区功能模块。模块种类更为多元，针对性更强。具有特色功能模块的未来社区分为两种，一是社区主体本身具有一定的特殊性，如具有特殊历史文化、特色区位、特色功能定位等，其中的代表为湖州南浔老城区具有古镇特色的塘麒社区、由城中村改造而来的杭州瓜山未来社区等；二是特定人群聚集的社区，如深圳市南山区西丽社区是高科技企业聚集社区、深圳市南山区白石洲东社区是快递企业聚集的社区。

特色功能模块，围绕以人为本的理念进行设置。根据目前各地的未来社区实践，特色功能模块主要包括：面向老年人的智慧养老空间，如为老服务中心、老年食堂等；面向高知群体的心理咨询服务，如安心驿站；面向快递小哥群体的服务设施，如供快递员外卖员休息的“暖蜂驿站”、智能 AI 换电站、积分兑换超市等；面向儿童青少年的服务设施，如无障碍通学路径、“四点半课堂”等；保护文化遗产传承等设施，如社区博物馆等。

4. 全域未来社区模块

全域未来社区是指在条件相对成熟的独立城市区域或较大范围，按照未来社区的相关理念与建设模式，在这一区域范围内开展未来社区建设，系统制定区域未来社区中长期规划和实施计划，滚动实施或整体推进未来社区项目群建设。根据区域各类社区的实际情况，未来社区建设将会分为整合提升、全拆重建、拆改结合、规划新建等不同类型。同时，区域级别的统筹规划将有利于城市公共服务功能的合理布局，突出共建共享、发挥协同效应（浙江省发展和改革委员会，浙江省住房和城乡建设厅，2021）。

全域未来社区与单个未来社区最大的不同是可以实现区域层面的联动，公共服务设施的有效共享。在具体实践中，浙江省杭州城西科创大走廊全域未来社区、温州龙湾区、丽水水东双创新城在全域未来社区创建领域进行了一定的探索。其中浙江省杭州城西科创大走廊全域未来社区按照近期、中期、晚期 15 年期限规划，以城市基础设施为导向的城市空间开发模式，推动社区、城市服务、创新创业、交通、环境等 5 个领域进行复合化、一体化规划（浙江省发展和改革委员会，浙江省发展规划研究院，2021）。

根据浙江省杭州城西科创大走廊全域未来社区创建经验，在区域层级，全域未来社区模块包括综合交通、黑科技互动、社区社会治理服务、创新要素联动、公共服务普惠、绿色低碳设施工程、人才工程等七大空间模块。全域综合交通模块是在区域层面进行立体交通系统、轨道交通站点、公交车站点的统筹规划；全域黑科技互动模块是指在区域层面统筹布局新一代信息基础技术产品，如 5G 基站、智能能源设施、智能终端网络等智慧设施；全域社区社会治理服务模块，即在区域内各个社区合理布局社区服务中心等综合服务设施，并实现基础设施和社会服务数据的互联互通；全域创新要素联动模块，是在区域范围内统筹布局创新场景，植入共享办公空间、科创中介服务超市、创意集市等社会众创空间；全域公共服务普惠模块是构建区域的公共服务系统，如智慧学校、智慧医院、智慧图书馆等，提高公共服务设施的利用效率；全域绿色低碳设施模块是在城市区域层级布局智慧公园、公园绿道等，形成区域的绿色空间网络；全域人才工程模块是在区域层面构建人才服务系统与设施，服务区域人才需求（浙江省发展和改革委员会，浙江省发展规划研究院，2021）。

第五章

未来社区数字化与场景

未来社区数字化架构搭建是实现社区管理智能化、民生服务现代化、信息化支撑的基层治理平台的基础。未来社区的场景是集合各类资源、凝聚各方力量为未来社区居民群众提供精准有效的服务，提升社会的治理水平。本章将结合未来社区场景应用从技术角度逐层分析未来社区数字化架构，通过对数字化平台各层能力的阐述，为政府、建设单位等进行科学决策和社区资源有效整合提供指引。同时场景以空间与数字化为支撑，有效地在社区实现社会治理的精准落地、公共服务和市场化生活服务高效供给，推动社区经济活动发展，形成城市基本功能单元系统。场景根据社区实际需求，应体现适配性，并随着技术、资源、需求的变化迭代升级。

一、未来社区数字化设施与架构

（一）数字化设施与架构定义

以 5G、人工智能、工业互联网、物联网为代表的新型基础设施，本质上是数字化的基础设施。随着万物互联，全球范围的网络连接终端数量大幅增加，生成的数据将呈现指数级增长。未来社区建设将数字技术与网络技术相融合，以网络、智能设施、存储设备等硬件为基础，以数据为驱动，使用各种智能技术，对感知和传送到的数据、信息进行分析处理，以数字化平台为支撑，综合利用5G、物联网、人工智能、大数据等新一代信息技术，构筑未来社区技术底座，支撑社区智慧应用。随着物联网技术的进一步发展，未来社区建设中存在的诸多问题也可以顺利解决。建立未来社区可以实现对社区资源的有效整合，对于加强社区管理、提升社区智慧化具有重要意义。

未来社区目标系统架构具有五大特征：①感知接入层凸显开放合作，提供全流程硬件支撑服务；② IaaS 层强调全速率网络接入，面向全球开放智能管道能力；③ PaaS 层持续开放，加速产品变现；④能力层强化算法能力，保障数据隐私安全；⑤ SaaS 层汇聚各类应用，打造智能生态共同体。

未来社区数字化架构主要内容包括：感知接入层、IaaS 层、PaaS 层、能力层、SaaS 层等部分，与未来社区设施、网络、数据、系统、平台、业务组件相连接（见图 5-1）。

感知接入层：包括终端感知设备如智慧消防设施、智能安防监控设施、社区养老设施、环境监测设施、社区公共区域设施、智能家居设施等，通过基础芯片、定位模块、传感器、摄像头、设备工作状态监测模块等物联网感知技术传送数据。

IaaS 层：支持有线传输及无线传输，包括短距离传输 Wi-Fi、蓝牙、ZigBee 以及长距离传输 NB-IoT、2G/3G/4G/5G 蜂窝网等，为社区内联网设施设备、系统提供信息传输通道，打造社区场景低功耗、低时延、高可靠的网络环境。

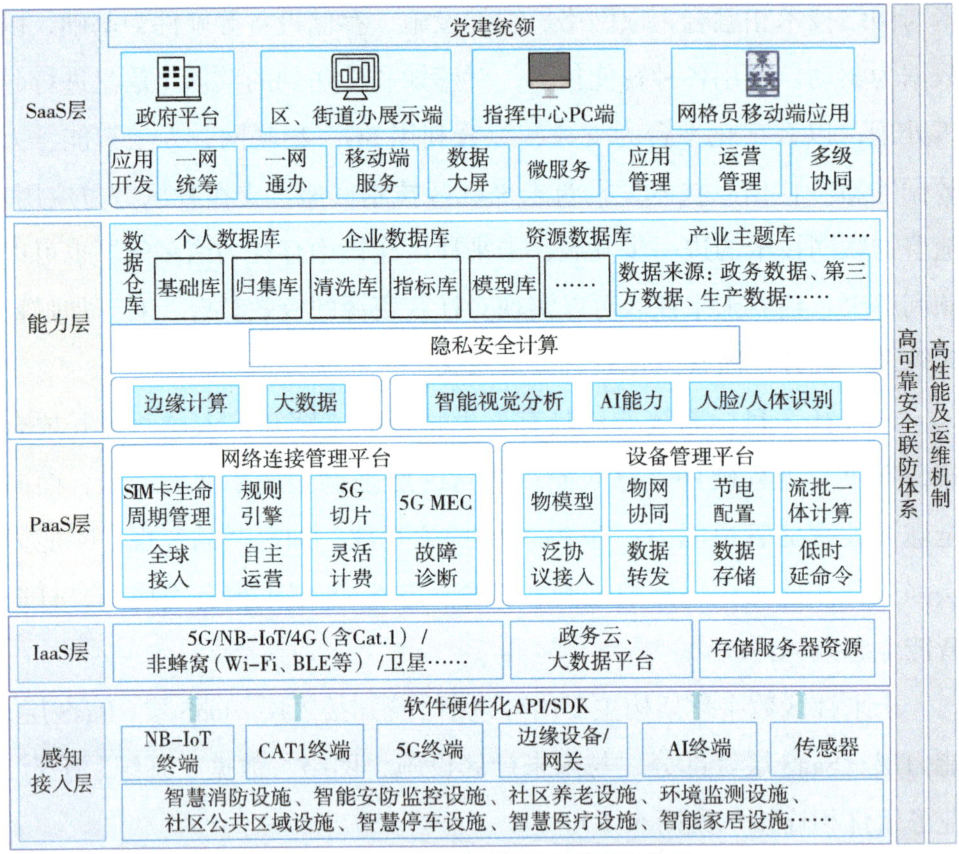

图 5-1　未来社区数字化技术逻辑架构图

资料来源：作者自制。

PaaS 层：包括网络连接管理平台、设备管理平台等，通过物联网汇聚智能终端能力、服务应用开发运行和提供轻量级应用。连接管理平台通过广泛融合新兴技术，积极打造数据统一接入、物网协同、主动智能、自我进化、统一计费的物联能力。设备管理平台为物联网设备提供安全可靠的连接通信能力，向下可以连接海量设备，支撑设备数据采集上云；向上可以提供云端 API，SaaS 应用可以通过调用云端 API（或者 Web 门户）将指令下发至设备端，实现远程控制、设备配置、设备故障诊断、设备应用和固件升级等高级设备应用。

能力层：包括数据仓库、数据隐私安全计算等。数据仓库是数据处理核心，承接平台所有数据引入、清洗加工、建表建库、数据交换、归集、清洗、转换、上报、应用等重要任务，为平台内业务系统提供数据服务。隐私安全计算让数据流通过程中所有权和使用权的分离成为了可能。在隐私安全计算框架下的数据流通中，不分享原始数据，只分享数据的价值，所有权不会因为数据共享而发生转移和流失。

SaaS 层：包括未来社区人员、车辆、房屋、环境、能源等进行社会治理、社区服务、商企治理和商企服务的管理平台。面向社区政务管理部门、业主委员会、物业等用户提供社区基础信息管理、人车物管理、社区设施管理、物业服务等管理功能。平台通过整合社区周边商业和服务资源，建立信用机制，面向居民、商户企业等提供治理、服务、邻里、教育、交通、创业、健康、建筑、养老、医疗、环保等方面的信息推送和服务，保障各类服务信息的可信性，畅通居民与其他社区人员之间的沟通渠道，优化社区服务模式。

结合物联网、大数据、BIM、GIS、CIM 等技术手段搭建数字化架构和平台推动城市治理体系和治理能力智能化、现代化的模式，已在深圳、上海等多个城市成功开展，实现未来社区各个领域的数据与模型高度融合，也为未来社区数字治理提供了新的思路和借鉴。作为社区真实数据基础来源，各城市依托智能感知终端，通过 IaaS 层和 PaaS 层的能力（如上海“物联感知管理系统、设备档案信息管理系统”等板块提供基础能力支撑），支持多终端多协议传感器信息的动态接入，进行实时态势感知监测，构建起三维数字空间的社区信息有机综合体。深圳打造了“一网通办、一网统管、一网协同”智能中枢，以 CIM 为核心，融合 BIM 等技术，已建成经济运行、政务服务、生态环境等 14 个可视化分析专题，接入全市 99 套系统，初步建立城市监测指标体系和数据分析模型。在上海市“一网统管”平台治理创新应用中，聚焦中台建设，实现“观管防”同步。从未来社区数字化架构中的 SaaS 层及能力层来看，各城市采用不同的技术方式，“CIM 数据管理平台、CIM 统一服务门户、CIM 可视化分析一张图、BIM 模型”等板块，以数据融合为主线，搭建全域全时全空间、动态立体的智慧社区数字底座，实现可视化城市空间管理，实现跨层级、跨部门、跨业务的管理和协作（见图 5–2）。

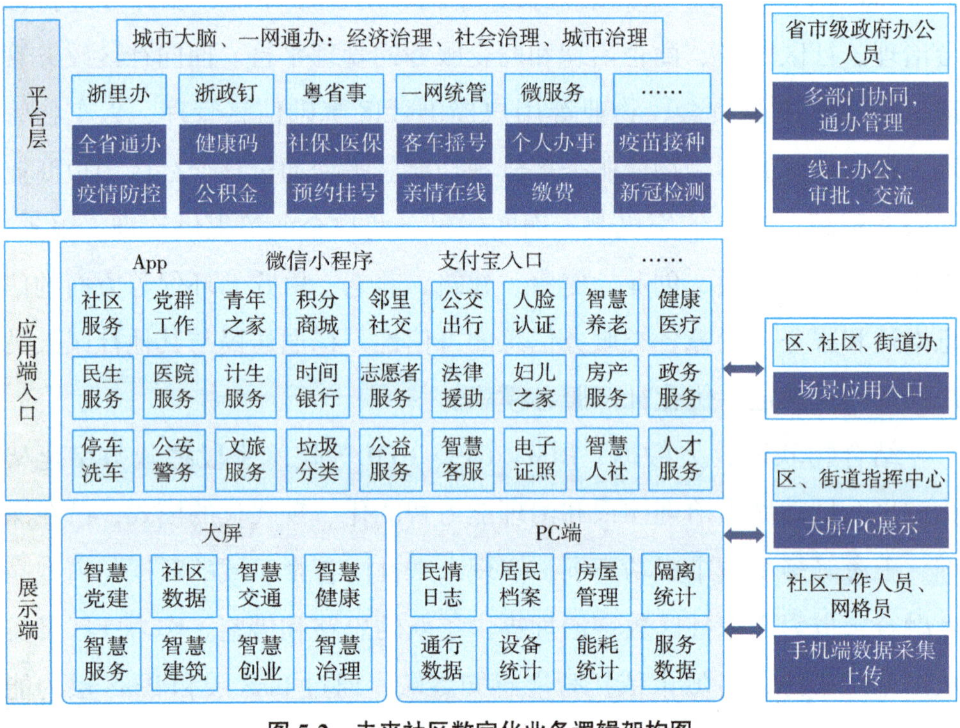

图 5-2　未来社区数字化业务逻辑架构图

资料来源：作者自制。

（二）感知接入层

未来社区智能感知终端是运用物联网、人工智能等新一代信息技术，对社区基础数据进行智能感知与采集的硬件设施与传感设备，包括智能安防、智能消防监测、公用设施智能监测、公共环境智能监测及智能家居等设施，是保障社区进行智慧化迭代升级、数据全面感知与采集的基础。通过物联网技术把社区数字化设备、物品与物联网相连接，进行信息交换与通信，实现对社区硬件或物品智能化识别、定位、监控和管理，涵盖安全防范、能源管理、社区服务、智能家居等诸多方面，形成完整的生态链，解决社区民生、安防等各方面需求。例如，以社区人车高效管理为目的的人脸识别门禁和车辆道闸、以社区安全保障为目的的各类智能摄像头、以社区环境监测为目的的温湿度空气质量监测设备、以让居家生活方便舒适为目的的各种智能家居设备等。智能感知终端的建设为未来社区智慧应用场景提供硬件支撑，居民对社区智慧应用的需求推动智能基础设施的建设与完善，而智能基础设施的建设与完善又进一步丰富了智慧社区应用场景。

数字化设施主要包括以下五个类别。

1.智慧消防设施

智慧消防设施包含智能烟感、可燃气体报警器、智能消防栓、智能防火门等设备。烟感探测器实时监测环境中的烟雾浓度；燃气报警器能够实时监测使用的天然气、液化气或一氧化碳的气体浓度，一旦浓度超过阈值，燃气报警器发出蜂鸣声，并发送告警信息至平台，同时可通过电话、短信等方式通知；用电安全监控系统采用无线免布线分体式方案，准确、实时且有效监控电气线路的故障和异常情况，以便提醒相关管理人员及时处理这些隐患，从而避免火灾引发的一系列不必要的损失。通过烟雾监测、燃气监测、安全用电监测，消防栓阀盖监测、水压监测、消防水箱水位监测，防火门闭合监测、消防通道占用监测，水压、移位传感监测等设备和 NB-IoT 物联网通信模块，收集物联网各设备的数据和告警信息，从火灾提前监测预防、消防通道畅通保障到消防用水的正常检测，监测信息均实时通过网络传输到管理平台，第一时间通知责任人及联动部门，从而保障消防安全。热成像监控摄像机除了夜间可以作为现场监控外，还可作为火情隐患报警设备，应用红外热成像仪可以快速有效发现隐火，并且可以准确判定火灾的地点和范围，透过烟雾发现着火点，做到早知道、早预防、早扑灭，可以部署在社区充电桩点位及一些易发生火灾的区域。

2.智能安防监控设施

视频监控是社区安防的重要组成部分，具有直观、准确、及时和丰富等优势。而视频智能分析技术则让监控有了大脑，通过对实时视频或离线录像进行分析及处理，提取海量视频中的人、车、活动目标等内容信息，实现陌生面孔自动预警、可疑行为鉴别报警、人车轨迹分析追踪等。即通过“快速抓拍 + 精准识别”，布设社区安防“智慧天眼”。智能摄像机、智慧停车、人脸识别门禁、智能门锁、高空抛物智能监控等设备依托超清摄像头、人脸识别设备、视频分析算法、视频大数据算法、智能 AI 分析等技术，可实现社区的智能监控应用体系。用户从小区入口开始，行人通过视频人脸识别、车辆通过车辆识别完成入门。依托人脸识别算法，对接公安部系统可实现住户识别、异常人员识别告警、非法人员识别告警。全小区公共区域将覆盖高清摄像头，小区围墙周界布置周界视频监控。通过智能 AI 分析算法，对视频画面进行模型训练及深度学习，实现周界入侵告警、高空抛物告警、危险区域逗留告警、人员徘徊告警、社区内重点人员集会告警、设备设施异常告警。

3.社区养老设施

利用智能健康监测腕表、看护定位器、紧急呼叫按钮、心率血压监测等设备，重点实现智能硬件发出的数据在服务器端进行采集、分析、处理、分类、储存的信息服务。智慧养老设备以 GPS、LBS、Wi-Fi 辅助定位等多重定位方式提供位置数据，配置通信模组满足一键紧急呼叫功能需求，设备医疗级芯片及算法可获得老年人健康数据。社区养老根据老人可穿戴终端，运用电子定位、电子地图、电子围栏等服务手段，为老年人提供个性化远程服务。服务内容主要包含移动定位、活动轨迹、地图展示、电子围栏告警、远程健康监测、一键通呼叫等功能。紧急、重大事情，比如突然生病、家中着火等，客户按下红色按钮，客户端的主界面出现呼叫求助信息列表。针对老人突发性事件和身体不适，提供各种紧急救援服务。

4.环境监测设施

通过 NB-IoT、Cat.1 等网络技术，实现智能井盖、智能垃圾桶、智能抄表、能耗监测等设备环境数据采集的实时回传，从而通过数据大屏、移动端、平台侧掌握社区环境情况。如智能抄表可以高效率、低成本地实现水、电、气数据集中自动采集，推动构建智慧社区能源体系，助力能源供给与需求的动态平衡。智能垃圾箱利用清洁环保的太阳能实现智能压缩，能够对垃圾箱容量进行智能检测，还支持智能垃圾分类、广告 LED、手势感应等功能。智能井盖通过物联网技术实现井盖资产管理、防盗告警、井下水位监测等功能，可监测地面积水深度和井下积水深度。出现积水，及时提醒居民注意出行安全，避免人员、车辆误入深水路段造成重大损失。环境监测设施可实现对流程、人员、设备的全方位管理。

5.其他社区公共区域设施

比如智能充电桩，基于 NB-IoT 网络控制充电桩，车主通过 App 操作或扫描智能插座上的二维码，给电动车充电；云端中控器能够远程监控电流、电压、温度及充电器异常等，并进行自动断电。高空抛物监控，通过人工智能 AI 识别算法，深度学习的 AI 计算克服光线变化、树叶抖动、窗外晾晒等技术难题，通过自带 4G 和 Wi-Fi 通信，向平台自动报警并将抛物发生时 10 秒钟的视频回传至系统平台（抛物发生前 6 秒，发生后 4 秒），同时向平台发送报警图片和抛落物体相片，实现自动监测、自动报警、远程控制、视频回传、实时通知等功能。电瓶车监管，一方面是电瓶车入户监管，通过在单元楼栋处部署高清识别摄像头，实时监控电瓶车入楼栋行为，及时发现、报警；另一方面是电瓶车乘梯拦截系统，即在电梯内安装电瓶车监控识别摄像头，电瓶车一旦进入，电梯就不关门、不运作，语音温馨提示响起，有效预防电瓶车上楼行为，减少消防隐患。

（三）IaaS 层

通信网络设施用于建立社区信息传输网络，为社区内所有联网设施、设备、应用、系统提供高速、稳定的信息传输通道，保障社区智慧安防、智慧停车、智慧医疗、智能家居等数字生活领域应用的正常运行。社区建设中涉及的通信网络设施主要包括光纤通信网、4G/5G 移动通信网、广播电视网、低功耗广域网等。未来社区建设对通信网络设施提出了更高要求。建设低功耗、低时延、高可靠的网络环境，为社区居民不断增长的智慧化应用需求提供网络保障，是未来社区建设中须率先完成的任务。

1.IaaS 层定义

实现数字化设施感知接入层采集数据和控制指令的上行下达，即通过通信网络进行信息传输。IaaS 层作为纽带连接着数字化设施感知接入层和 PaaS 层，它由各种私有网络、互联网、有线和无线通信网等组成，负责将感知接入层即数字化设施获取的信息，安全可靠地传输到 PaaS 层，然后根据不同的应用需求进行信息处理。

物联网 IaaS 层包含接入网和传输网，分别实现接入功能和传输功能。传输网由公网与专网组成，典型传输网络包括电信网（固网、移动通信网）、广电网、互联网、电力通信网、专用网（数字集群）。接入网包括光纤接入、无线接入、以太网接入、卫星接入等各类接入方式，实现感知接入层接入物联网。

IaaS 层还包括计算存储设施等存储资源。计算存储设施主要为未来社区系统提供计算存储资源，具有海量数据高效存储能力和强大的计算能力，常见的计算存储设施有本地存储设施、云计算资源、边缘计算节点等。计算存储设施的建设应与社区的规模及实际应用需求相结合，对于规模较小或应用需求较弱的社区，通常由市、区相关部门进行统一规划建设或通过购买服务等方式解决数据计算与存储问题。值得注意的是，随着边缘计算的快速发展，社区计算存储设施的配备具有特殊意义，特别是边缘计算节点的部署，可以为社区提供更加快速的数据处理与分析能力，适用于对实时性要求高的各类智慧应用场景。

2. 社区融合 5G 网络优势

未来 5G 网络正朝着多元化、宽带化、综合化、智能化的方向发展。5G 通信技术的标志性能力指标为交换带宽（Gbps），5G 相比于 4G 通信技术，其峰值速率增长数十倍，从 4G 的 100Mbps 提高到几十 Gbps，可支持的设备连接数每平方公里增长到 100 万，可以更好地满足物联网海量接入的场景。同时，端到端的延时将从 4G 的十几毫秒减少到 5G 的几毫秒。

5G 通信关键技术包括大规模天线阵列、超密集组网、新型多址、全频谱接入和新型网络架构。大规模天线阵列是提升系统频谱效率的最重要技术手段之一，对满足 5G 系统容量和速率需求起到重要的支撑作用；超密集组网通过增加基站部署密度，可实现百倍量级的容量提升，是满足 5G 千倍容量增长需求的最主要手段之一；新型多址技术通过发送信号的叠加传输来提升系统的接入能力，可有效支撑 5G 网络千亿设备连接需求；全频谱接入技术通过有效利用各类频谱资源，可有效缓解 5G 网络对频谱资源的巨大需求；新型网络架构基于软件定义网络（SDN）、网络功能虚拟化（NFV）和云计算等先进技术，可实现以用户为中心的更灵活、智能、高效和开放的 5G 新型网络。

3.5G 网络基础能力

随着社区数字化转型的不断深化，对于 IaaS 层的要求也越来越高，5G 通信为数字化社区提供了四大基础能力。

（1）网络定制化

发挥 5G 2B 核心网“集中一朵云，分布一张网”的全程全网立体网络架构差异化优势。根据行业客户对5G专网的覆盖范围、带宽、安全隔离等级、无线网络增强特性等差异化需求，5G行业专网产品体系2.0打造大上行、超高可靠、超低时延、5G切片、5G高精度同步、5G高精度定位、5G LAN、电信支撑网（TSN）、广域漫游、二次认证、能力开放等30项以上关键网络差异化能力，提供“基础网络产品”“增强网络产品”两类网络产品。客户可以根据实际需求进行菜单式选择，具备如下优势：

多类型切片按需选择：一点配置，全网可达。

增强型产品随心定制：一地创新，全国复制。

行业客户内外网协同：一点入云、弹性组网。

（2）云边协同化

在5G行业专网产品体系2.0中，5G MEC边缘云是5G业务终端面向行业专网的主要发力点，是5G与行业融合创新的资源池，是边缘算力和中心云算力交互的中继站，更是5G生态开放的交汇处。5G MEC以CT连接能力和IT计算能力为切入点构建开放生态，通过将业务下沉部署至5G网络边缘，为行业用户提供就近信息与通信技术（ICT）融合服务和开放能力，构建“云网边端业”一体化服务能力。云边协同是5G专网体系下典型场景。5G MEC产品率先基于单局点SDN技术和跨域软件定义广域网（SD-WAN）技术，结合安全隧道、租户隔离、身份识别与访问管理（IAM）互认证、个人对个人（P2P）镜像分发等能力，构建云边计算协同、存储协同、网络协同、能力开放和应用融合体系，支持云边应用跨省份、分钟级专网互联。目前，产品具有分流策略控制、终端身份识别、边缘位置服务、自助控制台等差异化能力，具备“先发、自研、协同、集约、开放”五大优势。面向社区应用场景下不同的用户可提供专享型、共享型两种服务形态，具有“连接+计算”双引擎能力、边缘生态系统支撑能力、“边云网”协同能力等。

（3）终端智能化

基于“网络软件化、软件硬件化、硬件智能化”策略，以自研5G模组为标准化硬件载体、嵌入式SDK为内核，联合产业合作伙伴共同提升5G国产化终端与网络融合能力，提升雁飞Inside行业终端智能化、场景化水平，满足重点行业客户需求。

（4）运营集约化

以集约化5G专网运营平台为支撑，实现业务交付线上化、运营管理集约化、服务支撑专业化、终端管理智能化、专网能力丰富化，为客户提供一点运营、一点订购、一键开通、一站式服务。

（四）PaaS层

1.PaaS定义

PaaS层由两部分组成，分别是网络连接管理平台和设备管理平台。

网络连接管理平台是承接网络连接的物联网核心数字能力基座，平台能够提供安全、便捷、智能、高效的物联网连接管理服务，助力社区实现对物联网连接的价值运营和业务创新。

未来社区设备管理平台为设备提供安全可靠管理能力，是一个可以快速连接各类社区感知设备和上层应用的物联网使能平台。向下接入分散的物联网传感器等数字化设施，汇集传感数据；向上面向 SaaS 层服务提供应用开发的基础性平台和面向底层网络的统一数据接口。

未来社区设备管理平台提供了如设备管理、规则引擎、物网管理等功能，平台具有高可靠性、高安全性、高并发性、高开放性、低时延、强大的数据处理功能和可维护性强、易用性强等优势。设备接入物联网平台后，可上报设备数据至 IoT 接入平台。物联网平台在实现设备数据的采集、流转、存储、分析和实时监控的同时，提供安全认证和权限策略服务，保障设备和云端数据的安全。

2. 网络连接管理平台

物联网接入平台，可支持监控、分析、配置和修改物联网和机器对机器 (M2M) 的部署；可以帮助托管连接服务部署和扩展其 IoT 的企业减少营运工作量，是 IoT 装置、网络和 IoT 数据的可靠交付之间的关键链接；可以自定义控制部署方式，对设备进行分组并整合或单独管理所有的设备；可以查看每个设备的相关信息、状态、数据发送时间、通过网络等，以及支持自定义警报，以交互方式或通过电子邮件通知任何异常或不受欢迎的活动。其主动提供一种有效的机制，让管理者可以确切掌控 IoT 连接的管理，并确保不会忽视关键任务问题。

网络连接管理平台主要提供蜂窝物联网连接的接入管理服务，能够提供 SIM 卡生命周期管理、通信计划及资费计划开通与变更、自动规则引擎、计费出账、故障诊断和统计分析、5G 业务管理等功能，具有强大的自服务能力和开放能力。平台能够提供可视化 web 界面、故障检测、批量处理、自动化规则、灵活计费等能力，智能化解决设备网络管理问题，为社区设备管理提供便捷的连接管理服务。网络连接管理平台的核心功能主要分为以下几个方面。

（1）安全可控

建立从设备到应用的多层安全机制，支持机卡绑定、定向管控、安全连接、区域限制、异常告警、国际移动设备识别码（IMEI）白名单、实名认证等，保障社区业务的安全运行。

（2）灵活计费

多通道分离计费与控制，根据不同的业务设置不同的控制规则和收费方式，可实现设备信息采集永不中断，特定应用消费者使用第三方付费，娱乐应用消费者付费到期停用，实现计费因子多样化、计费方式多样化、客户成本最优化。

（3）自主运营

提供丰富的自助服务能力，包括资费切换、通信服务切换、故障诊断工具等，帮助客户实现业务自主运营、降本增效。

①可视化 web 界面清晰展示业务信息，便于客户操作，简化业务运营复杂度。

②用量超额时，设置规则自动切换资费计划，减少人为干预和流量运营成本。

③控制通信计划切换，实现达量限速或停用、访问内容控制等，助力企业提高运营效率，作好业务监管。

④自主诊断，帮助客户及时发现故障原因，减少故障产生的成本浪费，保障业务的快速恢复。

（4）生命周期

根据客户的业务模式，提供定制化的设备生命周期管理。设备在其生命周期的不同阶段（制造、配送、正常使用）对于用量、连接以及服务有不同的要求。

（5）规则引擎

客户根据业务模式配置规则引擎，当满足预设条件时由系统自动执行预定义的行为。实现号卡实时监测（用量监控、实时在线）、IMEI 变更、设备联动和告警通知，确保业务正常使用。

3. 设备管理平台

（1）设备接入

未来社区设备管理平台支持社区多类型终端、多样化网络、多样化协议接入，支持设备访问授权，支持设备端 SDK 开发套件，支持网络连接管理等设备接入功能。提供蜂窝（2G/3G/4G/5G/Cat.1）、NB-IoT、Wi-Fi 等不同网络设备接入方案，解决企业异构网络设备接入管理痛点。支持 MQTT、CoAP/LwM2M、HTTP/S 等多种协议的设备接入，既满足长连接的实时性需求，也满足短连接的低功耗需求。

（2）设备管理

支持设备生命周期管理，配置文件生效管理，支持产品、设备分组管理，具有批量处理能力，支持设备数据查阅、文件管理、设备影子功能、数据缓存，支持百万级连接、同时在线、消息秒级响应的并发处理，支持大并发或超载业务情况下的保护机制，支持设备拓扑关系的查询新建、编辑、删除等功能。

（3）物模型管理

物模型即在物联网使能平台中构建的产品设备实体的数据模型，完成产品功能定义以后，系统会生成该产品的物模型，物模型描述的是该产品是什么、能做什么、能对外提供哪些服务。支持未来社区多行业终端设备数据接入标准化，支持设备模型的增删改查、下载、导入，支持自行开发发布设备模型。

（4）规则引擎

规则引擎是未来社区设备管理平台的一个重要功能模块，是处理复杂逻辑的引擎，主要对感知接入层搜集的数据进行筛选、变型（物解析）、转发、操作等，实现数据逻辑和上层业务的解耦。平台会分为数据转发和场景联动两个子功能：数据转发实现将感知接入层的数据进行筛选并转发至其他设备或者数据库、大数据分析等云服务的功能；场景联动包括基于数据分析的告警（短信、邮件或第三方应用）以及设备与设备之间的联动。

（5）数据分析

为用户提供数据仓库，将用户多种数据源接入平台，提供海量数据的存储备份、数据管理、资产管理和数据洞察等能力。针对物联网数据特点，帮助企业用户更容易地挖掘物联网数据中的价值。通过 AI 原子能力提供人脸人体识别、图像识别等基础 AI 能力，适用于刷脸门禁、人证合一验证，在 AI 原子能力的基础上，可快速集成多种 AI/ 机器学习模型库，可结合业务场景提供场景化的 AI 解决方案，可支撑多场景应用，快速集成、一键部署。

（6）物联安全

提供设备接入鉴权、数据加密、数据传输安全通道全方位的安全防护体系，确保“端、管、云、边、用”五位一体端到端的安全。

（五）能力层

数据仓库，是为平台及系统下所有级别的决策制定过程，提供所有类型数据支持的战略集合。它是单个数据存储，出于分析性报告和决策支持目的而创建，为未来社区对应角色提供指导、分析、决策、管理等支撑。为了确保未来社区服务平台的质量，满足系统运行维护所需的有关数据，未来社区服务平台数据库须采集全部有关数据。数据是未来社区数字化治理的核心，数据在处理、使用整体生命周期中涵盖了数据采集、数据传输、数据存储、数据处理、应用开发、使用等多个环节，如果没有端到端的数据安全防护，各环节都可能造成数据的泄露。隐私安全计算平台的设计首先要保证数据生态的安全性，确保数据安全和个人隐私保护。从平台的信任假设出发，建立安全威胁模型，并提出相应的技术手段保证平台的网络安全、存储安全、计算安全。

1. 数据仓库

数据仓库基于未来社区服务平台中数据归集、标签管理、风险预警、综合应用四个方面对数据的需求，建立相应数据库。

数据库包括基础库、归集库、清洗库、主题库、指标库、标签库、模型库、特定产品库（包括食品、婴幼儿配方奶粉、药品、化妆品、医疗器械等特定产品信息表）、场地场所库（包含场地场所信息表）、信用库、企业标签库（包含企业信用信息、风险信息、注册信息、关联关系、基础信息等企业全景画像标签表）、治理事项库、知识库、风险预警生产库等。

2. 数据隐私安全计算

隐私安全计算平台所构建的数据生态内有不同类型的参与方。包括数据提供方，例如政府机构提供公共数据、企业提供第三方检验数据等；数据服务方，在平台内将获得数据提供方授权使用的数据利用平台内部署的第三方软件或者自己开发的程序进行加工处理，满足不同的需求；数据需求方，利用平台构建的数据产品，满足业务的需求；平台运营方，负责维护数据生态和管理工作。

由于数字社区平台汇聚了丰富的商企、个人、房屋等隐私数据，一旦泄露，负面影响和损失不可想象。除了对存储、计算等物理服务器和网络的安全保障，还需要从数据存储、应用开发、平台使用等端到端数据使用全生命周期，做到全方位的数据防护，降低数据泄露的可能性，杜绝数据泄露的发生。因此，数字社区平台的数据安全体系设计应遵循以下原则：对数据存储、应用开发、平台使用中涉及数据安全的环节，做到数据使用全程可控、数据授权使用、授权使用可追溯，通过技术手段和相关制度的实施完全拒绝批量数据泄露的可能性，同时做到数据方便展示和应用。既保护数据安全，又保障数据价值的挖掘，在数据安全的前提下确保数字社区平台的应用开发和运营。具体要求如下：

①通过技术实现在应用开发和平台使用过程中，商企、个人和房屋等隐私安全数据始终不离开政务云平台，一切的应用开发都在政务云平台的授权监督下进行。

②要求实现数据全生命周期的安全管理与防范，在数据导入、转换、生产、使用、共享和销毁的全过程建立跟踪审计机制，保证数据可用性，防止数据泄露、丢失和滥用。

③建立完善灵活的数据权限和授权机制，对适合内部公开的数据，相关人员可在平台内进行灵活共享，不同级别的隐私敏感数据只有经授权的相关人员才可以获得相关数据的使用权或者查看权。

④支持完善灵活的基于数据的角色设定机制，管理员可根据实际工作需要灵活设置相关角色，并允许其对相应数据申请授权。

⑤建立完善的数据授权、使用追溯机制，对数据使用、授权情况进行记录且记录本身不允许被篡改，以方便后续追溯。

⑥在保障数据安全的前提下，支持数据灵活查询、统计、报表等功能，同时支持后续基于数据的社区应用开发。

⑦通过技术实现在不泄露个人隐私数据的前提下，允许第三方进行模型、算法开发，挖掘数据价值服务社区居民。

⑧支持数据血缘关系记录，方便后续数据在进行应用开发后，对相关数据服务方的价值分配。

⑨在数据接入能力上，支持后续接入第三方系统数据，例如由运营商建设的门禁、人脸、车辆等物联网数据。

3. 未来社区数字化系统建设的难点分析

在5G通信和物联网发展的双重驱动下，物联感知终端数量和设备所产生的数据量持续增加，数据与设备信息安全把控能力相对滞后，被攻击控制的设备数量成倍增加。物联网设备所具有的极大价值使其被攻击后对未来社区全方面产生直接影响，如公共设施运转停滞、供水供电供气等设施停运、远程操控失效、出入受限甚至人员伤亡。感知层设备数据信息在远程传输的途中易被窃取，IaaS 层易受攻击，PaaS 层及 SaaS 层储存并处理大量有价值的数据信息，易出现安全漏洞。就当前数据处理和有效应用与保护来看，持续提升并突破软硬件能力、算法分析能力和网络技术支撑等能力，打通各领域业务流程体系之间的数据，才能更好地提升数据安全管理和应用水平。

自国家将“数据”定义为除土地、劳动力、资本、技术之外第五大生产要素，并明确“数据”对于经济增长、价值创造的重要意义，数据价值的释放与数据保护之间更加难以平衡。自上而下推动数据立法，发挥国家层面、地方管控层面的良性引导，完善公共数据开放体系，明确法律授权及认证许可，立法保障数据使用及交易原则，是发挥数据价值、推动数据要素市场化配置的重要任务。

4. 未来社区数字化发展中的数据资产分析

未来社区的数字化发展以收集、整理、加工和分析数据为基础，从庞杂的各类数据中提炼有效信息，以提高管理效率、降低人员成本、提升服务质量为目标，以数据为指导在各个环节更加智能化地服务民生需求。未来社区以数据为基础，通过社区数据库，建立政府、地产、物业、居民、企业等多种角色之间畅通的沟通渠道。数据资产的巨大价值体现在多个方面：社区的地理信息和人口数据、社区周边企业法人信息数据将汇总为整合性的数据库，社区管理的准确性、实时性、条理性和可统计性将大大提高；利用未来社区人员的健康数据，尤其是老人的健康数据，社区健康管理服务将实现可监管、可追溯、可查询、可分析，同时也将成为城市人口健康大数据的重要来源；社区公共设施服务数据包括电力能源应用、社区低碳环保成本测算、物业运营、消费缴费等数据的收集分析，为社区信息资源深度开发、实现市场价值利润最大化提供依据。在未来社区数字化发展场景下，数据资产的使用既要满足基础服务功能、保障数据安全和稳定，同时也要针对未来社区的特性配备相应的智能数据分析功能，聚焦服务创新和价值创造。

（六）SaaS 层

未来社区 SaaS 层：面向居民、物业、居委会、政府、企业，在社区服务与社区照顾、社区安全与综合治理、社区公共卫生与疾病预防、社区环境及物业管理、社区文化和精神文明建设、社区社会保障与社区福利等场景打造未来社区治理智慧应用以及“社区大脑”（社区运营指挥中心）、社区党群服务中心和社区综合服务平台等展示使用窗口，构建基于物联网及人工智能的小区管理体系。社区是城市精细化治理的“最后一公里”，是智慧城市的基本单元，直接影响人民群众的安全感、体验感和获得感。

1.SaaS 层社区建设内容

社区运营指挥中心集运行感知、信息资源统筹协调、决策指挥于一体，能够实现一体化的社区日常运行管理与应急响应的综合处理、分析、研判并协调调度功能，全方位智慧化地管理运营社区，成为社区“智慧的大脑”和“智慧应用的策源地”。

2.SaaS 层平台功能

SaaS 层平台功能，主要包括人员管理、告警管理、空间管理、数据大屏、通知报修管理、党建管理、社区养老、社区安防、消防管理等多个模块功能。

（1）人员管理

人员管理模块可支持新增住户操作，支持批量导入和导出，能够对单个用户进行详情查看、编辑和删除等操作，列表可展示账户名称映射空间组织，关联到小区、楼栋和房屋，展示组织树。模块可简单对住户总数量、本日新增住户、性别占比、年龄分布、住户身份占比进行统计。

（2）告警管理

告警功能模块能够对所有的告警信息进行展示，支持对告警信息提示的单个解除以及全部批量解除，支持对告警信息的已读操作以及列表中所有信息全部确认已读操作，支持告警信息列表的批量导出，支持对告警信息列表中告警信息的筛选功能，支持告警信息的单条删除操作，支持告警信息弹框的开启关闭操作。

（3）空间管理

空间管理是指对小区中物理实体的线上映射关系，主要包含小区管理、楼栋管理、房屋管理三个模块，主要目的在于构建线上社区的空间基础，为其他功能提供信息载体。支持用户对空间信息做新增、编辑、删除、查看等操作，具体权限可根据默认管理员的角色权限分配定义。

（4）数据大屏

数据是智慧的基础，推进智慧社区建设，必须建立数据思维和视野，数据大屏建设的目的就是促进社区数据的应用。大屏展示数据，以社区数据整合为核心，打破社区内的信息孤岛，形成社区“大数据”统一展示，为社区智慧应用提供形象化展示。

社区数据大屏建立了统一的社区数据展示界面，依托多样化的数据采集统计手段，归集各类应用数据，促进信息共享和业务协同，更好地支撑理想智慧社区建设工作。此外，通过数据大屏展示，结合大数据分析可充分体现数据价值。

（5）通知报修管理

社区服务应用定位于面向社会群众的应用，整合周边服务资源，构建灵活快捷的交互途径，建立健全的管理服务体系，为公众提供多样化的便民服务、政务服务，能够切实感受到智慧社区带来的便民体验。

①通知管理

让社区群众及时了解最新社区动态，掌握社区第一手资讯。如最新政策法规信息、社区活动信息、医保社保信息，停水、停电、停气信息，恶劣天气报警信息，交通出行信息，家政服务信息，当前社会热点问题等，进一步解决信息共享难题，增强服务意识，提高公众满意度。

②报修管理

实现物业问题一键报修，业主无须联系物业公司，随时随地通过移动端发起报修诉求，还可以照片、小视频或语音留言等形式，方便不同人群对物业报修的需求。维修完毕后还提供回访、评价，对小区物业工作进行监督。

（6）党建管理

社区党群服务中心集党务、政务、服务等于一体，为社区居民提供24小时“全方位、一站式”公共服务，同时也是智慧社区建设成果的集中展示与体验中心。社区党群服务中心可实现居民一站式自助服务。通过在社区党群服务中心部署人脸门禁系统、视频监控系统、信息发布屏、问答机器人、智能体验终端、智能会议系统、智慧图书室等设施，增加党群服务中心智慧性，为居民及社区基层工作人员构建智慧、便捷的社区服务与管理场所。

（7）社区养老

社区养老亟须统一规划建设集管理、服务和宣传功能于一体，系统功能和数据标准相统一，信息互联互通和资源共享的养老信息化系统。通过汲取各种先进的信息技术，创建“系统 + 服务 + 老人 + 终端”的智慧养老服务模式，提供生活求助、主动关怀、远程健康监护等服务。主要是通过平台系统整合第三方单位及服务信息，根据老人的需求，为老人提供养老服务、送水送餐、心理咨询等多方位的专业服务对接。智慧养老平台，综合运用电话、短信等通信手段，将生日提醒、用药体验、天气状况、保健护理、疾病预防、政府的政策等信息主动发送给老人，让老人感受到政府和社会的关爱。

（8）社区安防

智慧安防是老旧小区改造的重点工作之一。社区智慧安防系统旨在充分利用视频监控、物联网监测、大数据分析、智能识别等技术手段，接入并及时掌握社区重点监管领域的安全运行状态，自动识别并上报区域运行的异常事件，将事后处置转变为事件自动预警发现，助力社区从传统安防向科技安防转型，大大提升社区安全防控水平和能力。

①出入口控制系统

社区安防，首先就是出入口控制系统在阻止非授权人员 / 车辆进入的同时，方便业主进出，同时还能统计人员出入情况，实现社区人员、车辆的精准管控。包括每个出入口进出人员都可以进行人员图像抓拍，以便在发生意外情况时，可以随时调取事件记录进行查询，方便物业管理，也增强小区安全性。

新冠疫情防控中的通行管理，通过将非接触式热成像体温筛查系统与门禁系统权限绑定，确保出入小区人员、车辆系统均有数据记录，可随时追踪病例行踪，协助疫情期间人员情况摸排，进一步提高风险预警水平。

②智能视频监控系统

社区监控点分散，车流、人流等均需要集中管理与控制，须形成统一的中心可视化管理系统，提高整个社区安防监控的效率。高空抛物监控摄像头监控平台能够对住宅楼外立面进行实时监控及分析，实现对住宅楼高空抛物事件的重点监管，起到威慑、事后追溯、实时警告提醒抛物现象的作用，减少不文明危险行为发生。人脸 / 车辆监控识别系统分布在社区的各个角落，通过人脸及车辆识别，实时掌握进出社区的人员及车辆的行动轨迹，实现人过留影、车过留牌、人车轨迹追溯、重点人口关注等，全面提升社区安全等级。

（9）消防管理

针对社区消防安全需求，建设智慧消防系统，部署智慧消防基础设施，对火灾、消防用水、烟雾、用电等进行实时监控，全天候实时上报消防事件，预警安全隐患，保障社区居民人身安全、财产安全。通过无线方式对接火灾报警控制器，及时获取联网区域火灾自动报警系统的报警信息及设备运行状态信息，实现实时报警，还可设置报警信息推送、报警视频联动。应用平台通过部署用水采集终端，及时获取建筑消防、室外消防用水状态信息，包括消防水池 / 水箱的液位数据、喷淋管网压力数据、消火栓管网压力数据、室外消火栓倾斜数据等。根据消防用水系统的规范标准要求，设置水位、压力、倾斜角度等报警阈值，一旦出现异常，能够快速定位隐患，及时排查、整改，从而确保消防用水系统正常运行。

二、未来社区场景基本内容

（一）场景分类

1. 功能角度分类

以居民群众生活需求为重点，从功能角度出发，未来社区可以建设多种多样的场景，如养老、教育、健康、生态、道路交通、文化、旅游、服务等。未来社区具体的功能场景应考虑社区的实际人群结构、形态功能、产业基础、特定空间特征、社会生活等实际情况，根据对社区的重要性进行场景选择性设计建设。各个功能场景包括线上和线下场景两部分，将空间和数字化结合。

以下描述部分为以功能为切口的场景，可供参考。

养老场景：重点解决社区老年人的生活起居问题。围绕“线上技术 + 线下共治”的理念，利用水表、电表智能预警监测，利用智能呼叫、云技术、GPS定位技术等先进的信息技术，打造数字社区养老服务新模式。对老年人探访关爱，提供智能管家服务，根据老年人户籍信息和身份信息自动匹配养老服务政策，对享受的政策和服务进行实时管理。依托智慧终端完善紧急救援系统，确保老年人社区居家安全。

教育场景：服务社区全居民人群教育需求，构建幼儿、儿童、青年、中年、老年各阶段终身学习的未来教育体系。建立共享图书馆、书屋，利用数字化学习平台对接周边社区学习场馆资源。响应国家“双减”政策，统筹优质教育资源，集聚并打造普惠共享优质教育资源，构建学校、家庭、社区“三位一体”的教育合作模式，加强兼具体能和实践的综合素质教育。

医疗场景：通过“城市大脑”智慧医疗核心平台，融合各医疗卫生健康机构信息系统，实现惠民、惠医、惠政目标，构建互联网+医疗服务体系，为社区居民群众就医提供便捷服务。整合社区医务室与社区养老服务中心、残疾人康复站、妇女儿童之家等职能，全面提升社区医疗能力。

健康场景：注重未来社区居民群众的健康生活，主要是养生锻炼和健康膳食。搭建社区健康管理中心，建立全民健康档案，并针对个人推送个性化的健康指南。倡导健康风尚，打造定制化养生膳食，通过健康师对居民群众进行辅导。尤其是针对老年人较多的社区，建设老年食堂覆盖全社区，方便满足老年人饮食需求。

托育场景：配备相应的幼小托育服务，对社区内的适龄孩子进行集中管理和托管，增加孩子的社交时间，提高孩子的社交情感与技能，同时解放年轻父母的双手，让他们有更多的时间专心投入到工作中。为了解决托管质量不稳定的问题，未来社区可以通过搭建实时监控平台对托管服务进行随时随地的监督反馈；同时还可以提供托管服务定制功能等，为孩子提供相应条件的个性化服务。

生态场景：主要提供健康舒适的生态环境体验。建立分类分级资源循环系统，如可追溯的垃圾分类回收利用、分质循环智慧水务等。提供数字化＋综合能源资源服务，包括引入综合能源资源服务商、建设智慧服务平台、多元协同的能源供应、降本增效智慧节能。

道路及建筑场景：住宅区的道路设计有社区特色，建筑强调楼宇功能的融合性，如写字楼与酒店的融合、会客区与文化展区的融合、公共交通及购物中心的垂直整合等。打造 CIM 数字化建设平台应用，建造技术实现数字化转型。大力发展绿色建材、建筑装修一体化，注重空间平台屋顶绿化。

创业场景：围绕国家双创战略打造高能级双创生态，打造多层次的双创平台，搭建全社区城市实践基地，形成以智慧产业创新为引领和特色的社区标识，着力营造具有活力的人才发展环境。建设社区创业场地，引进科技企业和孵化器为社区提供源源不断的创新动力。除常规服务外，未来在人才引进、人才保障、人才政策等方面也提供省心便捷的服务。

交通服务场景：以人为本，智慧出行在身边。为了满足人们正常的工作生活需求，住宅小区和办公场所设在公共交通 10 分钟步行范围内。人车分流，汽车服务全覆盖，如汽车整备、洗车等常规服务。针对物流配送、外卖等设立智能快递柜、物流服务平台等智能物流设施。

文化场景：加快推进以街道文化站、社区文化中心、社区文化广场、社区文化活动室等为主体的社区公共文化设施建设，形成结构合理、功能健全、实用高效的社区文化设施网络，推广社区的文化艺术传承。注重居民群众精神文明建设，加强文化宣传，居民们互相帮助，互相影响，将爱心接力，美德相传。

旅游场景：结合当地的旅游资源实际情况，着手打造社区公园展示区、高品质生活体验区等。以文化或资源为特色，因地制宜打造网红场景，紧扣客群、创造沉浸场景体验，升级创新、持续优化场景服务。

知识技能共享场景：搭建知识共享平台，居民群众可通过平台了解、学习相关知识，引领社区形成积极向上的学习氛围。同时，注重技能培训，设立技能培训空间，定期开展各类技能培训活动，范畴扩展到编程、人工智能、插花、舞蹈、音乐、健身、户外等。

体育场景：加强社区体育建设，打造适应不同人群、具有社区自然特色的体育设施网络系统和具有正确健身观念及意识功能的社区体育服务体系，最大限度地满足不同人群对不同体育文化的需求，构建全民健身体系新格局。完善社区公共体育设施，可根据需求加快体育场馆建设，如各类球场、跑道等。

社区服务场景：建立一站式服务中心，为社区内居民对接专业服务机构，居民可以通过线上方式获得相关资讯和相应技术服务。社区物业统一进行可持续运营，形成平台 + 智慧 + 管家服务。做好家政维修等服务，从被动式的即坏即修服务升级为主动的预防式维护，统一收费服务标准。

2. 服务供给权责角度分类

国家发展改革委等部门联合印发的《“十四五”公共服务规划》提出，“十四五”时期，推动公共服务发展，健全完善公共服务体系，持续推进基本公共服务均等化，着力扩大普惠性非基本公共服务供给，丰富多层次多样化生活服务供给。据此，未来社区的场景可以从服务供给权责角度分为三类，即基本场景、非基本场景和生活场景。

基本场景，保障社区居民群众的生存和发展的基本需要，通常由政府保障运营；非基本场景，满足社区居民群众更高层次需求，提高社会整体福利水平，但市场无法完全保障运营，政府通过给予一定的支持与市场合力运营；生活场景，社区居民群众美好生活的延伸，可以由市场供给运营，政府主要负责营造公平竞争的市场环境，引导市场化场景健康发展。

以养老场景为例。

（1）基本场景

基本养老场景：建设社区公办养老机构，提升特困人员供养服务机构托底保障能力，逐步为最低生活保障家庭、最低生活保障边缘家庭、重度残疾人家庭、计划生育特殊家庭和原建档立卡贫困家庭中的老年人，提供低偿或无偿的集中托养服务，有养老护理员、老年社会工作者队伍支持。

（2）非基本场景

普惠性非基本养老场景：引导专业化养老服务机构进社区、进家庭，提升家庭照护能力。建设政府扶得起、社区办得起、居民用得上、服务可持续的互助养老设施。设立多个服务网点，实现规模化、连锁化、品牌化运营，探索具备条件的公办养老机构改制为国有养老服务企业。

（3）生活场景

满足生活多样化、个性化、高品质的养老场景：可以将养老服务与社区文化、旅游、体育、家政、健康等需求融合发展；培育养老服务社区志愿者组织，增强服务能力；在有养老产业基础和能力的社区可培育满足老年人需求的健康产品专业化生产研发基地，促进养老企业连锁化、集团化发展，形成一批产业链长、覆盖领域广、经济社会效益显著的产业集聚。

3. 场景的选择

未来社区选择建设的场景要强调适配性，体现阶段特征。每个未来社区的场景建设不是固化的，要根据社区的特征，去识别、设计特色化的场景，与公共服务、社会治理、经济活动相结合。

以杭州市缤纷社区为例，主要场景包括邻里场景、未来教育场景、未来创业场景、未来健康场景、未来交通场景、未来治理场景、未来服务场景等。缤纷社区不是以单一场景来组织的，而是联动协同，形成多跨场景。整个社区可以理解为一个大家庭场景，全生命周期的场景，各个子场景通过数字化和文化进行串联。社区打造的场景空间载体，如会客厅、书房、未来实验室等，每个空间载体都是多跨场景的，充分共享。政府提供空间以及场景设施，至于空间里面的不同场景服务或者活动可以根据社区居民实际需求选择。

（二）场景载体

未来社区可以通过社区客厅、驿站及互助公社等载体建设提供给居民各种多跨场景的服务。

1. 社区客厅

社区客厅，为社区居民提供了更加方便、快捷、优质、高效的公共文化服务，满足了社区居民的真正硬需求。社区客厅还是一次提高公共文化服务“最后一公里”的服务效能、推动现代公共文化服务体系改革、促进公共文化服务社会化发展、建立适应社会主义市场经济的公共文化服务供给机制的有益尝试。

社区客厅是市区两级党建共建成果展示窗口和社区“党建 + 未来社区”服务功能窗口。社区客厅可以建设社区公共服务区（如文体活动中心、社区食堂、24 小时学堂、健身中心、社区书房等）、5G 生活体验区、现代金融体验区、企业服务区、党建体验区等。

2. 驿站、互助公社

在相对面积较小、以住宅为主的社区，驿站、互助公社是更适合的公共服务场景展示模式，是社区交流的载体，可以组织社区活动、反映问题、提意见建议等。

互助公社有三大模块：①服务模块（组织开展志愿者服务，包括但不限于义诊、义剪、电脑家电维修、探访慰问老人和特殊家庭、社区环境维护、交通指引等）；②扶贫模块（组织企业事业单位、热心居民志愿者定期走访、慰问、参与扶贫活动等）；③捐助模块（号召社会爱心企业、社区组织以及爱心人士等群体，通过定向、不定向方式捐助爱心物资、善款，帮助有需要的家庭或个人）。

互助公社可以建设便民共享区（提供工具箱、共享充电、共享雨伞、医疗包、轮椅等）、爱心共享区（社会企业或爱心人士筹集爱心物品）、志愿共享区（社区“专家”家电维修、下水道疏通、上门理发等服务）、信息公开区（捐赠信息、物品存放兑换制度、社区动态咨询等信息栏板块）等。

三、场景数字化运营及多跨场景协同

（一）场景数字化运营（见图 5-3）

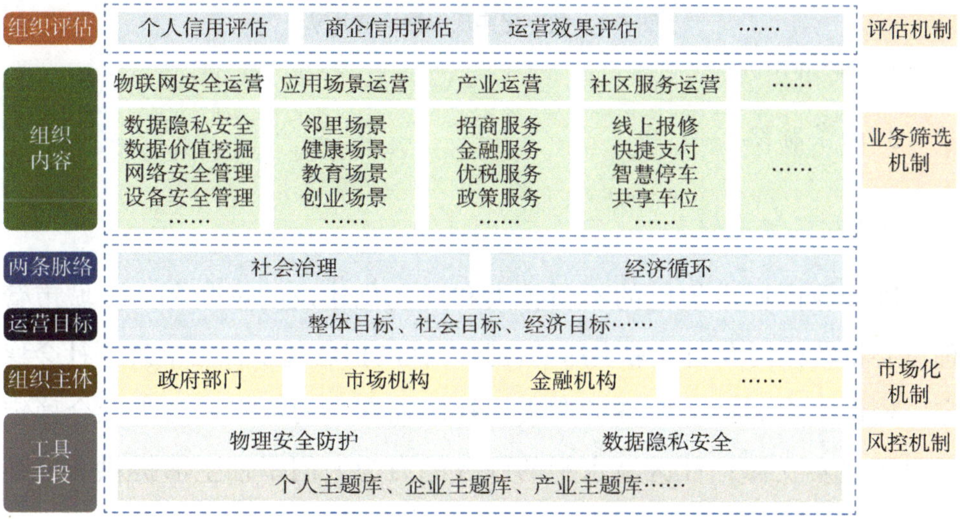

图 5-3 场景组织运营框架图

资料来源：作者绘制。

1. 组织形式

政府投资、第三方总体运营、专业机构提供针对性某类业务，政府对第三方进行协议约定和考核。

2. 整体思路

通过数字化工具和数据智能化手段，实现数据价值共享，建立“输出”与“引入”并存，供给和需求信息匹配，促进业务无缝对接、高效合作的桥梁化、智能化营销思路（见图 5–4）。

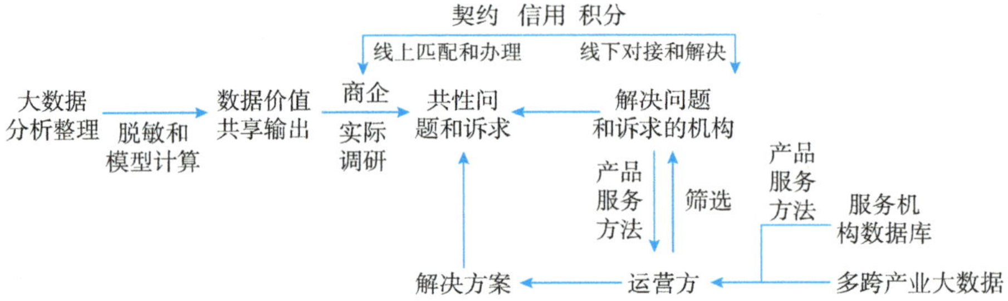

图 5-4 数字化实现数据价值共享

资料来源：作者绘制。

3. 两条脉络

（1）社会治理

随着我国城市规模的不断扩大和现代化建设的不断深入，城市管理重心将转移到人们日常生活的社区。社区担负起了社会治理、社会稳定、资源整合和社会服务的职责。社区强有力的治理能力为社会稳定提供了坚实支撑；社区高水平的服务能力为人们幸福生活提供了坚强保障。

（2）经济循环

经济循环指信息、资金和商品（含服务），在居民、企业和政府等不同主体之间流动循环，从而推进整个社会走上生产发展、生活富裕、生态良好的文明发展道路。建立经济数字体系，通过各部门监管数据共享与应用，打破数据孤岛；以信用为抓手，对企业基本信息、经营信息、关系网络、正负面信息、涉诉信息、授信信息、预警信息、荣誉信息、处罚信息等进行全局把控，为企业提供针对性服务，保障社区经济健康运行。

4. 运营内容

（1）物联网安全运营

在未来社区场景运行过程中，针对数字基础设施、物理基础设施、数据资源、运行环境等要素进行维护、维修、评估、更新、管理，比如系统运行监测、数据中心运维、终端设施维护、服务质量保障、用户服务支持等。物联网安全运营以承载未来社区信息化数据中心安全为核心，以网络安全政策、组织、资源、机制为支撑保障，以网络安全技术、服务产品、系统、平台为支撑的闭环系统，注重应用安全、数据安全、主机安全、网络安全、物联安全运行状态的监测与维护。此外，还包括主动防御技术与被动防护技术相结合，信息技术与网络安全技术相互融合、相互促进。

（2）应用场景运营

应用场景运营包括与政府端、企业端、租户端、消费端相关的健康场景、教育场景、综合金融服务场景、邻里场景、创业场景、交通场景、环保低碳场景等。

（3）社区服务运营

社区服务运营以“政府监督、生态参与”为运营理念，利用物联网和互联网组织、存储多方面多维度的数据（包括社区日常活动中资源与人产生的各类数据），统一管理、分析、调度各种资源，完成综合需求与专业供给的有效对接，包括为线上保修、快捷支付、智慧停车、共享车位等提供数字化支持和监控。

（4）产业运营

有些产业融合社区还涉及与产业相关的运营，主要包括招商服务、政策服务、优税服务、金融服务等；对商企进行系统梳理、归纳所属行业，从主要行业作为切口进行产业规划、帮扶；提高企业经营管理水平、增加企业收入、提高区域税收，打通上下产业链，形成完善的产业生态，并将模式逐步展开推广。

5. 运营机制

（1）市场化机制

根据业务特点，以未来社区民众的需求和满意度为标准，选用多元化、专业化的运营主体，例如政府社区端、市场化组织端、场景与服务提供商等。政府承担监管职能，未来社区运行的大数据分析为政府决策制定提供依据。

（2）业务筛选机制

由政府提出建议，根据商企和居民的需求，通过数据分析预测与业务智能模拟，形成运营活动的闭环。根据模拟的结果，选择匹配的候选业务，通过公开业务选拔形式选择服务机构，同时通过业务优胜劣汰和迭代升级形成业务闭环。

（3）风险控制机制

在业务实施前，至少准备一套备用方案，对其方案进行风险识别、评估，找出其中薄弱环节或风险点，及时完善规避风险措施。在实施过程中优化组合各种风险管理技能，对风险实施有效管控，妥善处理风险所致后果，以最小的成本达到风险可控。

（4）效果评价机制

运营效果是衡量规划、项目、服务机构经过实施活动所达到的预定目标和指标的实现程度。规划建立个人信用评价指数与商企信用评价指数，分析其目标的实现程度，对项目计划的价值作出科学判断，并对其实施方法进行提炼总结，对出现的问题及时进行复盘梳理，制定有效防范措施，提高整体运营能力。同时，以此对辖区的整体运行进行评估，确保社区运行具备自我纠偏、不断完善的能力，从而实现社区的可持续发展。

6. 积分运营

积分体系从传统场景运营演进到数字化线上线下场景运营。未来社区通过一系列运营手段对积分进行计划、组织、实施和控制，可以有效地让所有人主动参与到社区场景的各种活动和治理中，很好地激发用户积极参与意愿，达到未来社区共享共治共建的效果。

首先，政府部门针对未来社区形成积分的生产机制，明确积分与人人参与社会治理和服务的对应关系。其次，基于用户需求，可后台配置积分商城、普惠平台、互助公社和扶贫商城等服务平台。服务平台提供各类实物商品和虚拟卡券，并与全国许多品牌形成战略合作，产品（服务）支持线上线下多种发放模式。再次，在各类特定节假日和社区活动中，完整策划并实施活动，根据活动数据复盘分析。最后，基于各类商城和平台，整体提供专业化的运营服务，并就运营结果进行数据分析、评估、反馈，形成未来社区整个积分运营闭环。

7. 投入与产出

未来社区创建投入资金主要包括空间改造和数字化改造费用。运营收入主要包括：商业办公出租收入、商业办公物业管理收入、停车位出租收入、数字化运营收入、广告及其他经营性收入、增值物业服务费等。运营支出主要包括：大运营成本、社区活动成本、数字化运营成本、社区住宅基础物业费等。

未来社区可持续性运营，要做到以下三点：一是借助数字化手段提升社区服务集中供给的运行效率，更加优化配置资源；二是在开发运营一体化中实现资源综合平衡；三是处理好政府、市场、社会主体的权责边界、利益处理和协作关系。

未来社区运营资金来源主要有三个途径，即政府投入、社区力量参与、运营收入。随着经营收入逐渐增长，商业收入覆盖运营支出，社区运营收入可超过运营投入，后续政府可实现退出，不再投入社区运营补贴资金，形成政府补贴逐步退出的运行机制。

（二）多跨场景协同与“享”系列

1. 多跨场景协同

未来社区数字社会系统建设中必然有跨部门、多业务应用场景的落地。多跨场景协同可以聚焦协助政府各领域建立跨部门、多业务协同的应用，助力政府部门推进制度政策创新。多跨场景应用是数字社会的核心场景，可以在社区公共服务和市场化生活服务等方面提供高效供给，也能推动社会需求与场景有机融合，形成数字城市基本的功能单元系统。

多跨场景建设主要目的是通过数据分享实现资源共享。多跨场景的建设，主要是打造民生服务、社会治理、产业经济方面的多跨场景应用。在此过程中，应充分考虑人的多元需求特征，保障人的安全，促进人的健康，聚焦社会民生和市场发展痛点、堵点等“小切口”，探索实现场景大应用、部门大协同、制度大创新、改革大联动、成果大共享。在应用场景中融入人文关怀，体现数字社会的“智商 + 情商”，让全社会平等共享数字化改革红利。

2.“享”系列

“享”系列是多跨场景协同应用的典范，打破了数字壁垒，实现公共资源和经济资源高效利用，充分让数据目的、内容、来源、治理、应用、价值各方面得到体现。多跨场景应用涉及不同行业、不同领域、不同部门、不同需求，必须协同工作，打通数据流畅运营的各个节点，实现数据共享共用。

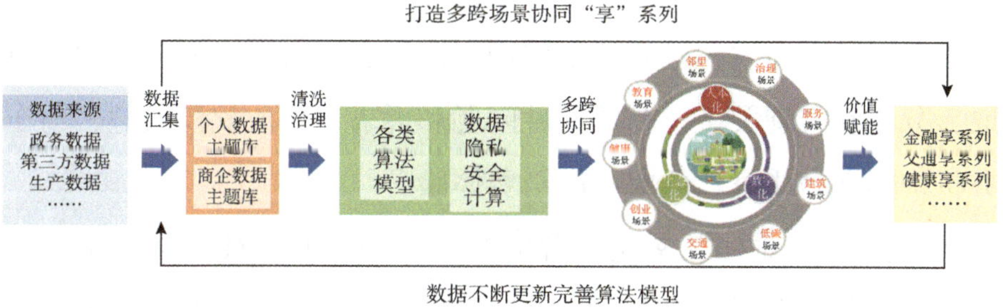

图 5-5 打造多跨场景协同“享”系列过程

资料来源：作者绘制。

数字化打造多跨场景协同“享”系列，首先从政务数据、生产数据、第三方数据等途径获得数据来源，将数据汇集到个人、商企等数据主题库，经过清洗治理，运用各类算法模型和数据隐私安全计算，形成多跨场景协同，并对其价值赋能，根据不同地方未来社区本地属性需求，打造“金融享”“交通享”“健康享”“文化享”等特色“享”系列（见图 5–5）。

“金融享”，依托经济循环主题库和个人数据主题库，针对贷款、存款、保险、支付、生活缴费等金融场景，提供数据价值共享、不同业务对接、不同业务机构协同等方面专业化的解决方案，形成精准的社会治理个体画像和群体画像、经济循环的企业画像等多维度的数据分析整理，经脱敏处理和模型计算后，提取有关金融和财税方面的数据价值推送至工行和相关机构；在多价值数据、行业分析和实际调研基础上，针对金融和财税的共性问题和诉求提供综合解决方案；安排工行等相关机构和商企进行线上线下对接。

“交通享”中的“车享”，针对车辆销售、车辆保险、车辆养护、车辆停放、车位共享等场景，梳理汽车销售厂家、汽车修理厂、家庭和个人的汽车拥有数量、车位信息、车辆使用信息等数据，利用数字化手段打通各方数据，提供数据价值共享、不同业务对接、不同业务机构协同等方面专业化的解决方案。通过契约化和信用管理，积分赋能，做到共享机制下各参与方积极和规范使用资源；通过对车辆相关的数据价值提取，分析和整理关于车辆的共性问题和诉求，形成规模效益，与车辆服务机构建立高质量、低成本的消费体验。

“文化享”，对社区文化资源的共享。一方面，社区文化基础设施共享，组织居民群众开展形式多样的文化艺术活动，助力实现“15 分钟身边文化圈”和“15 分钟文明实践圈”；另一方面，针对文化产业，梳理社区及周边文化消费产生的海量数据及来自公共文化机构、高校科研机构、文化生产机构、文创产业机构的数据，在社区文化空间资源和经济资源数字化基础上，进行数字化共享，提升社区文化消费需求，形成文化资源云支持相关文化产业落地。

第六章

未来社区
建设、评估政策与实施

评估是全面了解运作现状、发现问题并着手进行优化的有效方法，未来社区建设作为一项复杂的社会工程，必须坚持系统观念，其建设和运营都需要完整评估体系的建设。本章致力于让读者清晰地了解到：什么是未来社区评估、未来社区为什么要评估、如何评估未来社区，在全球范围内智慧城市（社区）的评估有哪些经验、我国有哪些未来社区评估政策以及如何构建未来社区评价体系。本章有助于数字化企业、社区、非政府组织（NGO）的管理者和负责人更好地了解未来社区建设和运维的目标、思路和工作方法，提升未来社区建设和使用中的公众满意度和获得感，探索出一个绿色、敏捷、可持续、动态的基层数字治理体系。

一、未来社区评估的基本维度和价值选择

（一）未来社区评估的概念

绩效评估是通过设定绩效目标、分析评价内容、制定评价标准、运用评价方法来对绩效目标的实现程度进行综合评价的过程，最初主要

是对企业等私营部门工作成果的评价。“绩效”一词，从管理学的角度看，主要是通过投入产出比明确目标的实现程度；从经济学角度看，主要是指企业取得的业绩，以及企业员工的纪律表现和品行表现等。“评估”则主要是指衡量方案或政策的具体执行情况或者最终的成果，从而达到对政策或方案的持续改进与完善，使得达到质量提升的目的（蔡立辉，2003）。公共组织的绩效评估是指对政府组织在进行社会管理等活动时的工作投入、效益产出等进行衡量，就政府的工作服务能力、任务完成情况以及社会公众对政府工作的满意程度等方面进行的估量（蔡立辉，2002）。政府绩效评估则是由政府组织的利益相关者根据所收集的政府绩效信息作出的价值判断（吴建南，2004）。从广义上来讲，绩效评估是对特定对象行为表现的价值判断，是一个绩效信息收集、处理、沟通、使用和反馈的过程（吴建南，2009）。

评估是全面了解运作现状、发现问题并着手进行优化的有效方法，未来社区建设作为一项系统性的社会工程，其建设和优化都离不开完整评估体系的建设。由于未来社区在我国很多地区都还处于筹划建设阶段，因此，当前学者们研究的重点都放在未来社区建设、运行以及剖析已经建成的未来社区中存在的问题等方面，对未来社区建成后的绩效评价则很少涉及，因而当前仅有极少部分学者对未来社区中运行、服务环节的绩效评估给出了定义。如，王晶晶（2019）认为，未来社区运行绩效是指在未来社区运行过程中利益相关者利益诉求与期望的实现程度，而其评估是一个动态管理的过程。赵越（2021）将评估的未来社区公共服务绩效定义为未来社区模式下公共服务目标的达成程度。

截至目前，在社区的管理实践中，已经形成了一些未来社区评估指标体系，如北京市社会建设工作办公室等于2013年发布的智慧社区评价 5A 指标体系，包括任何人“Any one”、在任何时候“Any time”、任何地点“Any where”、通过任何方式“Any way”、都能得到任何服务“Any service”五个部分；上海市浦东新区于 2013 年发布了包含网络基础、公共信息平台、智慧应用体系和服务渠道 4 个一级指标和 17 个二级指标在内的智慧社区评价指标体系；中国软件评测中心于 2013 年提出了智慧社区建设评估的 SMART 指标体系，即包括服务供给（Service，S）、管理和运营（Management&Maintenance，M）、应用平台（Application Platform，A）、资源集聚（Resource，R）以及技术应用（Technology，T）；住房和城乡建设部于 2014 年发布的《智慧社区建设指南（试行）》提出了包含保障体系、基础设施与建筑环境、社区治理与公共服务、小区管理、便民服务和主题社区等 6 个一级指标、23 个二级指标和 87 个三级指标在内的智慧社区建设指标体系；浙江省于 2019 年官方发布的《浙江省未来社区试点创建评价指标体系（试行）》根据未来社区九大场景，设置了 33 项约束性和引导性指标。在学术界关于智慧社区的讨论中，井晓鹏和张菲菲（2015）、杨昌辉和张可莉（2015）、朱梅芸（2016）、程灏和于蕾（2017）、刘思等人（2017）基于上述官方文件，特别是住房和城乡建设部的《智慧社区建设指南（试行）》，提出了多样的智慧社区评价指标体系，目前尚未有学者对未来社区评估这一概念给出明确的界定。

本研究基于住房和城乡建设部的《智慧社区建设指南（试行）》，从整体视角为未来社区评估提供可行性方案。按照浙江省发展和改革委员会的定义，未来社区就是以满足人民美好生活向往为根本目的的人民社区，是围绕社区全生活链服务需求，以人本化、生态化、数字化为价值导向，以未来邻里、未来教育、未来健康、未来创业、未来建筑、未来交通、未来能源、未来物业和未来治理九大场景创新为引领的新型城市功能单元。[①] 本研究中的未来社区评估，是从多个利益相关者视角、多个数据来源、多个价值维度对社区表现进行价值判断的整体性评估。

（二）未来社区评估的目标

对社区进行评估是实现社区治理能力现代化的有效手段，而实际评估的目的决定了评估进行的原因、用途以及现实意义。《智慧社区建设指南（试行）》中提出，制定智慧社区评价指标体系的目的在于通过量化的科学评测体系，引导智慧社区规划、建设和运行，评价智慧社区建设的效果，发挥指引方向和量化评估作用。可见，从政府视角出发，国家出台智慧社区评价指标体系体现了对智慧社区规范化建设的高度重视，而评价指标体系将有利于识别规范化建设是否落到了实处，是否产生了预期效果，其目标是为各界提供标准化参考指南，主要起引领、推广和带动作用。

也有一些学者立足于其他主体的视角，如公众、社区，发表了对社区甚至是未来社区的运行、管理和服务等环节进行评估的深层次目的。如，麻宝斌和董晓倩（2010）认为对社区公共服务的绩效评估旨在持续改善并提高社区的公共服务水平。韩超（2014）提出，社区管理绩效的评估目的是社区工作透明化、公开化，优化社区的资源配置，提高社区管理的效率。赵子博（2015）认为，智慧公共服务评价的主要目标是建立一种具体的、可测量的标准实施工具，为该领域的标准化建设提供依据和参考。王晶晶（2019）则指出，未来社区运行绩效评价的目标是发现问题，提出改进的合理性建议，最终实现利益相关者及未来社区整体利益

① 浙江省人民政府．浙江省未来社区建设试点工作方案（浙政发〔2019〕8 号）[Z].2019.

的最大化。但尚未有学者对未来社区的整体性评估进行评估目的的界定。

总的来说，对未来社区进行评估不是“秋后算账”，也不是传统的只看结果、不看过程，只看数量、不看质量的简单总结，而是把结果和过程统一起来的“全面质量管理”，是“以评促建、以评促改、以评促管”的过程。本研究中，对未来社区评估指标体系进行构建的主要目标是规范未来社区的建设方式，引导未来社区的发展方向，为未来社区的管理工作提供抓手和工具。具体而言，从利益相关者的角度来看，未来社区评估致力于为公共部门管理者提供更好的决策参考和评估方案，为网格员、志愿者和物业服务人员提供更加规范的服务指引，为公众和用户提供更好的生活方式和问题解决方案。

（三）未来社区评估的价值立场

目前，数字政府的研究在讨论商业价值（Private Value）和公共价值（Public Value），如梁正和李佳钰（2021）认为数字创新生态系统治理追求商业价值和公共价值的平衡，而商业价值和公共价值分别强调了产业创新主体和公共管理者在价值创造中的核心作用。具体而言，商业价值更多关注效率、成本、收益等价值维度，而公共价值除了效率维度，更多关注公平、平等、民主、公众参与等方面。未来社区评估是一个复杂的系统工程，因此，需要从商业价值和公共价值的多个维度进行评估。

未来社区的建设、运行与其评估指标体系的构建是紧密相关的，其长远、可持续发展需要通过有效的评估指标体系来导向和衡量，由于当前未来社区的评估工作存在评估标准不成熟、不具体，评估指标不统一、不系统，评价方法简单化、片面化等问题，因此评估指标体系的构建不能依靠随意的堆砌，要系统反映未来社区运行的真实水平和发展现状，以便为决策者提供科学有效的依据和支撑。

就未来社区评估指标体系的构建标准和原则而言，具有开先河性和代表性的政策文献可以追溯到2014年印发的《智慧社区建设指南（试行）》，其中为智慧社区指标体系编制总结了三个原则：一是前瞻性，指标能代表智慧社区各领域的最新发展水平；二是操作性，指标的选择要充分考虑数据采集的科学性和便利度；三是扩展性，可根据实际情况对指标体系进行补充、完善和修订。此后，程灏和于蕾（2017）、刘思等人（2017）都沿用了该原则，分别进行了青岛市和沈阳市智慧社区评价体系的编制。

其他学者对智慧社区建设、运行及服务中绩效评估体系的构建原则提出的观点较为相似，多集中于科学性、实用性、代表性和可操作性。在智慧社区公共服务评估指标体系的构建上，赵子博（2015）提出了科学、适用、开放的原则，其中科学性是制定标准的首选项，适用性意味着评估指标的内外结合、与时俱进，开放性则强调当前需要与今后发展的兼顾、实际情况与优秀经验的结合。王晶晶（2019）指出，确立智慧社区运行绩效评价指标需要遵循可操作性、客观性、全面性和代表性四大原则。赵越（2021）将智慧社区公共服务绩效评估的设计原则总结为评价指标的代表性、相关性，评价体系的系统性、全面性以及评价方法的可操作性、科学性。薛璟璟（2021）认为智慧社区建设绩效的评价指标体系的构建应兼具科学先进性、适用实用性和相对动态性，并在指标设计中坚持简明扼要、客观合理的原则。

未来社区评价指标的甄选原则应当包括如下五个方面：

一是商业价值与公共价值相结合的原则。在评估时，不仅要体现商业价值导向，纳入行业、企业等利益相关者和成本、收益等价值维度，而且要体现公共价值导向，强调社会公众的现实需求，注重公平、民主和公众参与，最终达到高度市场化的发展过程和高度行政化的治理过程的统一，实现商业价值和公共价值的共创。

二是创新性与类比性相结合的原则。由于现有可供参考的关于未来社区评估指标的政策、专项研究和相关文献较少，部分指标项需要创造性设计和构建。同时，未来社区评估是跨学科领域的评价，部分指标可从已有的社区、智慧（智能）社区、公共服务等评估指标中进行提炼和类比，减少时间成本，提高效率。

三是针对性与普适性相结合的原则。构建未来社区评估指标体系的出发点，一方面，强调指标在一定时空范围内的普遍适用性，可以被广泛采纳和推广；另一方面，从现实来讲，在不同的地域，应统筹各方面资源、因地制宜提出具有重点针对性的可选项，扩充评估体系的广度和深度。

四是系统性与代表性相结合的原则。未来社区评估作为一个复杂综合的多级评估指标体系，是各行业、各要素间的整合统一，同时涉及多方参与，因此在指标体系的构建上应当全面，注重不同类别内在的联系和根本的区别。同时也要避免指标的重叠冗余和缺少遗漏，应当选取最具代表性的指标，使指标含义表达清楚，降低评价的误差，增强评价的效果。

五是可行性与扩展性相结合的原则。可行性是未来社区评估指标选取的重要原则，基于理论提出的部分指标看似极具意义，但实际上却难以获得和衡量，不具备可操作性。为了方便操作、计算和使用，在选取指标时应当预先考虑数据采集的科学性和便利性，选取便于量化或通过二次加工后量化的综合指标。同时，应随着时间的推移、地域的调整和科技的进步不断进行动态更新，根据实际情况对指标体系进行补充、完善和修订，以保持其实用性。

二、未来社区评估的国际经验启示及政策梳理

（一）未来社区评估的国际经验与启示

随着智能化、数字化进程的加快，如何利用新兴技术让人们的社会生活变得更加便利、高效与智能日渐成为热门话题。而通过打造智慧城市（smart city）或智慧社区 (smart community) 来提高社会整体效率和生活质量便是对这一话题的最佳探索。在过去的十几年中，许多国家纷纷开展智慧城市的建设工作，尽管各国政府以及国际组织对于智慧城市的确切定义有些许不同，例如，日本将智慧城市定义为结合信息、通信技术（ICT）和其他技术来解决其面临的各种挑战并进行规划、开发、管理与运营，从而实现整体优化的可持续城市或区域。而经济合作与发展组织（OECD）则把智慧城市定义为有效利用数字化促进公民福祉并提供更高效、可持续和包容性城市服务和环境的举措或方法。欧洲联盟则是把智慧城市定义为利用数字和电信技术来提高传统网络和服务效率从而造福居民和企业的地方。[①] 但综合来看，打造智慧城市的核心观点都是旨在通过使用数字技术，尤其是信息和

① OECD Centre for Entrepreneurship, SMEs，Regions and Cities (CFE) , “Smart Cities and Inclusive Growth”，OECD，Pages 8-11.

通信技术来提高城市的宜居性，精简政府政务，提高政府服务质量，活跃城市经济，促进自然生态的可持续发展。随着对智慧城市认知的不断加深，以及打造智慧城市的经验不断增多，政策制定者已意识到智慧城市的建设不仅仅是依靠于智能技术的进步，管理智慧城市同样至关重要。

此外，尽管一些地区已出台了智慧城市计划，但在推进实施的过程中发现了一些潜在问题。例如，得益于智能手机的高普及率和IT产业的快速发展，韩国已经成功推进了该国的智慧城市计划，与此同时，韩国也意识到了该国在数字时代发展智能生活会面临的三个主要问题，即隐私、智能鸿沟与成本。[①] 因此，智慧城市的治理与评估是各国打造智慧城市的过程中必不可少的一个环节。政策制定者需要建立用于评估、监测、管理以及决策的各项指标，然后通过这些指标来构建治理智慧城市的框架。[②] 目前，部分国际标准化机构已经发布了几套与促进城市智慧和可持续发展相关的指标。

1. 国际标准化组织的 ISO 37120

国际标准化组织（International Organization for Standardization，ISO）是最早开始制定智慧城市评估指标的国际标准化机构之一。ISO 于 2014 年发布了首套国际标准化城市指标 ISO 37120（城市服务和社区生活质量指标），为衡量相关内容和方式提供了统一的方案，不仅让各国可以通过使用全球标准化的可比数据来进行交流与学习，还涵盖了从教育、

① OECD Centre for Entrepreneurship, SMEs，Regions and Cities (CFE) , “Smart Cities and Inclusive Growth”, OECD，Page 9.

② Aapo Huovila, Peter Bosch. Miimu Airaksinen，Comparative analysis of standardized indicators for Smart sustainable cities: What indicators and standards to use and when?, Cities, Volume 89, 2019, Pages 141-153.

能源、交通、健康到水资源等方方面面。这套指标于 2019 年 5 月更新为 ISO 37122（智慧城市指标），为衡量智慧城市在各个领域的绩效情况提供了一套完整的指标。① 该指标还可以让政策制定者从其他城市的经验之中寻找到创新解决自身挑战的方案。此外，这一套指标还为评估一个城市在实现联合国可持续发展目标方面所作出的贡献提供指导。②ISO 在 2019 年 12 月还发布了 ISO 37123（弹性城市指标），确立了可持续性城市和社区的韧性指标，补充了 ISO 37122 的内容。ISO 37122 和 ISO 37123 将与 ISO 37120 一起为全球各国提供一套国际公认的指导方针，帮助世界各地的城市繁荣发展。除此之外，ISO 还于 2018 年发布了一份为可持续社区建立智慧城市运营模式的指南，即 ISO 37106。该指南旨在通过提供“智能实践”工具包，以开放、协作、以公民为中心和数字化的方式来帮助城市实现其可持续未来的愿景，以及为城市定义了一种智能运营模式。③

2. 国际电信联盟的 KPI 框架

国际电信联盟（International Telecommunication Union，ITU）也曾为智慧城市发布指标，以及提供促进以人为本的城市和社区数字化转型的工具包。ITU 提出了共建可持续智慧城市（U4SSC）项目，为构建可持续智慧城市制定了关键绩效指标（KPI），以支持全球各地的城市来评估信息通信技术在可持续智慧城市中的作用与贡献，并为城市提供自我评估工具，从而实现联合国可持续发展目标。U4SSC 的 KPI

① “ISO 37122:2019 Sustainable cities and communities — Indicators for smart cities”, ISO.

② Clare Naden, “NEW INTERNATIONAL STANDARD FOR MEASURING THE PERFORMANCE OF CITIES GOING ‘SMART’”, ISO.

③ “ISO 37106:2018(en) Sustainable cities and communities — Guidance on establishing smart city operating models for sustainable communities”, ISO.

由 91 项指标组成，每个维度不仅提供了一种独立的视角，还可以全面观察城市在经济、环境、社会和文化等方面的表现。[①] ITU 还通过与迪拜、新加坡市、布宜诺斯艾利斯等城市开展类似于测试和验证指标进展情况的合作，了解可持续智慧城市的建设进展以及为其他城市提供宝贵的建设经验。例如，新加坡于 2015 年与 ITU 达成合作以测试、验证及考察新加坡市在 2015 年至 2017 年期间打造智慧城市方面的进展情况。以新加坡市为案例的研究为其他城市提供了宝贵的参考意见，为促进全球城市向可持续智慧城市转型作出贡献。此次研究依托新加坡政府部门，收集并报告了各种 KPI，最终被测试的 KPI 共计 108 个，主要涉及 6 个维度，即信息和通信技术（ICT），环境的可持续性发展（environmental sustainability），生产力（productivity），公平与社会包容（equity and social inclusion），生活质量（quality of life），硬基础设施（physical infrastructure）（见表 6-1）。

表 6-1　　ITU 的 6 个 KPI 评估维度 [②]

评估维度	具体介绍
信息和通信技术（ICT）	• 本维度的KPI旨在评估城市中ICT基础设施的可用性和使用情况，以促进智能可持续城市服务 • 城市应该证明它们拥有安全可靠的ICT基础设施与服务以及具备方便客户的服务和设备 • ICT网络和信息平台应包含有效应对因应用ICT而导致的相关可能风险的措施（例如，电磁场、隐私问题和儿童在线保护）
环境的可持续性发展（environmental sustainability）	• 这一层面的关键绩效指标旨在评估ICT在支持城市环境服务和改善城市整体环境质量方面的应用

① “利用关键业绩指标项目促进可持续智慧城市实现联合国可持续发展目标（SDG）”，国际电信联盟（ITU）.

② “Implementing ITU-T International Standards to Shape Smart Sustainable Cities: The Case of Singapore”, ITU.

续表

评估维度	具体介绍
生产力（productivity）	• 这一层面的关键绩效指标旨在评估ICT在城市经济发展中的应用和影响 • 这些关键绩效指标包括创新、创造就业、贸易和生产力 • 这些关键绩效指标也有望评估一个城市在采用ICT支持社会经济增长方面发挥的关键作用
公平与社会包容（equity and social inclusion）	• 这一层面的关键绩效指标旨在评估ICT的应用对促进城市公平、公民参与和增强社会包容性的影响 • 这些关键绩效指标侧重于公平治理、城市开放和公众参与等要素的质量
生活质量（quality of life）	• 这一层面的关键绩效指标旨在评估ICT对改善公民生活质量的影响 • 这些关键绩效指标集中在教育、健康和城市安全等领域
硬基础设施（physical infrastructure）	• 这一层面的关键绩效指标旨在评估ICT对城市基础设施、发展和可持续性的影响 • 这些关键绩效指标所评估的方面包括提供城市服务的基础设施，如水和废物管理设施、能源设施、污水处理设施、交通设施、道路基础设施和建筑

资料来源：国际电信联盟。

评估工作还深入探讨了 ITU 的 KPI 是如何融入新加坡的智慧城市建设，在每个维度之下都记录了新加坡采取的措施，并为其他致力于建设可持续智慧模式的城市提供了行动建议。尽管参考气候、资源可利用性、文化等区域差异可能会影响某些指标的有效性，但是评估研究工作认为，整体而言，ITU 的 KPI 在促进新加坡过渡至一个智能且可持续的城市方面是有效的。并且新加坡的实践经验为进一步改善相关 KPI，以及加入新的 KPI 提供了更好的建议。①

3. 美国国家标准与技术研究院的 H-KPI 框架

美国国家标准与技术研究院（National Institute of Standards and Technology，NIST）于 2022 年 2 月发布了评估智慧城市和社区的关键绩

① Priyankar Bhunia, “ITU study on Singapore’s Smart Nation progress provides reference points for other cities and standardisation experts”，OPENGOV ASIA.

效指标框架（Smart Cities and Communities: A Key Performance Indicators Framework）[1]，并且提出了可以用来评估涵盖基础设施、人口情况、收入水平、当前已运用的技术等多方面的智慧城市项目的整体关键绩效指标（Holistic Key Performance Indicators，H-KPI），希望通过该指标来提高城市和社区有效利用新兴技术的能力，从而推动城市的数字创新发展，以及提高居民的生活质量。该指标与其他评估指标不同之处在于H-KPI允许从三个交互的分析层面上进行数据评估。[2] 第一层是技术层(technologies)，侧重于支持技术及其核心能力，包括传感器、网络、数据系统以及计算硬件和软件系统。核心特性是安全性、隐私性、可复原性、可靠性。此外，此级别的数据分析侧重于技术和服务指标，如网络容量、传感器精度和覆盖范围、系统停机时间和恢复、是否符合安全和隐私指南等。第二层是基础设施服务层(infrastructure services)，该层级以城市或社区能够运作的基础架构服务为中心，包括通信、交通运输、能源、水利与建筑部门的基础设施（包含道路、桥梁、电网、管道等）、应急响应、执法、废物管理、教育以及城市/社区服务。第三层是社区福利层(community benefits)，侧重于有利于人们和企业的应用程序，并提供公平获得这些福利的机会，例如个人安全与保障、商业发展和就业增长、医疗保健、环境质量以及包括艺术与娱乐在内的其他保证生活质量的因素。因此，这一层级侧重于分析整个城市或社区的居民、访客和企业的体验。三个层级之间彼此交互与联系，且互为支撑（见图6-1），并最终构建出智慧城市的运作模式（见图6-2）。

---

① Martin Serrano, Edward Griffor, David Wollman, Michael Dunaway, Martin Burns, Sokwoo Rhee, and Christopher Greer. “Smart Cities and Communities: A Key Performance Indicators Framework”. NIST.

② Kirana Aisyah, “NIST, U.S. Publishes Indicators for Smart Cities”, OPENGOV ASIA.

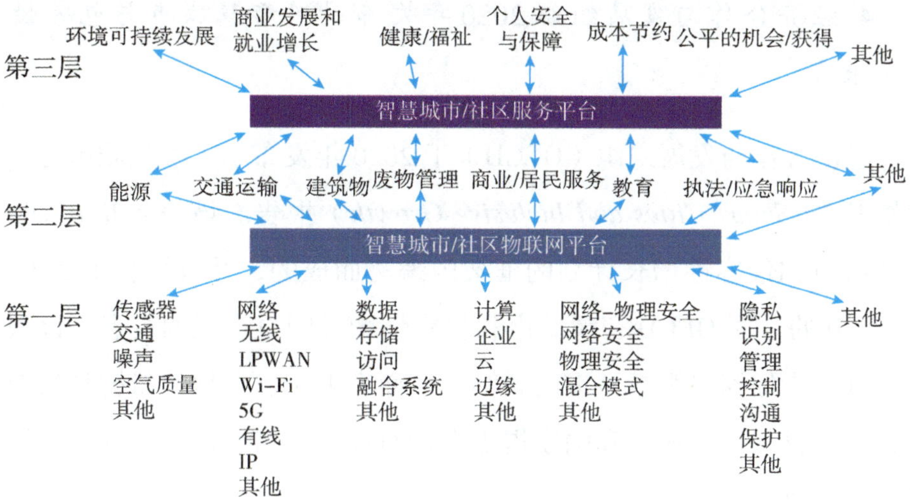

图 6-1 NIST 三层级指标之间的联系

资料来源：美国国家标准与技术研究院。

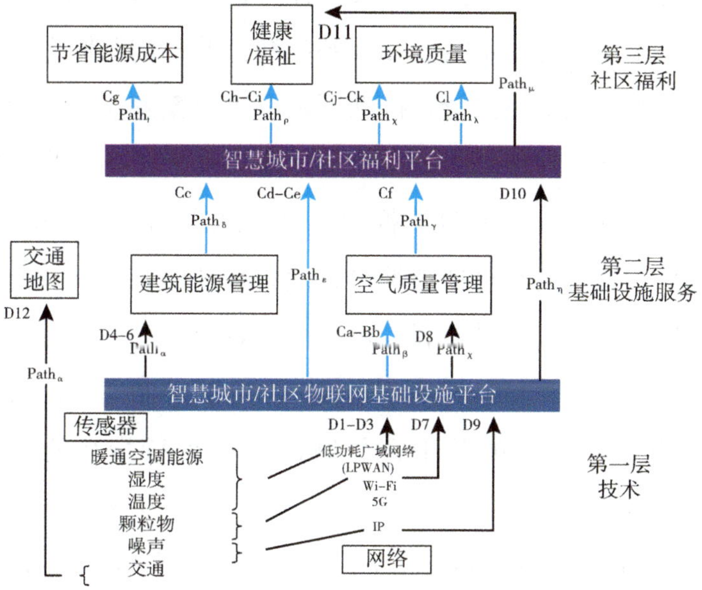

注：
path：路径
D-dependency：依赖关系
C-connector：连接器

图 6-2 NIST 的智能城市系统

资料来源：美国国家标准与技术研究院。

4. 经济合作与发展组织 2020 年发布的《智慧城市与包容性增长》报告[①]

经济合作与发展组织（OECD）于 2020 年发布了《智慧城市与包容性增长》（*Smart Cities and Inclusive Growth*）报告。该报告是在 OECD 智慧城市和包容性增长计划的框架内编写而成的，并且综合了 2019 年 7 月召开的首届 OECD 智慧城市和包容性增长圆桌会议的观点。该报告旨在进一步加深对智慧城市的认知，从而有助于更好地衡量智慧城市绩效，并为感兴趣的城市和国家提供有针对性的支持，以提高其智慧城市计划的有效性。

首届 OECD 智慧城市和包容性增长圆桌会议主要阐述了 5 个要点：要确保让新兴技术受益于全体公民，让打造智慧城市成为改善所有人福祉的工具；建设智慧城市需要私营部门和公共部门共同合作，政府可以对智慧城市的建设提供扶持，推动创新解决方案的实施；衡量智慧城市绩效是一项复杂但却十分必要的任务，需要一个全面、多部门且灵活的框架来进行评估工作，并且该框架应该与地方和国家战略重点相一致，并包含效率、有效性和可持续性等方面；智慧城市需要智慧治理；公民不仅是智慧城市政策的受益者，也是行动者。

该报告还以韩国的智慧城市建设为例展开了研究，其中一个由韩国延世大学主导的关于智慧城市发展衡量指数的调查，从 8 个智慧城市绩效的维度展开了分析。这 8 个维度为服务创新（service innovation）、智能化（intelligence）、可持续发展（sustainability）、城市开放程度（urban openness）、基础设施整合（infrastructure integration）、

① OECD Centre for Entrepreneurship, SMEs, Regions and Cities (CFE) , “Smart Cities and Inclusive Growth”, OECD.

治理（governance）、城市创新（urban innovativeness）以及伙伴关系（partnerships）。

报告还指出，政策制定者在构建智慧城市的评估框架时需要考虑3个关键方面。第一，必须制定一个综合框架，以衡量城市数字创新在多大程度上为所有人带来更好的福祉。此前一些关于智慧城市评估标准的其他研究表明，很难确定标准化的智慧城市计量框架，因此，一个全面的框架需要评估数字创新如何影响城市和城市政策，并为克服不同城市的挑战提供政策解决方案。该评估框架应有助于有效调动城市资源，既可以让居民的生活智能化、便利化，又可以确保提高城市的经济效益，最重要的是确保城市的可持续发展。第二，评估框架需要与一个国家或一个城市的发展战略保持一致，并且应该考虑长期评价的适用性，确保随着时间的推移也可以进行衡量与评估，并跟踪研究随着时间变化智慧城市对社会的影响。第三，评估框架应具有灵活性和适应性，以适应不同的情况。

5. 麦肯锡公司2018年发布的关于东南亚地区智慧城市的评估报告①

全球著名管理咨询公司麦肯锡于2018年7月发布了一份旨在挖掘东南亚国家建设智慧城市的潜力，在早期摸索的基础上进一步推动城市智能化建设的报告。麦肯锡的研究发现，将许多生活质量指标提高10% ~ 30%将可以节省时间，改善公共健康和安全，创造更清洁、更可持续的环境，并培养社区和公民参与感。报告指出智慧城市主要涉及城市生活中的7个方面，分别为经济(economy)，包括支持行业、促进

① “SMART CITIES IN SOUTHEAST ASIA”，Mckinsey Global Institute.

创新和确保生产力的基础设施与服务；流动性 (mobility)，确保居民和货物可以在城市中自由、便捷流动和运输的基础设施与服务；公用事业 (utilities)，如管理水资源、废物废料以及能源的基础设施与服务；社区 (community)，让居民与政府可以建立更大联系的公民和社会基础设施与服务；建筑环境 (built environment)，包括商业、住宅、工业等建筑；社会基础设施 (social infrastructure)，旨在满足居民社会需求的基础设施与服务，包括教育、健康、可持续性环境的构建等；安全 (security)，旨在保护居民免受内外部威胁的监控等基础设施与服务。

尽管目前各国际标准化机构制定的智慧城市评估框架的具体指标有所不同，但经济合作与发展组织通过对比 2007 年欧洲智慧城市平台指标、元美奈子（Minako Hara）等学者于 2016 年发布的《可持续智慧城市的新关键绩效指标》[①]、彼得·博世（Peter Bosch）等学者于 2017 年 1 月发布的《智慧城市项目和智慧城市的 CITYkeys 指标》[②]以及麦肯锡公司在 2018 年发布的关于东南亚地区智慧城市的评估报告[③]，综合来看，所有评估指标都有体现智慧城市对城市经济效益的影响；智慧城市的基础设施建设；智慧城市如何推动可持续发展；智慧城市的环境打造，尤其是在确保生物多样性和缓解气候变化方面基本形成共识；智慧城市为居民带来的福祉，尤其体现在医疗健康与教育方面；智慧交通；确保智慧城市中的数据安全、网络安全；等（见表 6–2）。

① Minako Hara, Tomomi Nagao, Shinsuke Hannoe, and Jiro Nakamura. 2016. "New Key Performance Indicators for a Smart Sustainable City" Sustainability 8, no. 3: 206

② Bosch, P.; Jongeneel, S.; Rovers, V.; Neumann, H.M.; Airaksinen, M.; Huovila, A. CITYkeys Indicators for Smart City Projects and Smart Cities. CITYkeys Report 2017.

③ OECD Centre for Entrepreneurship, SMEs, Regions and Cities (CFE), "Smart Cities and Inclusive Growth", OECD, Page 37.

表 6-2 现有指标归类分析

评估维度	指标描述			
	2007 年欧洲智慧城市平台指标	2016 年智慧城市的新关键绩效指标	2017 年 CITYkeys 指标	2018 年麦肯锡公司指标评估
经济	创业、经济特点、生产率、转型能力等	性价比	就业、公平、经济表现、绿色经济等	工作、生活成本
环境	生态吸引力、污染、环境保护、资源管理等	环境/自然资源、活力	能源和减排；材料、水和土地；气候适应力；污染和废物；等	环境质量
社会与民众	对终身学习的吸引力、社会和种族多元化、灵活性、创意等	事故、灾难、犯罪、信息安全、健康、压力、无障碍等	健康、安全、获得的服务、教育、多样性、住房等	健康、社会联系、安全
治理	参与决策、透明治理等		多级治理、社区参与	
流动性	可访问性、创新和安全的运输系统等			时间和便利
满意度		公众满意度		
传播			可扩展性、可复制性	

资料来源：经济合作与发展组织。

（二）未来社区建设政策梳理与比较

政策扶持对于未来社区建设推进的意义重大。在我国城市化进程中，“政府主导”因素往往大于“市场演变”因素，政策在很多城市建设中起到非常重要的作用。本部分将通过各级政府官网、北大法宝等平台进行政策文献梳理，对中央以及北京、上海、江苏、浙江、广东等地政府出台的相关政策条文进行分析，提取关键评估指标。

对中央及各地方未来社区政策的梳理与比较，便于课题组进一步了解现行未来社区的建设目标、建设方式和建设内容。在此基础上，力求对未来社区的现有实践进行系统解释，辅助未来社区评估框架的制定，以推进和带动未来社区的发展。

1. 中央相关政策文件（见表 6-3）

1986 年，民政部首次将“社区”概念引入城市管理。在 20 世纪 90 年代，社区建设实验成为我国政府的一项重要决策，通过试点的方式来探索社区治理的路径，我国也进入了“城市社区建设”探索时期。[①] 2000 年 11 月，《民政部关于在全国推进城市社区建设的意见》发布，标志着我国城市社区建设进入全面推进的阶段。

2006 年发布的《2006—2020 年国家信息化发展战略》中，第一次提出了“社区信息化”概念，首次将“推进社区信息化建设”上升到国家战略层面，正式拉开城市信息化建设的序幕。[②]2012 年 11 月，住房和城乡建设部办公厅印发了《国家智慧城市试点暂行管理办法》，明确了“智慧城市”的概念并列明了智慧城市试点的具体管理办法；同时印发了《国家智慧城市（区 / 镇）试点指标体系（试行）》，列明了相关指标体系。2013 年，国务院印发了《关于促进信息消费扩大内需的若干意见》，其中明确提出要加快智慧城市建设，并提出在有条件的城市开展智慧城市试点示范建设。未来，在促进公共信息资源共享和开发利用、实施“信息惠民”工程的同时，要加快智慧城市的建设，鼓励各类市场主体共同参与智慧城市建设。

2014 年 3 月，《国家新型城镇化规划（2014—2020 年）》正式发布，明确了我国未来城镇化的发展路径、主要目标和战略任务，同

①② 任梦瑶，智慧社区建设现实困境及优化路径 [J]. 合作经济与科技，2022(04):159-161. DOI:10.13665/j.cnki.hzjjykj.2022.04.065.

时提出要继续推进创新城市、智慧城市、低碳城镇试点。同年 5 月，住房和城乡建设部发布《智慧社区建设指南（试行）》，国家标准委、中央网信办、国家发展改革委，首次提出了智慧社区的概念，并对智慧社区的评价指标原则、总体框架及支撑平台也进行了系统性的阐述。同年 8 月，《关于促进智慧城市健康发展的指导意见》颁布，标志着“智慧社区”的建设自此正式拉开帷幕。该意见提出到 2020 年建成一批特色鲜明的智慧城市，还提到未来智慧城市建设的主要目标包括城市管理精细化、生活环境宜居化和基础设施智能化等五个方面。

2015 年国家发展改革委发布的《低碳社区试点建设指南》对低碳社区的选取原则、建设指标、设施建设、运营管理等进行说明，指出低碳社区是通过构建气候友好的自然环境、房屋建筑、基础设施、生活方式和管理模式，降低能源资源消耗，实现低碳排放的城乡社区。

2015 年国家标准委、中央网信办、国家发展改革委还发布了《关于开展智慧城市标准体系和评价指标体系建设及应用实施的指导意见》，要求到 2020 年累计完成 50 项左右的智慧城市领域标准制定工作，同步推进现有智慧城市相关技术和应用标准的制修订工作。

2016 年 2 月，中共中央、国务院《关于进一步加强城市规划建设管理工作的若干意见》发布。意见指出，到 2020 年，建成一批特色鲜明的智慧城市，通过智慧城市建设和其他一系列城市规划建设管理措施，不断提高城市运行效率。

2017 年，针对城市与社区的智慧化建设，我国又相继颁布数项具体的配套政策。关于智慧交通，交通运输部印发了《推进智慧交通发展行动计划（2017—2020 年）》与《智慧交通让出行更便捷行动方案（2017—2020 年）》。关于物联网，工信部印发了《关于全面推进移动物联网（NB-IoT）建设发展的通知》。此外，国家测绘地理信息局办公室印发了《智慧城市时空大数据与云平台建设技术大纲》（2017 版）。这些具体的配套政策的发布，对指导各地加快推进智慧城市与未来社区试点建设、加强与其他部门智慧城市工作的衔接、全面支撑智慧城市建设具有重要意义。

2018 年，国家市场监督管理总局、中国国家标准化管理委员会发布了《智慧城市顶层设计指南》，给出了智慧城市顶层设计的总体原则、基本过程、需求分析、架构设计、实施路径等，也对未来社区的建设提供了具体的建议。

2019 年 1 月，自然资源部办公厅印发《智慧城市时空大数据平台建设技术大纲（2019 版）》，指导建设智慧城市时空大数据平台试点，鼓励其智能化应用，促进城市高效、科学、可持续发展。城市时空大数据平台的建设在未来社区的建设中也具有重要意义。

2020 年，数个与智慧城市或社区建设相关的重要文件发布。4 月，《2020 年新型城镇化建设和城乡融合发展重点任务》发布，要求提高质量为导向的新型城镇化战略，提升城市治理水平。8 月，13 部门联合发布《关于开展城市居住社区建设补短板行动的意见》，同时《完整居住社区建设标准》发布。《关于开展城市居住社区建设补短板行动的意见》指出了五项社区建设的重点任务；而《完整居住社区建设标准》中提出了“完整社区”的概念，提出通过打造“完整社区”，完善社区基础设施和公共服务，健全便民商业服务设施，完备市政配套基础设施，创造宜居的社区空间环境，营造体现地方特色的社区文化，推动建立共建共治共享的社区治理体系。同时，6 部门联合印发了《绿色社区创建行动方案》，提出要以广大城市社区为创建对象，将绿色发展理念贯穿于社区设计、建设、管理和服务等活动的全过程。该方案提到，社区需要提高信息化与智能化水平，以及推进社区市政基础设施智能化改造和安防系统智能化建设。10 月，《中共中央关于制定国民经济和社会发展第十四个五年规划和二〇三五年远景目标的建议》中指出，需要加强基层社会治理队伍建设，构建网格化管理、精细化服务、信息化支撑，并开放共享的基层管理服务平台。

在 2021 年全国两会期间，“加强数字社会、数字政府建设，加快数字化建设水平、建设数字国家”等内容被多次提及[①]，表明了中央政府对数字化建设的重视，强调了数字治理的重要性。

总的来说，绝大部分的中央政策文件并未直接提到未来社区的建设，而是从我国社区建设与社区治理的顶层设计出发，明确了社区发展的具体路线与任务，为地方未来社区的建设提供方向上的指导。此外，还有部分中央政策文件强调智慧城市的建设。智慧城市的发展与未来社区的建设具有较强的同步性和一致性，作为城市最基础的组织单元，未来社区建设的推进会是智慧城市建设中关键的一环。[②]

① 任梦瑶．智慧社区建设现实困境及优化路径 [J]. 合作经济与科技，2022(04):159-161.DOI:10.13665/j.cnki.hzjjykj.2022.04.065.

② 邹永华，陈紫微．未来社区建设的理论探索 [J]. 治理研究，2021，37(03):95-103.DOI:10.15944/j.cnki.33-1010/d.2021.03.009.

表 6-3　　部分中央政策文件汇总

发布时间	发布机构	政策名称	重点内容
2006年5月	中共中央、国务院	《2006—2020年国家信息化发展战略》	提出“社区信息化”概念，首次将“推进社区信息化建设”上升到国家层面战略，正式拉开城市信息化建设的序幕
2012年11月	住房和城乡建设部	《国家智慧城市试点暂行管理办法》	列明智慧城市试点的具体管理办法
2012年11月	住房和城乡建设部	《国家智慧城市（区/镇）试点指标体系（试行）》	列明智慧城市试点的相关指标体系
2014年3月	中共中央、国务院	《国家新型城镇化规划（2014—2020年）》	明确我国未来城镇化的发展路径、主要目标和战略任务；提出要继续推进创新城市、智慧城市、低碳城镇试点
2014年5月	住房和城乡建设部	《智慧社区建设指南（试行）》	对智慧社区的评价指标原则、总体框架及支撑平台进行了系统性的阐述
2014年8月	国家发展改革委、工信部等八部委	《关于促进智慧城市健康发展的指导意见》	标志着“智慧社区”的建设拉开帷幕
2015年	国家标准委、中央网信办、国家发展改革委	《关于开展智慧城市标准体系和评价指标体系建设及应用实施的指导意见》	智慧城市标准化制定工作提上国家日程
2016年2月	中共中央、国务院	《关于进一步加强城市规划建设管理工作的若干意见》	提出到2020年建成一批特色鲜明的智慧城市的目标
2018年	国家市场监督管理总局、中国国家标准化管理委员会	《智慧城市顶层设计指南》	提出智慧城市顶层设计的总体原则、基本过程、需求分析、架构设计、实施路径等，同时为未来社区的建设提供了具体的建议
2020年4月	国家发展改革委	《2020年新型城镇化建设和城乡融合发展重点任务》	要求提高质量为导向的新型城镇化战略，提升城市治理水平
2020年7月	住房和城乡建设部等六部门	《绿色社区创建行动方案》	提出社区需要提高信息化与智能化水平，以及推进社区市政基础设施智能化改造和安防系统智能化建设

资料来源：中国政府网及国家部委官网。

2. 浙江省相关政策文件（见表 6-4）

2019 年浙江省政府工作报告中首次出现了“未来社区”的概念。同年 3 月，浙江省人民政府印发了《浙江省未来社区建设试点工作方案》，正式提出了未来社区建设的总体要求、九大场景建设的主要任务，同时明确了未来社区建设试点目标定位、任务要求、措施保障，为下一步全面开展未来社区建设试点指明了方向。《浙江省未来社区试点创建评价指标体系（试行）》也同时出炉。根据未来社区九大场景，该评价指标体系分别设置了 33 项约束性和引导性指标，便于申报试点与验收工作的进行。9 月 4 日，浙江省发展改革委公布了浙江省首批未来社区试点创建项目名单，确定杭州上城始版桥社区等 24 个社区为浙江省首批未来社区试点创建项目。两个月之后，浙江省人民政府发布了《关于高质量加快推进未来社区试点建设工作的意见》，提出突出群众满意导向、集约高效利用空间、优化社区治理模式、大力促进数字转型等 11 条重要建议。年底，为确保实现未来社区创建目标，浙江省开展了未来社区建设的第二批试点申报工作。

2020 年 6 月，浙江省发展改革委发布了《关于做好 2020 年省重点建设项目调整工作的通知》，指出围绕增强人民群众获得感、幸福感，需要优先支持未来社区等项目，强调了未来社区建设的重要性。同月，浙江省发展改革委颁布了《浙江省未来社区试点建设管理办法（试行）》，指出试点要以 20 世纪 70—90 年代老旧小区改造更新为主要类型，兼顾重大高能级平台、交通节点新城开发等规划新建类型。该办法的颁布使未来社区建设获得实质性进展。

总的来说，在未来社区建设上，浙江省充分利用自身优势资源，出台了多项标志性文件和指导性政策，落实主体责任单位，稳步推进未来社区试点项目的建设工作。浙江省积极响应中央政策，不断地进行实践和探索，这也为我国未来社区的发展提供了良好样板[①]，争取以点带面，带头推进，打造惠及全民、和谐共治、绿色智慧的新社区。

表 6-4 浙江省部分政策文件汇总

发布时间	发布机构	政策名称	重点内容
2019年3月	浙江省人民政府	《浙江省未来社区建设试点工作方案》	提出未来社区建设的总体要求、九大场景建设的主要任务；明确未来社区建设试点目标定位、任务要求、措施保障
2019年3月	浙江省人民政府	《浙江省未来社区试点创建评价指标体系（试行）》	列明未来社区试点的相关指标体系
2019年9月	浙江省发展改革委	《关于公布首批未来社区试点创建项目名单的通知》	确定杭州上城始版桥社区等24个社区为浙江省首批未来社区试点创建项目
2019年11月	浙江省人民政府	《关于高质量加快推进未来社区试点建设工作的意见》	提出突出群众满意导向、集约高效利用空间、优化社区治理模式、大力促进数字转型等11条重要建议
2020年6月	浙江省发展改革委	《浙江省未来社区试点建设管理办法（试行）》	该办法的颁布使未来社区建设获得实质性进展
2021年5月	浙江省发展改革委、浙江省建设厅	《关于开展2021年度未来社区创建的通知》	在总结集成前期试点经验基础上，全面加快未来社区建设

资料来源：浙江省人民政府、浙江省发展改革委等政府官网。

3. 北京市相关政策文件（见表 6-5）

2011 年，北京市人民政府发布了《北京市“十二五”时期城市信息化及重大信息基础设施建设规划》《北京市“十二五”期间社区信息化建设指导意见》等政策文件，旨在加快推动“十二五”时期城市与社

① 邹永华，陈紫微．未来社区建设的理论探索 [J]. 治理研究，2021，37(03)：95-103.DOI:10.15944/j.cnki.33-1010/d.2021.03.009.

区的信息化发展建设。

为落实这两项文件，北京市人民政府在2012年印发了《智慧北京行动纲要》，明确了智慧城市建设重点领域的发展目标、行动计划和关键举措，提出“建设智慧社区（村），提供智能社区服务，完善面向老年人和特殊人群的数字便捷服务”，为之后北京智慧社区的建设作了良好的政策准备。

自《智慧北京行动纲要》发布以来，北京市海淀区率先启动了智慧社区的建设，通过利用新信息技术手段，整合社区资源，建立智慧社区管理服务平台，努力实现社区公共服务和管理的智能化。[①]海淀区先行建设智慧社区试点，再在全区进行推广。此举推动了北京市其他地区的政策落地，由此，北京市的智慧社区建设全面铺开。

2012年，为贯彻落实《智慧北京行动纲要》等文件精神，积极推进智慧社区建设工作，《关于在北京市推进智慧社区建设的实施意见》发布，将智慧社区的建设任务细化为三个板块：基础设施建设、服务体系建设、管理体系建设。《北京市智慧社区建设指导标准（试行）》也在同年印发，不仅对“智慧社区”进行了定义，而且构建了智慧社区建设的指标体系，其中包括5个一级指标、16个二级指标、46个三级指标。

近两年，北京市进一步加快了对智慧城市、智慧社区的建设。比如，北京市政府实施了科技冬奥行动计划，以提升智慧城市服务水平。同时深入实施北京大数据行动计划，加紧布局5G、大数据平台、车联网等新型基础设施，推动传统基础设施数字化赋能改造。

① 梁正．数字双赋打通韧性城市建设“最后一公里”[J]. 人民论坛·学术前沿，2022(Z1): 26-34.DOI:10.16619/j.cnki.rmltxsqy.2022.1112.003.

表 6-5　北京市相关政策文件汇总

发布时间	发布机构	政策名称	重点内容
2011年	北京市人民政府	《北京市“十二五”时期城市信息化及重大信息基础设施建设规划》《北京市“十二五”期间社区信息化建设指导意见》	加快推动“十二五”时期城市与社区的信息化发展建设
2012年3月	北京市人民政府	《智慧北京行动纲要》	明确智慧城市建设重点领域的发展目标、行动计划和关键举措
2012年9月	北京市社会办、北京市经济信息化委、北京市民政局	《关于在北京市推进智慧社区建设的实施意见》	将智慧社区的建设任务具体细化为三个板块：基础设施建设、服务体系建设、管理体系建设
2012年9月	北京市社会办、北京市经济信息化委、北京市民政局	《北京市智慧社区建设指导标准（试行）》	列明智慧社区建设的相关指标体系
2013年	北京市社会建设工作办公室	《北京市智慧社区认定管理办法》	规范智慧社区认定标准及认定管理方式
2014年2月	北京市人民政府	《北京市人民政府关于促进信息消费扩大内需的实施意见》	全面推进智慧社区建设
2016年6月	中共北京市委、北京市人民政府	《中共北京市委 北京市人民政府关于全面深化改革提升城市规划建设管理水平的意见》	持续推进智慧城市建设，着力提升智慧惠民水平
2017年9月	北京市规划和国土资源管理委员会、北京市发展和改革委员会、北京市住房和城乡建设委员会、北京市交通委员会、北京市环境保护局、北京市水务局、北京市园林局	《北京城市总体规划（2016年—2035年）》	健全智慧服务管理体系，推进智慧社区建设
2019年2月	中共北京市委、北京市人民政府	《中共北京市委 北京市人民政府关于加强新时代街道工作的意见》	推进智慧社区建设，打造24小时城市安全网
2020年9月	北京市经济和信息化局	《北京市促进数字经济创新发展行动纲要（2020—2022年）》	探索智慧社区等应用场景，开展应用试点示范，赋能新型智慧城市建设

资料来源：北京市人民政府、北京市经济信息化委等政府官网。

4. 上海市相关政策文件（见表 6-6）

2011 年 9 月，《上海市推进智慧城市建设 2011—2013 年行动计划》出台，自此上海市开始推进智慧城市建设实践。2013 年，《上海市智慧社区建设指南（试行）》发布，提出社区建设需要网络化、便利化、信息化、智能化。[①] 此后，上海市各区开始推进智慧社区建设，如《浦东新区智慧社区建设指导意见》等文件陆续发布。2016 年，为持续加快推进上海智慧城市建设，《上海市推进智慧城市建设“十三五”规划》发布。

2020 年 2 月，上海市人民政府出台《关于进一步加快智慧城市建设的若干意见》，明确将提升基层社区治理水平作为推进智慧城市建设的重要目标之一，通过革新基层社区数字化管理应用，提供更加便捷智慧的社区公共服务，持续提升社区群众的满意度与获得感。[②] 同年 3 月，《2020 年上海市民政局“一网通办”改革及信息化工作要点》印发，明确提出要大力推进“社区云”建设，并继续拓展“一网通办”在社区事务受理中心的服务事项。[③]

总之，在社区建设领域，上海市并未明确提到“未来社区”的概念，而是在智慧城市建设的大背景下，在区一级推进社区治理，建设“智慧社区”。在推进各区智慧城市发展的多项政策文件中，包括了推进社区治理创新、提升社区治理水平的内容。例如在《浦东新区智慧社区建设指导意见》中，明确提出要依托智慧城市技术改造社区治理与公

① 梁正 . 数字双赋打通韧性城市建设“最后一公里”[J]. 人民论坛 · 学术前沿，2022(Z1): 26-34.DOI:10.16619/j.cnki.rmltxsqy.2022.1112.003.

②③ 刘保敬 . 智慧城市语境下上海市社区治理研究 [D]. 东华大学，2021.DOI:10.27012/d.cnki.gdhuu.2021.000217.

共服务等。[①]

表 6-6　　上海市相关政策文件汇总

发布时间	发布机构	政策名称	重点内容
2013年	上海市经济信息化委、上海市民政局、上海市文明办	《上海市智慧社区建设指南（试行）》	指出社区建设需要网络化、便利化、信息化、智能化；并开始推进智慧社区的建设
2016年	上海市人民政府	《上海市推进智慧城市建设“十三五”规划》	加快推进上海智慧城市建设
2020年2月	上海市人民政府	《关于进一步加快智慧城市建设的若干意见》	将提升基层社区治理水平作为推进智慧城市建设的重要目标之一
2020年3月	上海市民政局	《2020年上海市民政局“一网通办”改革及信息化工作要点》	明确要大力推进“社区云”建设，并继续拓展“一网通办”在社区事务受理中心的服务事项

资料来源：上海市人民政府、上海市经济信息化委、上海市民政局等政府官网。

5. 江苏省相关政策文件（见表 6-7）

2014 年，《关于推进智慧江苏建设的实施意见》发布；2017 年，《“十三五”智慧江苏建设发展规划》颁布，从八个方面提出了智慧江苏发展的路径与目标；2018 年 9 月，《智慧江苏建设三年行动计划（2018—2020 年）》出台，再次强调深入推进智慧城市建设。

在智慧城市建设的大背景下，江苏省未来社区的建设也在有条不紊地进行。其中，最具代表性的是苏州市的未来社区建设。

苏州市未来社区的最初建设地点是苏州工业园区，其主要参照新加坡的城市开发建设、经营管理等理念，结合了中国的具体国情和苏州江南水乡的特色，进行综合开发建设。2014 年，苏州工业园区委员会在官网上展示了苏州工业园区智慧社区建设思路规划。2015 年 7 月 1 日，苏州工业园区智慧社区平台正式上线发布。此后，经过几年的建设、运

① 刘保敬 . 智慧城市语境下上海市社区治理研究 [D]. 东华大学，2021.DOI:10.27012/d.cnki.gdhuu.2021.000217.

行和改进，其应用功能不断优化，建设成效显现。

2021 年，苏州市发布了《苏州市城镇老旧小区改造规划（2021—2025）》《苏州市社区品质提升专项规划（2021—2025）》等政策文件，以全面提升苏州城市人居环境品质，建设美丽宜居家园。

表 6-7 江苏省相关政策文件汇总

发布时间	发布机构	政策名称	重点内容
2014年9月	江苏省人民政府	《关于推进智慧江苏建设的实施意见》	提出智慧城市建设目标
2017年	江苏省人民政府	《“十三五”智慧江苏建设发展规划》	指出需集中构建“智慧城市群”，推动新型城镇化和城乡发展一体化
2018年9月	江苏省人民政府	《智慧江苏建设三年行动计划（2018—2020年）》	推进智慧城市建设，研究制定智慧城市建设标准规划和评价指标体系

资料来源：江苏省人民政府等政府官网。

6. 广东省相关政策文件（见表 6-8）

2014 年 11 月，广东省人民政府印发了《推进珠江三角洲地区智慧城市群建设和信息化一体化行动计划（2014—2020 年）》，提出建设智慧城市的目标，即到 2020 年，基本建成具有国际领先水平的宽带网络基础设施，建成珠三角世界级智慧城市群。2015 年，《广东省促进智慧城市健康发展工作方案（2015—2017 年）》发布，将智慧城市规划纳入全省总体规划部署，同时推进智慧社区的建设。2016 年，广东省经信委等部门发布了《智慧城市评价指标体系》，进一步完善智慧城市的建设规划。

早在 2012 年，广州市已启动了天河、越秀、海珠、番禺四个地区的“智慧社区”试点工作。近两年，广东省各市持续有条不紊地进行智慧社区建设，持续推进数字产业化与产业数字化。如在 2021 年，佛山市印发《“数字佛山”建设总体规划——佛山市智慧城市和数字政府建设（2021—2025 年）》，启动智慧社区试点建设工作等。

表 6-8 广东省相关政策文件汇总

发布时间	发布机构	政策名称	重点内容
2014年11月	广东省人民政府	《推进珠江三角洲地区智慧城市群建设和信息化一体化行动计划（2014—2020年）》	提出智慧城市建设目标
2015年4月	广东省人民政府	《广东省促进智慧城市健康发展工作方案（2015—2017年）》	将智慧城市规划纳入全省总体规划部署
2016年12月	广东省经济和信息化委员会、广东省质量技术监督局	《智慧城市评价指标体系》	提出智慧城市评价标准，进一步完善智慧城市的建设规划

资料来源：广东省人民政府、广东省经济和信息化委员会等政府官网。

7. 政策梳理与比较总结

在我国推进智慧城市建设的大背景下，已有部分城市与地区先后开展未来社区建设。但截至目前，仅浙江省开展了严格意义上的“未来社区”试点建设，而北京、上海、江苏、广东等其他省市，都是依托智慧城市建设，开展“智慧社区”建设。其中，北京市与上海市为建设“智慧社区”专门制定了相关行动方案或纲领，同时也发布了社区建设的评价指标体系，系统性地对“智慧社区”建设给予政策建议、政策制定规范。

在国家层面，相关政策文件主要关注社区建设的顶层设计，明确路线与任务，强调社区数字化建设的重要性，关注社区建设的网络化、信息化与智能化。国家政策为各省区市未来社区建设提供了方向上的指导，各省区市则积极响应国家政策，积极实践和探索。

北京市、上海市与广东省的相关政策文件，主要依据国家关于智慧城市建设的指示精神，重点关注社区的数字化管理、智慧社区公共服务、智能化的基础设施等。而江苏省苏州市的未来社区建设，在国家政策文件基础上，借鉴了国外未来社区建设经验，并结合中国国情与地方特色，开创了具有苏州特色的社区建设模式。

浙江省是中国未来社区建设的先行者，相比北京市、上海市、广东省、江苏省的地方政策，更加具有创新性与引领性。浙江省在关注社区数字化建设的基础上，将人本化、生态化、数字化作为“三个维度”的价值坐标，同时强调“以人为本，文化引领”的重要性。相比其他城市未来社区的评估指标体系，浙江省对居民满意度给予了更高的重视，努力打造有归属感、舒适感和未来感的新型城市功能单元，切实提升居民的生活品质。

总的来说，在国家政策层面的指导下，地方政府在未来社区建设方面进行改革创新，促进城市社区向智慧、绿色、共享的新型社区转型。其中浙江省出台了多项标志性文件和指导性政策，其未来社区建设的创造性与引领性，为我国未来社区的发展提供了“浙江样板”。

三、未来社区总体评估实施方案

（一）指标构建与评估对象

基于未来社区的内涵和外延，本书研究团队依据未来社区总体评估目标，立足我国未来社区建设实践，按照《智慧城市建筑及居住区 第1部分：智慧社区建设规范（征求意见稿）》《完整居住社区建设指南》《“十四五”公共服务规划》等相关政策文件要求，同时借鉴国际未来社区评估指标体系构建经验，构建了兼顾理论性、独立性、系统性、科学性、前瞻性、稳定性及可操作性等符合指标构建原则的未来社区总体评估指标体系，并为每项指标分配了权重（见表 6–9）。

表 6-9 “未来社区”总体评估指标体系

一级指标	一级指标权重	二级指标	二级指标权重	三级指标
保障体系	20%	总体设计	30%	总体规划
				实施方案
				建设标准
		保障条件	30%	组织保障
				政策保障
				资金保障
				人力保障
		运行模式	40%	常态化运行
				安全保障
				技术运维
基础设施与空间环境	20%	数字系统平台	20%	数据归集能力
				数据治理能力
				应用支撑能力
		数字基础设施	20%	智能基础设施
				通信网络设施
				计算存储设施
		综合服务设施	40%	社区服务中心（站）
				医疗卫生设施
				文体设施
				市政公用设施
		室内外环境	20%	热环境
				光环境
				声环境
				空气质量

续表

一级指标	一级指标权重	二级指标	二级指标权重	三级指标
社区治理	20%	政务服务	30%	个人事项（场景）
				法人事项（场景）
		社区管理	35%	综合执法
				社区安全
				信息公开
				公众参与
		小区管理	35%	房屋管理
				业主委员会管理
				物业管理
社区公共服务	20%	社区基本公共服务	40%	幼有所育
				学有所教
				劳有所得
				病有所医
				老有所养
				住有所居
				弱有所扶
				文体服务保障
		社区普惠性非基本公共服务	30%	幼有善育
				学有优教
				劳有厚得
				病有良医
				老有颐养
				住有宜居
				弱有众扶
		社区生活服务	30%	金融服务
				商业服务
				其他品牌服务

续表

一级指标	一级指标权重	二级指标	二级指标权重	三级指标
主题社区/个性化指标	20%	共性加分项	50%	省级优秀案例
				大赛获奖
				规范标准采纳
				整体满意度/幸福感
		功能型社区/发展型社区	50%	学校社区功能
				医院社区功能
				文旅社区功能
				交通社区功能
				军用社区功能
				工矿社区功能
				产城融合型社区发展
				商住配套型社区发展
				创业型社区发展
				人才公寓型社区发展

资料来源：作者自制。

具体而言，一级指标、二级指标的构建侧重于从符合政策要求和现实框架的宏中观维度出发。三级指标落脚于微观的具体实践，在满足完整社区的前提基础上，充分衡量未来社区建设过程中基于整合性理念、依托共享化思维、凭借智慧化手段等体现出的“未来”特性，具体用约束项、控制项、预期项进行衡量。此外，本评估借助大数据、人工智能、区块链、边缘计算等技术手段，建立动态评估系统，通过评估系统与平台系统打通、边缘侧动态采集和分析数据等功能实现，进而突破传统的评估数据获取和分析方式，以期完成系统评价、动态评价与科学评价。

根据国内当前不同地区的社区建设实际情况，未来社区总体评估对象分为三类：普遍状态下无特殊性质的住宅社区；承担专职功能或具有一定要素特殊性的功能型社区；具有经济发展价值的发展型社区。以上分类主要适用于主题社区指标的评估环节。必要时，根据建设角度或组织角度，对评估对象进行二次分组评估。

（二）未来社区总体评估指标体系

未来社区总体评估的一级指标权重总值为100%，具体包括保障体系、基础设施与空间环境、社区治理、社区公共服务、主题社区/个性化指标五个方面，每个指标权重均为20%。每个一级指标下涵括若干个二级指标及三级指标。

1. 保障体系

未来社区总体评估体系中的一级指标——保障体系，是指未来社区建设及运行过程中各类保障措施的集成。本一级指标侧重于衡量保障举措的前期投入力度与持续运行效果，具体涵括总体设计、保障条件、运行模式共三个二级指标，指标权重分别为30%、30%、40%。

（1）总体设计

总体设计，是指未来社区建设前期的顶层规划。本二级指标侧重于衡量未来社区建设规划、方案及标准的全面性、科学性、完整性、可行性。具体涵括总体规划、实施方案、建设标准共三个三级指标。

（2）保障条件

保障条件，是指为保障未来社区顺利建设和平稳运行的必要前置投入条件。本二级指标侧重于衡量在未来社区建设和运行过程中对组织、政策、资金、人力关键保障要素投入的重视度与合理性。具体涵括组织保障、政策保障、资金保障、人力保障共四个三级指标。

（3）运行模式

运行模式，是指为保障未来社区长期稳健运行采取的具体模式。本二级指标侧重于衡量未来社区运行过程中所投入的管理与技术手段的基础能力。具体涵括常态化运行（网格化管理、沟通渠道、绩效管理办法）、安全保障（数据、物理、网络、应用）、技术运维（资产管理、日志管理、运维策略）共三个三级指标。

2. 基础设施与空间环境

未来社区总体评估体系中的一级指标基础设施与空间环境，是指未来社区中为社会生产和居民生活提供公共服务的传统物质工程设施和数字基础设施，及以未来社区为空间总体单位的室内外环境。本一级指标侧重于衡量未来社区基础设施的支撑能力和未来社区空间环境的整体质量，具体涵括数字系统平台、数字基础设施、综合服务设施、室内外环境共四个二级指标，指标权重分别为 20%、20%、40%、20%。

（1）数字系统平台

数字系统平台，是指实现对未来社区基础对象信息数据、动态感知信息数据及其他业务信息数据等多维数据的汇聚接入、治理、存储、分析、智能建模、共享交换以及应用支撑功能的系统和平台。本二级指标侧重于衡量建设数字系统平台过程中的治理能力及数字系统平台的实际应用支撑效果。具体涵括数据归集能力（数据广度、深度）、数据治理能力、应用支撑能力共三个三级指标。

（2）数字基础设施

数字基础设施，是指未来社区中的信息基础设施建设，包括对物联网、人工智能、光通信网、移动通信网、边缘计算等数字技术的投入与应用，重点打造数据中台、智能中台、技术中台、业务中台四大中台。本二级指标侧重于衡量数字基础设施的建设投入及支撑能力。具体涵括智能基础设施、通信网络设施、计算存储设施共三个三级指标。

（3）综合服务设施

综合服务设施，是指按照“老年人、未成年人、残疾人优先，优化社区设施空间布局，促进服务设施功能互补和内容配套”的原则[①]，在未来社区层面建设的综合性、多功能的社区服务设施。本二级指标侧重于衡量综合服务设施的覆盖率及民众使用反馈的好评率。具体涵括社区服务中心（站）、医疗卫生设施、文体设施、市政公用设施共四个三级指标。

（4）室内外环境

室内外环境，是指以未来社区为空间总体单位的外界环境。本二级指标侧重于衡量未来社区室内外环境的整体质量，主要依据客观数值及民众反馈进行评价。具体涵括热环境、光环境、声环境、空气质量共四个三级指标。

3. 社区治理

未来社区总体评估体系中的一级指标社区治理，是指政府、未来社区各类组织及居民等主体通过社区资源和治理原则开展合作治理，以社

① 《国务院办公厅关于印发“十四五”城乡社区服务体系建设规划的通知》(国办发〔2021〕56号)。

区居民公共利益为价值导向，维护社区运行秩序，满足社区治理需求的管理过程和管理机制。本一级指标侧重于衡量未来社区在具体治理过程中的治理效率、质量和效果。具体涵括政务服务、社区管理、小区管理共三个二级指标，指标权重分别为30%、35%、35%。

（1）政务服务

政务服务，是指未来社区依托信息技术平台及硬件设施等将公共机关为社会团体、企事业单位和个人提供的各类行政服务在线上进行办理，实现“让数据多跑路，让群众少跑腿”。本二级指标侧重于衡量未来社区为社区居民个体和法人团体通过线上平台、“一网通办”等技术手段所提供的各类许可、确认、审批、裁决、奖惩等行政服务能力和效果。具体涵括个人事项（场景）和法人事项（场景）两个三级指标。

（2）社区管理

社区管理，是指未来社区内部的各类社区机构、组织和团体为维持社区整体秩序和日常运行，满足居民特定的生活各方面需要，不断促进未来社区整体改善和发展繁荣进行的一系列自我管理和行政管理活动。本二级指标侧重于衡量社区内部组织在法治、安全、公示、居民参与等方面依托信息技术获得的更先进的队伍建设、服务能力和管理成效。具体涵括综合执法、社区安全（包括警务、消防、综治等）、信息公开、公众参与四个三级指标。

（3）小区管理

小区管理，是指未来社区以小区内的房屋建筑、住户人员和公用设施等建设项目为核心开展的维护修缮、物业服务和业主人员管理等活动。本二级指标侧重于衡量未来社区在具体小区建设层面上的对象管理和项目管理能力和成效。具体涵括房屋管理（租赁、产权、公共维修基金）、业主委员会管理和物业管理（修建管理、商铺服务、公共收益、智能停车、便民快递、环境卫生、安防消防、民情互动）三个三级指标。

4. 社区公共服务

未来社区总体评估体系中的一级指标社区公共服务，是指政府、未来社区居委会及社区其他组织为未来社区成员提供各项帮助和事务办理等公共服务及其他一系列物质、文化、生活方面的服务。我国《“十四五”公共服务规划》（以下简称《规划》）从服务供给的权责视角将当前公共服务分为基本公共服务、普惠性非基本公共服务和生活服务三类。因此，作为社会治理的最小单元，本一级指标侧重于衡量未来社区在数字技术赋能下面向社区居民提供公共服务的种类、效率、品质和效果。具体涵括社区基本公共服务、社区普惠性非基本公共服务和社区生活服务三个指标，指标权重分别为40%、30%、30%。

（1）社区基本公共服务

社区基本公共服务，是指政府和未来社区各组织提供的、为保障社区居民生存和发展基本需要的、与经济社会发展水平相适应的各类公共服务。[①] 在推动社区基本公共服务标准化、均等化的同时要注重提高社区基本公共服务的品质和供给效率，满足社区居民多样化的基本需

① 中国政府网：《“十四五”公共服务规划》。

求。本二级指标侧重于衡量未来社区通过信息服务网络等技术和渠道提供教育、就业、医疗、养老、文体等基本服务的效果。根据《规划》对基本公共服务领域的具体划分，涵括幼有所育、学有所教、劳有所得、病有所医、老有所养、住有所居、弱有所扶和文体服务保障共八个三级指标。

（2）社区普惠性非基本公共服务

社区普惠性非基本公共服务，是指未来社区为满足居民较高层次需求、保障社区整体福祉且由市场自发供给不足的公共服务，政府和未来社区通过支持社区公益性组织、非营利组织或商业组织来供给的公共服务。本二级指标侧重于衡量未来社区在基本公共服务均等化目标之上的大多数居民可享有或付费享有的普惠性社区公共服务种类、效率、品质和效果。根据《规划》的具体划分，涵括幼有善育、学有优教、劳有厚得、病有良医、老有颐养、住有宜居、弱有众扶七个三级指标。

（3）社区生活服务

社区生活服务，是指未来社区以社区居民为购买主体，以便民利民、促进消费、满足需求为服务目的，完全由市场供给、居民付费享有的各类市场商品和金融银行等高质量服务，满足居民更加多样化、个性化、高品质的康养、文旅、广电、体育、家政等服务需求，进一步提高未来社区居民的生活水平和生活质量。本二级指标侧重于衡量社区及社区联合其他社会组织和商业组织所提供的各类便民性的商业服务种类、效率、质量和效果。具体涵括金融服务（便民缴费、社区银行）、商业服务（便民网点、家政服务、出行、餐饮、低碳生活）、其他品牌服务三个三级指标。

5. 主题社区

未来社区总体评估体系中的一级指标主题社区，不仅包括常规的和普遍性视角下的无特殊性质的未来住宅社区，还涵括由于地域形势、人口结构、职业体系、承担功能等各类特殊条件形成的一些具有个性特色和特殊社会主题的未来社区，如学校社区、医院社区、创业型社区等功能型社区或发展型社区。这些未来社区在评估过程中不仅需要考虑一般的保障体系、基础设施与空间环境、社区治理和公共服务，还需要适当增加一些与自身性质特色有关的特殊指标以充分满足未来社区的建设目的和对应的社区需求。因此，本一级指标侧重于衡量特殊主题的未来社区不同于上述指标的额外指标项。具体涵括共性加分项、功能型社区 / 发展型社区两个二级指标。其中，根据不同社区的具体性质和定位，对功能型社区 / 发展型社区指标的评估取某一项或多项得分均可。

（1）共性加分项

共性加分项指标是指各类未来社区在建设管理和治理服务之外的一些共有的其他高质量标准。共性加分项所有社区均得分，侧重于衡量除政府、社区组织和团体视角外的一些其他主客观视角要素。具体涵括省级优秀案例、大赛获奖、规范标准采纳和整体满意度 / 幸福感四个三级指标。

（2）功能型社区/发展型社区(取某一项或多项得分)

功能型社区是指未来社区的核心建立要件是具有功能性的某类城市特殊单位，如建立在城市交通枢纽处（机场、车站）的社区、建立在工业矿业资源附近的社区以及以军事、医疗、教育等公共单位为依托建立的社区。这类社区由于其在承担功能、地理环境、社会条件等方面的特殊性，使得社区性质较之于常规住宅社区更加具有人员特征、结构、职业、属性等多方面特殊性，在评估时还需要考虑其在功能建设方面的治理和服务职能、水平和效果。具体涵括学校社区功能、医院社区功能、文旅社区功能、交通社区功能、工矿社区功能和军用社区功能六个三级指标。

发展型社区是指一些未来社区由于各类空间需求、商业需求等需要承担或主动进行不同类型的社区经济活动以及由此在人员价值、从业结构等经济价值方面具有特殊性质的社区。如一些为解决人才在当地发展初期的租赁住房等需求从而形成的人才公寓型社区等，这类社区具有服务于当地政策导向和整体经济发展的价值，在评估时还需要考虑其社区经济活动管理和服务的水平和成效。具体涵括产城融合型社区发展、商住配套型社区发展、创业型社区发展、人才公寓型社区发展四个三级指标。

（三）专家论证与适用性验证

本书构建的未来社区评估指标体系采用专家论证与实地调研验证的双轨制验证方式。本指标体系邀请了国内外政界、学术界、产业界 90 余位专家共同参与，组成了“未来社区评估”专家委员会，进行了 3 轮论证与调整。与此同时，实地调研杭州市缤纷未来社区、上海市和韵家园智慧社区及深圳市西丽社区等评估对象单位，进而完成了指标体系的适用性验证。

（四）未来社区评估的组织实施

未来社区的评估是未来社区建设和服务管理的重要环节。在未来社区的规划设计、建设和运维的各个阶段，可以邀请第三方机构选取本评估框架的主要或部分指标开展阶段性或全周期、部分或全面、个体或整体的未来社区评估。第三方评估是公共部门绩效评价的重要形式，是一种必要而有效的外部制衡机制，独立、客观和公正被认为是保证评估有效性的起点，而第三方的专业性和权威性则被认为是保证评估结果公正的基础。

未来社区评估主要立足两个目标：一方面，通过引入第三机构评估，借助“外脑”及时发现未来社区建设中存在的问题，提高未来社区建设的科学性，促进未来社区健康发展。另一方面，通过评估产生的数据和指标，为主管部门提供一手的分析材料，有效辅助项目管理和领导决策，根据部门需求可以分为总体评价和专项评价。未来社区评估的组织实施将基于“评估—整改—提升”的行动策略，以评促建、以评促学，推动未来社区建设经验的互相学习，推动各地未来社区高质量共同发展。各地应该鼓励未来社区通过第三方评估，获取国际和国内相关标准和资质的认证。

具体而言，未来社区评估的组织实施分为两种方式：日常监测评估和阶段达标评估。

①未来社区日常监测评估

未来社区日常监测评估的主要步骤：在未来社区设计和开发阶段，嵌入“未来社区评估”设计模块，从基本统计、数据治理、服务评价等方面开展日常监测评估。基本统计是指对于未来社区系统中的主要功能进行的实时统计。例如，参与社区活动的人次、社区平台的日活数量、社区居住人员的结构、社区流动人口管理等日常基本信息的统计工作。

数据治理是指对社区数据治理能力的评价，包括对个体画像、群体画像、商企画像、商圈画像等产生的各类数据所进行的有效管理。服务评价是指在公共服务提供的过程中实时采集使用者的行为数据，并邀请服务接受者进行评价。传统的评估方式，多采用问卷收集数据和事后评估的方式，有可能导致数据的失真。未来社区的评估将最大限度地利用数字化手段提供实时数据，最大限度地保证评估数据的准确性，并动态实时呈现评估结果。

未来社区日常监测评估的应用场景包括：为部门领导提供社区治理的实时动态分析，例如社区流动人口的管理、疫情防控的准备情况；为社区公众提供服务的实时进展，例如行政审批的办件数量、公共服务满意度；为商企治理服务提供的决策支撑，例如对商企的经营资质、经营范围进行动态管理。

②未来社区阶段达标评估

未来社区阶段达标评估的主要步骤：由未来社区的主管部门制定评估目标，并委托第三方，成立未来社区工作评估组，评估组由高校、党校、社科院、技术企业、产业界等相关专家组成，负责对未来社区实地开展第三方评估工作。首先对评估组和社区管理人员进行培训；其次采集和分析未来社区的规划、建设、管理和运行数据，对评估对象提交的材料进行评估；再次组织专家现场评估；最后形成专家组考察报告和建议结论。在第三方评估过程中，未来社区的管理部门（街道办和委办局）可以对评估提出意见建议。未来社区阶段达标评估将选取日活、点赞等自动化的客观指标，利用后台和中台的匿名化管理数据，生成初步自查报告。对于不能自动采集的数据，将结合信息报送和现场评估搜集数据信息。在达标评估的过程中，专家、服务提供者和服务使用者将进行深度交流。评估小组将根据评估结果出具专业化的指导建议，促进评估对象的能力建设和服务提升。

未来社区阶段达标评估的应用场景包括：招投标项目在重要阶段的项目验收工作，例如数字化项目的初试和终验；未来社区试点典型案例的评选评奖，例如中国未来社区评估典型案例；特定区域的未来社区自我评比，例如杭州市市域范围未来社区建设评估等。

具体而言，未来社区评估的组织实施，可以根据实际需求，在总体评估方法库中选择适当的评估方法和评估工具。与历史同期的单项指标对比，可以对未来社区运营期限内的经济发展、人才引进和项目引进等量化指标进行纵向比较。单个主体投入与收益的评估，可以从“投入—产出”的角度，对单个未来社区建设、运营项目的投入产出和收益情况进行评估。

除了纵向的历史比较和单个主体的效益评估，方法库中还提供了面向全域的整体经济效益评估。整体经济效益评估侧重于从可持续的角度，对一定范围内未来社区建设和运行的总投入和总效益，进行全面的总结评估，以避免单项或短期评估出现“只见树木不见森林”的弊端，防范数字化转型“盆景化”的风险。除了未来社区的经济价值创造，本研究还提出了以人民为中心的社区居民幸福指数评估方案，面向社区服务的公共价值，构建未来社区的幸福指标体系，评估未来社区建设运维给人民幸福感和获得感带来的变化。

整体运行的契约指数，从信用管理的角度，将社区治理、公共服务、邻里关系等理念进行有机整合，对社区运行的主体、机制和公众参与等方面进行指标化评估，构建未来社区运行的契约指数模型，增强社区治理自我完善、自我更新的能力。

除了上述关键节点的静态评估，本研究还提出了基于上述关键指标的动态评估，以便决策者实时掌握未来社区项目建设情况，以及社区运维管理现状，在公共服务供给、流动人口管理、疫情防控、应急管理等方面开展创新的工作方式和方法。

总之，未来社区评估需要数字化和智慧化的解决方案，结合服务质量和数据质量的不同维度，并根据评估部门的需求，开展自下而上、自上而下的绩效评价，也可以根据评估目标的差异开展总体评估和专项评估（见图 6–3）。未来社区的日常监测评估，就好比日常的自查自检，利用数字基础设施评估和实时采集数据，兼具准确性和实时性，可以让决策者和用户实时了解未来社区的服务状态和功能运行情况。未来社区的阶段达标评估，就好比是定期专业体检，可以进行季度、年度或中长期的跟踪评估，既可以横向比较也可以纵向追踪，既可以专项评估也可以结合业务进行模块化设计。综合运行，多利益主体参与，引入专家咨询和专题研究，制定科学有效的评估指标，有助于未来社区建设的能力提升，促进未来社区的可持续运转，避免基层公共资源和人力的浪费。

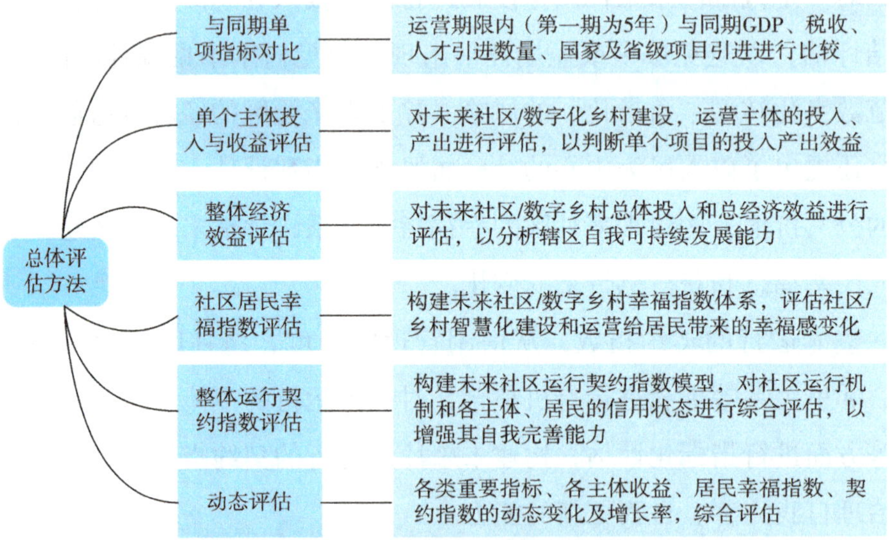

图 6-3　未来社区评估方法

资料来源：作者自制。

第七章

典型案例

典型引路，是推进工作的有效方式；案例分析，是理论研究的重要方法。未来社区建设是一个崭新的理论研究与实践探索相结合的课题。本书课题组从全国选取了15个未来社区建设的典型案例，在广泛深入调查研究、充分论证分析比较的基础上，从不同侧面反映了中国式社区现代化发展的趋势，从实践角度勾勒出了我国未来社区建设的雏型。该章与前六章专题研究相得益彰，共同构成了我国未来社区发展的美好愿景，对理论研究和实践探索都有重要参考价值。

一、杭州缤纷未来社区："多跨协同"统合多方资源①

（一）基本情况

缤纷未来社区位于浙江省杭州市滨江区，始建于2002年，是一个有着近20年历史的安置房老旧社区，东临杭州亚运会主会场，南融物联网核心区，西接滨江行政中心，北望钱江新城CBD，紧靠钱江

① 本文作者：刘冰，北京师范大学社会学院副教授；吴晓丹，北京师范大学社会学院硕士研究生。本文已发表于《社会治理》期刊2022年第4期。

三桥和机场高速，具有优越的地理位置。缤纷未来社区含星民、七甲闸和水电3个建制社区，包括5个拆迁安置小区，113幢居民楼，共有5487套住宅，现有居民2万多人。其中，60岁以上老年人占25%左右。此外，"新滨江人"约占六成，大部分为周边物联网小镇就业的高技术年轻人才，社区平均年龄仅35岁。沿街商铺面积约4万平方米，其中包括1万平方米公共服务和3万平方米商业配套。由于缤纷社区是政府兴建的回迁安置小区,4万平方米商铺均属于国有资产。[①]

缤纷未来社区项目从2021年4月正式启动，6月20日进入施工建设阶段，历时近4个月，于10月15日开街试运行，同年12月，缤纷未来社区作为"旧改类"项目入选浙江省第四批未来社区创建名单[②]。作为历经20年的老旧小区，缤纷未来社区通过人居环境改造、技术赋能和机制创新展现出未来社区的全新面貌，显著提升了社区居民的幸福感、获得感、安全感。

缤纷未来社区是通过"多跨协同"[③]推进数字化场景落地的典型案例，主要表现为跨社区联建、跨部门执法、跨区域物管和跨业态统筹，分别解决了基层社会治理和服务中面临的机制、队伍、管理和服务等方面的难题，围绕未来邻里、教育、健康、创业等应用场景（见图7-1），形成了独具特色的"人本化、生态化、数字化"社区服务和治理体系。缤纷社区的实践表明，"多跨协同"是整合服务资源、贯通技术枢纽的关键点，落地到社区层面的多跨场景应用是满足群众需求的基本依托。

---

① 本案例数据由浙江省杭州市缤纷未来社区2022年1月20日提供。

② 浙江省自2019年3月制定出台《浙江省未来社区建设试点工作方案》以来，已开展了四批未来社区试点创建工作，共有281个社区列入名单。

③ "多跨协同"是指跨业务、跨部门、跨层级、跨区域、跨系统的工作协同。资料来源：浙江省地方标准《数字化改革术语定义》（DB33/T 2350-2021）。

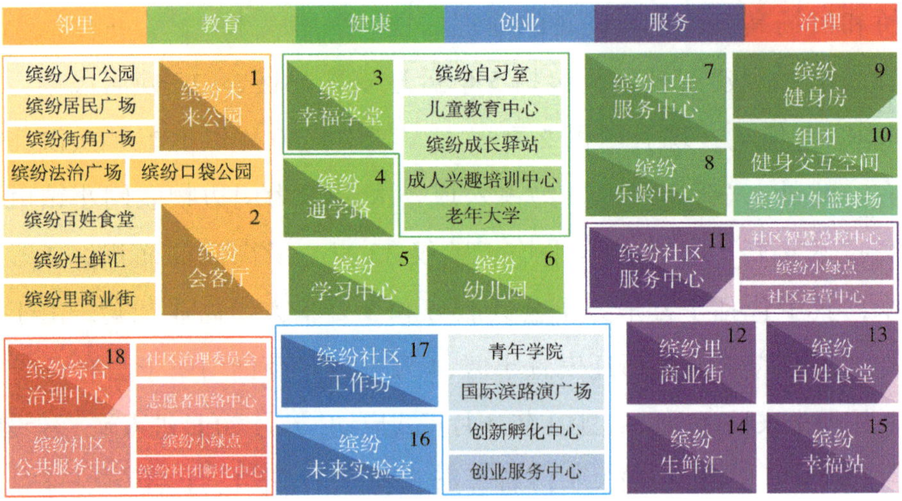

图 7-1 缤纷未来社区多跨场景应用

资料来源：杭州市滨江区缤纷未来社区提供，2022 年 2 月 10 日。

（二）主要经验

1. 机制创新：跨社区联建

缤纷未来社区实际上是对原有三个建制社区的重新组合，未来社区建设的统筹工作是通过设立“联合党支部”实现的。联合党支部书记的主要职责是在三个社区中推进统筹协调：统平台、统资源、统队伍，实现能统尽统，从而破解了基层社会治理中空间碎片化、资源零散化、功能同质化的传统困境。缤纷未来社区将三个社区的办公人员集中起来，对同质化的服务功能进行了整合优化，节省出 3600 多平方米的公共空间，用于建设社区食堂、健身中心等公共空间。

2. 队伍整合：跨部门执法

基层执法力量短缺是长期困扰我国基层社会治理的共性问题。缤纷未来社区采取了“跨部门联合执法”的方式解决这一矛盾，将交警、公安、市场监管、消防、城管 5 支执法队伍集结起来，形成“综合执法队”，下沉式、常态化推进社区治理效果明显提升。各部门执法人员在轮流值班的过程中坚持以问题为导向，而不是以职责边界为束缚，及时收集各类问题，进行现场调查取证，借助社区管理的信息化平台将问题反馈到相关部门，完成闭环处理。这种联合执法模式大大缓解了基层执法人手不足的问题，提升了执法的效率，是对基层社会治理的有力支撑。

3. 管理增效：跨区域物管

缤纷社区的联建思路使得跨区域物管切实可行。原有的物业管理由各个小区独立选择，所属五个小区的物业公司各不相同，业务规模较小，物业公司盈利水平低，经营积极性不高，服务质量不尽如人意。此外，不同的物业公司各自为政，在小区边界的物业服务方面还存在相互推诿的现象，群众遇到问题投诉无门。

跨社区联建将五个小区的物业管理统合起来进行公开招标，由一家物业公司为五个小区提供全方位、整体性服务，还承接了整个社区的道路绿化、市政设施维护等业务，从而形成了显著的规模效应，物业公司盈利能力增强，服务质量明显提高，响应速度显著提升。缤纷未来社区还把物业服务与社区服务整合起来，统一到社区服务中心的同一窗口，降低群众办事的复杂性。

4. 服务提质：跨业态统筹

缤纷未来社区以往的便民服务往往是由市场主体自发提供的，缺乏统一的规划和引导，以小吃、理发、五金等日常生活服务为主，形成低端业态同质化竞争的局面。缤纷未来社区通过盘活底商资产，进行了兼顾公益性、惠民性和商业性的统筹，实现了周边业态全面升级，底商租金也为社区公共事业的费用支出提供了充足的经费。

缤纷未来社区还依托社区自身力量推动场景建设，提供如食堂、书房、健身等优质惠民的社区生活服务，并特别关注“一老一小一人才”所需，通过引入经验丰富的社区运营公司，依据居民需求调研成果规划提升周边业态。针对社区年轻人众多的特点，缤纷社区引入了咖啡、文娱、综合商贸等时尚消费业态；在“双减”政策背景下，缤纷社区还与滨江区青少年活动中心联合开设家门口的公益性素质教育课程，收费标准低，免去了家长和孩子远距离奔波的劳累。这种家门口、低成本、高质量的配套服务大大提升了群众的幸福感，也是后疫情时代社区建设的普遍需求。

二、诸暨江新社区：打造“三相治理”新格局①

（一）基本情况②

浙江省诸暨市暨阳街道江新社区成立于1996年，是“枫桥经验”传承发展的示范社区，区域面积0.79平方公里，现有居民5037户，总人口约14100人。作为诸暨城市社区治理的标杆，江新社区不断探索新时代“枫桥经验”在城市社会治理中的运行模式，致力于打造“相约社区、共建和谐”“相邻互助、共享和美”“相知协商、共治和风”的“三

① 本文作者：杨婷，《社会治理》期刊编辑部主任。

② 本案例数据由浙江省诸暨市暨阳街道江新社区2022年4月6日提供。

相治理”城市社区治理新格局，先后获得“全国和谐社区建设示范社区”“全国综合减灾示范社区”“浙江省民主法治社区”“浙江省高质量就业社区”“浙江省书法社区”等50多项荣誉称号。

（二）主要经验

1. 坚持党建引领，把握互融共治关键点

（1）党员连心聚合力

“一个支部就是一座堡垒，一名党员就是一面旗帜”。江新社区共有支部党员380名，在职党员近800名，成立11个党支部，其中1个社会组织党支部，1个开放式小区党支部，按照“利于管理、便于活动”的原则，建立完善党委、党支部、党小组“三位一体”，由居民党员担任党支部书记，纵向构建党委、党支部、党小组、党员代表、党员五级网络，推动党员活动“三定一查”，即固定党员活动日，确定每月10日为党员活动日，开展集中学习教育；固定党员责任区，充分发挥党员的先进性，将党员所在楼道划分为“党员责任区”，掌握居民信息动态，及时提供帮助服务；固定党员联系户，每个党员联系一户居民，在思想上、生活上提供一对一帮扶；查两新党组织。此外，江新社区积极引导驻地在社区的党政企事业单位党组织和居住在社区的在职党员实行“两地报到、双岗服务”制度，通过“先锋微家”系统线上领取服务任务，线下社区报到，实行“两对两定”工作模式，即服务人员与服务对象结对，服务人员与服务事项结对，服务地点划定，服务时间限定。根据社区实际需求，结合个人特长，按照“居民点单、社区下单、党员接单”模式，带头参加社区志愿活动、认领“微心愿”、担任小区“红管

家”、加入社区“帮帮团”、为社区建言献策等“五带头”活动，充分调动在职党员积极性，增强服务灵活性，增加在职党员与社区之间的黏合性，让党员在8小时之外持续发光。

（2）结对共建同发展

江新社区深化落实社区“大党委”制，对各类资源进行再整合、再配置、再优化，推动“契约化”共建扩面提效。社区以提升问题解决的指向性和精密性为目标，坚持问题导向，通过居民议事会、走访了解等途径收集居民需求，让居民来“点单”，剖析居民急难愁盼的需求，筛选并制订“服务需求清单”，由23家共建单位党组织“下单”，共建单位依据自身特色认领项目，实现资源双向共享、党建工作联创、思想工作联做、困难家庭联帮、公益事业联办、环境卫生联抓、文明建设共推，推动社区治理建设水平提升以及驻辖区单位综合发展。

2. 创建品牌调解室，维护平安和谐着力点

江新社区常年有一批能说会道、乐于助人、经常充当“和事佬”的居民，为了转变以社区工作者为主化解矛盾的原有模式，吸纳居民参与到社区治理中来，于是，社区把这批人聚集在一起，组成一支队伍，“江大姐”调解室就此成立了。“江大姐”并非特指某一个人，而是由这批热心居民组成，他们德高望重，办事公正，是退休教师、政法干警、律师、退休法官等专业人士组成的志愿者服务队伍。“江”取自于江新社区的“江”字，且志愿者服务队成员以女性为主，故取名“江大姐”。“江大姐”调解室是在江新社区居委会和人民调解委员会的指导下，开展矛盾纠纷排查、化解矛盾纠纷、宣传法律法规工作的人民调解组织。

“江大姐”调解室信息源主要来自三种途径：一是居民主动寻求

“江大姐”调解室调处的纠纷；二是“江大姐”和社区工作者以及160多名楼群组长在走访中发现的矛盾纠纷；三是街道、社区居委会委托“江大姐”调解室受理调处的矛盾纠纷。在10多年的工作中，“江大姐”调解室逐步摸索出一套匠心独具的“五步五心”调解法，特别注重使用“情、理、法”结合的工作方式，自2011年成立至今，累计成功调解矛盾纠纷486件，成功率达98%，被评为“浙江省婚姻家庭纠纷化解品牌工作室”“诸暨市品牌调解工作室”等，得到了上级部门的一致肯定。“江大姐”调解室在矛盾纠纷化解中充分挖掘居民力量，形成矛盾化解合力，成为居民自治与矛盾纠纷化解相结合的良好范例，是江新社区探索新时代“枫桥经验”基层治理的金字招牌。

3. 设立共享学苑，迈向共同富裕切入点

（1）共建学苑，美化生活

为了满足居民不同层次文化艺术需求、陶冶情操、丰富精神生活，江新社区联合共建单位和社会组织搭建三方资源对接平台，成立“江大姐”共享学苑。“江大姐”共享学苑以“江大姐”志愿服务团队为载体，以公益的形式长期为居民服务，并从学员中吸纳志愿者自愿管理学苑的日常事务。“江大姐”共享学苑开设成人班和少儿班，通过线上线下报名，课程内容涵盖理论宣讲课、手工课、烘焙课、舞蹈课、乐器课、走进自然体验课等各类特色课程。“江大姐”共享学苑开设的出发点在于让居民共同参与、共建和谐、共享幸福，落脚点在于实现“老有所乐、小有所托、学有所用、民有所趣”的价值目标，实现居民对美好生活的愿景。江新社区与周边社区组建区域联盟，设立共享学苑分苑，满足其他社区居民的需求，吸引更多的志愿者参与，让周边居民都能享受到共享学苑带来的欢乐。

（2）活动共享，成果分享

学员的课堂成果将投入公益活动，如手工制作课，通过制作有害垃圾收纳袋，将学员制作的收纳袋在辖区的16个楼道进行试点放置，方便居民正确投放废旧电池等有害垃圾，让居民在动手操作的同时掌握和深化垃圾分类的重要性；学员制作的毛衣、抱枕等手工品进行义卖，并将所得款项捐给爱心驿站；烹饪课学员制作的菜品送给独居老人进行慰问活动等，使居民从社区治理的“旁观者”变为“直接参与者”，实现居民共享和美、共同富裕。

4. 激活居民自治，打通基层治理堵点

江新社区积极探索居民协商自治的有效途径，根据党建引领、多元协商、群智共建的思路，确立了开放说事、分类理事、民主议事、合力办事、公开评事的居民议事制度。2019年，江新社区在线上议事厅的基础上，成立了“九久议事会”，让居民有一个畅所欲言的平台，每月9日上午9点固定开展议事活动。参加对象为社区支部书记、党员干部、德高望重的老同志、“江大姐”以及当事人等，做到民事民办，民事民议，实现了居民群众知情有渠道、参与有平台、监督有手段、当家有机会的社区协商新局面。九久议事会在社区的领导下，主要负责对涉及居民重大利益的事项进行协商、沟通，参与对社区工作的民主监督，引导不同的社会阶层人士积极参与社区服务管理的研讨，是居民参与社区服务管理的议事平台，是社区重要决策的参谋。居民议事会的成功创建让百姓多了一份盼头，领导干部多了一份民情档案，民主决策多了一份底气。议事会创建至今，已收到意见建议67条，内容涉及社区的环境整改、交通设施、停车位改造、楼道灯安装等，成功协调了多方利益，助力民生实事，解决了群众反映强烈、需求急迫的问题，提高了社

区居民的民主意识，增强了社区居民的归属感。

5. 探索邻里互助，搭起睦邻友好支撑点

由于开放式小区缺乏规范的物业管理、部分房屋年久失修、外来人口较多、居民流动频繁、人口多样化，因而比其他小区更容易产生矛盾纠纷。针对这些棘手的问题，社区党组织认为邻里关系的构建，离不开创造可持续发展的居民自治组织，于是积极引导居民共同创建邻里互助会，旨在促进平安和谐、尊老爱幼、家风和畅、共同富裕。互助会成员经过层层推选，由楼道长会议选举产生，由小区党支部书记担任互助会主任。此外，建立邻里互助基金，专款专用，主要用于帮扶、开展各类活动等。互助会主要规定了社区邻里之间的帮扶制度、邻里联系制度、楼道轮值制度、邻里活动制度、邻里委员会工作制度。这些制度架起了群众与群众之间的连心桥，通过互助会设阵地、开展读书会等文化娱乐活动，组织全体居民欢庆传统佳节、弘扬传统文化、传承当地习俗；深入了解群众的需求与困难，对有特殊困难的对象积极发动居民开展互助捐款活动；倡导节约粮食、资源共同分享；组织引导居民有序开展环境卫生活动。邻里互助会通过促进居民之间互惠互利的交往模式，架起居民之间联络沟通、将心比心的桥梁。同时，互助会也是党员发挥作用的重要平台，党员带头开展邻里互助，深入推进党的基层组织体系建设，为睦邻文化建设提供保障，从而形成了邻里互助工作新格局，增强了邻里之间的凝聚力，对推动社区精神文明建设、共建共享美好家园起到了重要作用。

小区治理是文明城市长效管理工作的重要组成部分，楼道治理又是小区治理的重要内容。社区坚持以现实问题和居民需求为导向，倡导小区、楼道文明，整理归纳小区居民意见拟出一份主要围绕小区停车、晾

晒、宠物饲养等问题的《小区居民公约》；围绕楼道卫生、杂物堆放、电瓶车停放和充电等备受关注的问题制定《楼道文明公约》；建立楼道卫生保洁长效机制，每个楼栋设立楼道管理监督站，人人都是楼道管理监督员，发现不文明行为及时制止。明确楼道卫生监督、温馨提示、文明劝导等工作职责，在年底组织开展星级楼道评选活动。强化居民参与意识，引导居民共同维护楼道环境，将社区治理的手臂延伸到居民家门口。针对屡禁不止的城市“牛皮癣”，社区在楼道口安装了宣传板进行楼道美化，为楼道通知、水电费催缴单等提供了张贴栏，告知相关部门将水电费缴费单等张贴在相应的位置，既保护了楼道美丽的墙面，改变了以往乱张贴的陋习，又能将居民需要的信息及时传达给居民。此外，社区在楼道中购置安装了“共享图书”的书架和图书，居民可以通过以书换书、登记借阅、主动归还的方式进行借阅，也可以将闲置书籍主动分享到书架，居民在自家楼道就可阅读到书刊。“共享图书”是社区楼道自治的延伸，共享图书的运营可以在居民中传递书香文明，将全民阅读型社区的触角伸向楼道，营造创建书香社区的浓厚氛围。

三、北京怡海花园社区：全面发展的现代化文明社区①

（一）基本情况②

北京市丰台区新村街道怡海花园社区，始建于1992年，迄今整整

① 本文作者：宋贵伦，北京师范大学中国教育与社会发展研究院教授、博导，北京市社会建设促进会会长；杨积堂，北京联合大学城乡基层社会治理研究院院长、教授；梁家祺，北京师范大学社会学院博士研究生。

② 本案例数据由北京市丰台区新村街道怡海花园社区2021年10月1日提供。

走过了30年发展之路。1992年初，邓小平发表“南方谈话”后，北京市政府首次在香港举办招商引资洽谈会。会上，怡海集团与北京市政府签订了怡海花园住宅项目开发建设合同。当时，这里还是北京南四环外一片荒芜的沙坑地。怡海花园社区就在此时此地诞生。30年过去，怡海花园社区已建设成为首都现代化文明社区。

（二）主要经验

怡海花园社区建设的主要经验有以下两个方面：

1. 坚持高质量发展、高品质服务，打造“七优”社区服务示范样板

一是幼有善育，学有优教，让孩子们受到最优质的教育。怡海花园社区把学校办在了居民家门口。让社区与教育共成长，把怡海花园社区办成一流的教育园区，是怡海集团一开始的规划设计和目标追求。如今，怡海花园社区已有基础教育校舍5所，包括北京第二实验小学怡海分校、北京市第八中学怡海分校、北京市第八中学怡海分校国际部、北京市怡海幼儿园国际园、北京市怡海幼儿园南园，基础教育在校生超过4000人。怡海集团前后投资数亿元，大力加强教育基础设施建设、优化教育资源供给。怡海学校配置的均是国际一流的现代化配套设施，办的是质量一流、全生命周期的教育，为社区不同年龄层次、不同人群的教育需求提供了多样化选择。

二是劳有厚得，让更多的居民在社区就业。怡海花园社区中的很多业主，都在社区内学校、商铺、物业公司等从业。怡海花园社区还打造了侨创空间，致力于为回国创业者、自由职业者及新兴行业从业人员提供政策咨询、资本服务、创业辅导、创业培训等多元化服务，积极扶持

“家门口创业”。居民在社区就近就业，在服务管理社区家园中实现价值，这是非常理想、值得大力推广的就业模式。

三是病有良医，让居民方便就医。怡海花园社区内设立了社区卫生服务站，设有999南四环急救站，几分钟可到达，可以使社区居民小病不出社区、急病及时提供医疗救助，在社区内部即可实现“病有所医”。怡海花园社区周边医疗资源丰富，距离北京天坛医院新院区1.5公里，距离北京丰台医院1.3公里，车程约6分钟。为了解决社区居民看病方面的问题，怡海花园社区卫生服务站与北京天坛医院新院区、北京丰台医院建成紧密型“医联体”，开通绿色就医通道，让居民大病医治不出“一刻钟服务圈”。

四是老有颐养，让居民享受全方位养老服务。怡海花园社区探索建立了机构养老、日间照料、居家养老“三位一体”的综合性养老服务模式，让老年人在“家门口”享受专业化、个性化、便利化的全方位养老服务。怡海花园社区建有2000多平方米的养老中心，共有床位53张，设有单人间、双人间、多人间，以便满足不同类型客户的需求。同时设有接待中心、呼叫中心、医务室、厨房、助浴室、阅览室、书画室、护士站、多功能厅等适老化配套设施，专注于为高龄、失能、半失能老人提供颐养、照料、医疗、护理、康乐、短期托管等24小时优质、专业服务及助餐、助洁、助浴、助医、入户巡视、精神慰藉等居家入户服务，可满足老人吃、住、娱、医、养、护全方位需求。另外，中心设有全套新风系统，配有包含全科医生、护士、营养师、康复师等专业技术人员在内的专业养老护理服务团队，还可为社区老人提供老年餐桌、送餐上门服务，同时，怡海花园社区老年大学（怡海老年培训中心）让社区广大老年人“老有所学、老有所获、老有所乐、老有所为”，是文化养老的好去处。

五是住有宜居，社区便民利民服务应有尽有。怡海花园社区便民服务设施齐全，各类商业店铺、文体设施一应俱全。怡海集团在社区内成立了一家怡海租赁中心，为居民提供高品质的租住产品与服务，也可为业主提供专业的房屋托管委托出租业务。怡海花园社区坚持住户 1 ：1 车位配套，并建立三个大型中心广场、1 个约 4000 平方米的人工湖，社区绿化率达 47% 以上。配备社区警务站、微型消防站，实行 24 小时治安巡逻，让居民生活安心、居住放心。利用商业空间引进便民服务，构筑门类齐全的“一刻钟社区服务圈”，品牌连锁率达 65%，服务周边 4 万 ~5 万人，成为北京市生活性服务业示范街区。

六是弱有众扶，为社区提供精细化服务。怡海花园社区“扶弱”，不仅扶弱势群体，而且做到了扶“弱项”，可以提供全方位的便民服务。比如，入户维修服务、专业家政服务、社区老年餐厅等。

2. 在党的建设引领下，构建社区居委会与社会组织、社会企业、社会单位、社区居民“五社联动”社区治理共同体

一是党建引领社区治理。多年来，各级党组织始终高度重视和大力支持怡海花园社区治理，现已在怡海花园社区设立了社区居委会，成立了社区党委，打造了服务管理社区的战斗堡垒。怡海花园社区党委下设 14 个党支部，共有党员 630 名。在社区党委领导下，成立了由区域各单位党组织负责人、居民党员代表、社区民警等组成的社区党建工作协调委员会，实现了党的组织和党的工作全面覆盖，形成了党建引领，社区居委会与社会组织、社会企业、社会单位、社区居民“五社联动”的社区治理共同体。

二是居委会协调社区治理。怡海花园社区建筑面积 140 万平方米，居民楼 46 栋，常住居民 7890 户，人口 2.88 万人，是个大型社区。社

区居委会承担着繁重的社区服务治理任务。社区“吹哨”，全员报到。怡海花园社区党委是区域化“大党委”，社区党建协调委员会是区域性“大党建”协调机制。社区党委、社区居委会定期召开协商会，推动物业、驻区单位、社会组织共同参与社区治理，调动“双报到”的12个基层党组织、738名在职党员的力量，开展环境整治、绿色生活、社区公益等活动，落实“接诉即为”要求，统筹办好居民反映的难事实事。在新冠疫情防控工作中，多次召开协调会议，讨论制定防控措施。一方面组织严防死守，实施封闭管理；另一方面搞好服务，确保居民正常生活。多年来，怡海花园社区积极创建优质服务、优美环境、优良秩序，走在了全市乃至全国前列，2020年11月，荣获“全国文明单位”称号。

三是社会组织助力社区治理。怡海花园社区最鲜明的特色是“侨”。怡海花园社区创始人、怡海集团主席王琳达，是中国侨联常委、丰台区侨联名誉主席、怡海花园社区侨联主席，三级侨联负责人。怡海花园社区有归侨侨眷、留学人员家庭500余户，近2000人，是目前丰台区面积最大、侨界人士最多的社区。怡海集团以侨为桥，充分发挥社区侨联的桥梁纽带作用，架起了一座座友谊桥、爱心桥、和谐桥。比如，2019年，以庆祝新中国成立七十周年为契机，开展了一系列海内外青年学生友好交流活动，架起了海内外交流“友谊桥”。又比如，建立了“怡海华夏精英奖”，设立了“怡海教育专项基金”，援建了新北川中学，开展了一系列扶贫济困、救灾资助活动，架起了社会公益“爱心桥”。再比如，成立了怡海花园社区侨联志愿服务队，下设五个小队，包括怡海花园社区侨联艺术团、怡海花园社区侨联法律志愿服务小队、怡海花园社区侨联社区志愿服务小队、怡海花园社区侨联科普志愿服务小队、红娘宋大姐志愿服务小队等，为和谐社区建设办了许多实事、好事，搭建了社区建设“和谐桥”。2020 年下半年，一个新的社区自治组织——怡海花园社区业主委员会应运而生，使居民参与社区自治又多了一个新平台、新渠道。

四是社会企业和社会单位协同社区治理。怡海花园社区的一个发展优势是，社区与企业同成长，优势互补、共同治理。怡海花园社区建设一开始，就把规划、建设、居住、治理作了一体化设计。怡海物业集团、教育集团等社会企业与社区居委会优势互补，使怡海花园社区服务成为一个良性循环的闭合系统。居民在社区就可以享受全方位、全周期社会服务。驻社区及周边单位，如派出所、银行、商家以及天坛医院新院区等，都大力支持社区服务治理。

五是社区居民广泛参与社区治理。怡海花园社区治理一流，基础是居民广泛参与。此次新冠疫情防控，不仅把怡海花园社区的治理体系优势充分发挥了出来，也充分体现了社区自治水平。第一，激发了社区工作者的“守护人”责任感。怡海花园社区工作者认真履行职责，坚持每日 24 小时值守，对社区人员状况进行反复摸排，做到底数清晰；对社区人员流动，进行有效管控，确保不漏一人。在社区出入口，安排人员值守，测量体温，排查、登记外来人员和车辆等。对于社区环境卫生，做好消毒、清理工作。第二，激发了社区居民的“主人翁”责任感。社区广大党员和居民，积极加入了“党员先锋岗”“志愿服务者”“社区义工”等队伍行列。第三，激发了社区单位人员的“怡海人”荣誉感。社区物业公司人员、社区保安人员、社区单位人员，都通过不同方式参与到了社区治理和疫情防控工作中来。

四、北京石油共生大院社区：社会组织运维社区服务①

党的二十大报告指出"健全共建共治共享的社会治理制度，提升社会治理效能"。如何引导社会组织积极参与社区服务供给，是当下基层治理的重要任务和抓手。北京市海淀区学院路街道通过政府规划统筹、社会组织总体运维、产权单位和社会力量的多方参与，打破传统社区服务供给模式，建立了"主体协同，权责分立"的创新模式，大大提升社区服务供给质量，为进一步增强基层治理效能创造了条件。

（一）基本情况②

石油大院是我国石油行业的重要研发聚集地，也是学院路地区独特历史底蕴与文化内涵的杰出代表。石油大院始建于 1953 年，1969 年之前为八大院校之一的"石油学院"所在地，现为以中国石油勘探开发研究院员工和家属为主的工作与居住之地。面积约 65 公顷，院内现有 4 个局级单位，包括中国石油大学（北京）、中石油化工科学研究院、中石油勘探开发研究院、中石化化工科技研究总院。院内有中学、小学、幼儿园各 1 所，各类非公企业 90 余家，还有石油大院社区和石科院社区，是一个集科研、办公、居住、文化活动于一体的综合型大院型社区。目前大院内常住人口 2 万余人，居民以石油单位在职、退休职工为主，文化程度较高，石油文化氛围较为浓厚。社区居民年龄跨度大，其

---

① 本文作者：尹栾玉，北京师范大学社会学院教授、博士生导师；隋音，北京师范大学社会学院博士生；陈欢，北京师范大学社会学院硕士生。

② 本案例数据由北京市海淀区学院路街道 2022 年 3 月 18 日提供。

中 6~18 岁人口占比 10%，60 岁以上人口占比 20.1%，对亲子、养老等公共设施及社区文化活动需求较高。

国有企业改制以后，石油大院脱离了原单位管辖。社区出现管理死角，大院中部偏西的平房区，过去是石油学院车队的车库和宿舍区，后来成了“四不管”地带。历经长期变迁，此处形成了土地使用、建筑空间、人员构成等多个层面的混合无序共存形态。产权关系复杂多样，各个产权单位均无人牵头负责管理，矛盾纠纷凸显。部分区域房屋建筑年久失修，安全隐患突出。业态经营无序，汽修、喷漆、快递、小餐饮等小、散、乱业态扎堆。另外，随着近年来生活水平的日益提高，居民对文化活动和多样服务的需求也日益呈现出多层次、广角度、高标准的特点。建设多元化的公共活动和服务场所已成为社区迫在眉睫的问题。

（二）主要经验

为解决社区治理和社区服务供给中存在的问题，石油共生大院社区实行“委托运营”模式，既促进了街道办、第三方运营机构和各产权单位的良性协同互动关系，又让社会力量拥有了更多自主营造空间，实现了管理权和经营权的适度分立，提升了社区服务供给效能。

1. 政府负责：规划设计、协商统筹和绩效监管

针对石油大院治理和社区服务供给中存在的问题，学院路街道办决定对违章建筑进行拆除修缮重建，营造服务空间，更好满足居民多元需求。空间改造首先要获得空间的使用权。大院中部偏西区域属于四个产权单位，且很多空间已经出租给多个个体商户从事修车、商超、餐饮等商业活动，土地使用权转让问题比较复杂。经过街道办与产权单位长达

2 年的艰难商谈协调，街道办最终与多个产权单位达成协议，获得了空间使用权。街道办承诺对空间进行拆除重建，并尽可能保证产权单位收益，腾退该区域原本的散乱业态，拆除违法建筑 550 多平方米，聘请专业设计团队进行功能分布设计，命名为“石油共生大院”。街道旨在打造一个职工与居民共生、新老文化共生、新老建筑共生，以及大家在一起共同生活的多维共生街区形态。新建成的石油共生大院共占地 8700 平方米，建筑面积 2222 平方米。

学院路街道党建工作协调委员会是街工委和街道辖区内各类党组织共同参与，对街道社区带有地区性、社会性、群众性、公益性的重大事项进行民主协商的区域性党建协调机构。在党建工作协调委员会的统筹下，充分调动来自政府、产权单位、社会组织、居委会等多个不同层级和领域的党组织力量，推动资源整合，形成以党建为引领的地区柔性协作网络。

石油共生大院积极倡导在外部实现“政府 + 单位 + 社会 + 居民”四方共建，在内部采用“院委会 + 督导组 + 顾问团 + 社会组织 + 志愿者”五方共管的模式。街道组织成立石油共生大院院委会，主任由街道社区建设办主任担任，同时兼任石油共生大院街区工作站站长，牵头共生大院建设及运营事宜。成员由街道相关工作组负责人、产权单位相关部门负责人组成，负责协商决策并指导社会组织工作。同时成立督导组，成员由街道综合办公室、社区建设办公室、派出监察组、石油大院社区居委会、石科院社区居委会负责人组成，对共生大院进行日常的业务指导，并定期督查社会机构的工作。启动招标委托社会机构运行维护，并采用“政府考核 + 专业督导 + 群众投票满意度评价”相结合的模式对该机构进行考核。

2. 社会组织总运维：项目运营、沟通协调和链接市场

为满足居民多样化服务需求，学院路街道采取政府购买服务的方式，委托第三方机构承接社区服务的日常运行与维护工作。承接大院社区服务供给工作的社会组织成立于2017年，对接服务北京市数十个街道上百个社区，服务达10万余人次。2019年被北京市社会组织评估审核委员会评为4A级社会组织。运维单位主要负责设计、组织各类社区活动，满足居民社区服务基本需求，同时负责对接外部资源、维护网站和微信公众号运营。

不同于以往政府直接购买服务的模式，社会组织在项目运营中充分发挥了创新积极性。政府将空间拆除改建完毕后，对于空间的内部装修和具体功能设计落实、引进服务商家、对商家进行管理等各方面，都由社会组织筹划决定。根据街道办要求和居民需求，社会组织策划并运行了由党建空间、文化空间、亲子空间、养老空间、美食空间、便民空间和街区工作站构成的“六区一站”，集成设立社区议事厅、警务工作站、心理辅导室、零距离工作室、退役军人服务站、人大代表工作室和政协委员联络站。引进优质餐饮企业、亲子服务机构、理发和商超等便民业态，满足居民日常生活需要。文化空间通过社区居委会的协调调度，定期承接社区居民自发组建的合唱团、老年模特队、葫芦丝演奏队等演出活动，配合学院路街道办举办党建活动、干部培训，以及为其他科研机构开展的学术研讨会议等提供场地支持。

3. 产权单位、社会力量参与：运行机制灵活

石油共生大院采取政府多级投入、单位赞助、社会捐助、市场化盈利等多种方式解决社区服务资金筹集的问题。街道办承担场地空间的腾

退和建设成本，投入建设经费总计 400 万元。街道办与社会组织签订为期 5 年的合作协议，社会组织须每年向街道办和产权单位缴纳 200 万元租金。除场地之外，其余服务设施均交由社会组织自行出资置办。在此基础上，社会组织进行招商引资，将部分空间交由个体超市和餐饮企业运营并收取租金。部分服务项目也向居民适当收费。街道办方面仅在第一年提供基础运营费用减免，其余合同期内社会组织要自负盈亏，自主生存。

在石油共生大院建设过程中，学院路街道办与社会组织形成了“培育 – 反哺”型的协作关系：街道办在与社会组织“权责分立”的过程中仍然保持通畅的交流沟通渠道，通过良性互动建立“适度输血、扶持成长”的社会组织培育机制，协助社会组织突破发展瓶颈。并以此为基础孵化二级社会组织，挖掘和培养更多的具备社会责任感的社会企业家，为街道办进一步提升社会治理效能提供组织支撑、人力支撑、经验模式支撑和财力支撑，彼此形成多维度、双向循环的良性互动关系。

五、北京东升镇：智能技术赋能社区环境整治①

（一）基本情况②

东升镇位于北京市海淀区的城乡接合部地区，属于北京市海淀

① 本文作者：黄天航，中国科学院大学公共政策与管理学院副教授、硕士生导师；张碧青，中国科学院大学公共政策与管理学院硕士生；安庆，中国科学院大学公共政策与管理学院硕士生。

② 本案例数据由北京市东升镇人民政府 2021 年 7 月提供。

区辖镇（地区）。东升镇下辖 9 个社区（八家社区、前屯社区、文晟社区、龙樾社区、文龙社区、马坊社区、龙岗社区、观林园社区和奥北社区）和 1 个行政村（马坊村），其中有 23 个小区和 5 个平房区，共有常住居民 2.3 万户和固定桶站 150 个。社区的环境整治问题一度十分棘手。

2021 年初，东升镇与八方互联企业合作，以政府的身份投资了智能桶站的基础设施，购买了由八方互联提供的街道垃圾分类服务项目的运维。该项目包括智能化桶站和智能管理平台，主要利用计算机视觉（图像识别系统）这一类别的人工智能技术，同时结合大数据、信息管理系统、自动化称重系统等其他信息技术，旨在利用科技提高居民分类意识和分类积极性，优化桶站环境，提高清运效率。

该项目进展十分顺利，将当前设置的非智能化桶站基本转化为智能化桶站，并将其接入智能化管理平台进行统一运维，可降低人工运维付出的时间和资金成本。截至 2021 年 4 月，该项目已建成 60 多座智能化桶站。就具体建设情况而言，东升镇在各小区设立了 300 多个桶站，以其中的观景园小区为例，该小区共有房屋 1470 套，其中常住户 769 户，出租户 565 户，空户 136 户。当前已经建设了共计 11 座智能化桶站，覆盖全小区，每个桶站设桶数量为 6~8 个，自 2021 年 2 月 1 日已开始试运行。

（二）主要经验

此前，由于东升镇居民垃圾分类意识差、配合度低、积极性不高，部分社区环境存在脏乱臭，垃圾清运不及时、不彻底等问题。通过东升镇与企业签订合作协议，将服务外包，利用人工智能技术助力社区垃圾分类治理，如物联网、大数据平台等互联网技术以及计算机视觉、语音交互等人工智能技术，并以相关技术为基础构建了多种自动化系统，在部分社区打造了垃圾智能分类的“样板间”，促进了生活垃圾分类投放做实做细见成效，提高了社区环境治理的质量和效率。

1. 技术赋能基建，节约成本

在面向居民的基础设施建设上，东升镇利用现代信息技术对各个桶站进行了优化升级，实现了 24 小时无人化运营、智能化监控，尽管存在基础投入和运营投入，但与人工看桶比较而言，明显节约了人力运维的时间和资金成本。

智能化桶站配备有智能识别摄像头、智能称重台和智能开盖机。智能识别摄像头设备将智能识别投放居民和垃圾落地、混投以及未破袋的违规行为，并对这些违规投放的行为自动取证；智能称重台可以识别每次投放和换桶前后的重量；智能开盖机可以实现刷卡、按钮和感应开盖，居民可刷卡扫码积分并使用所得积分兑换生活物资。

2. 智能管理监控，精准高效

东升镇在后方搭建了与基建配套的智能管理平台，平台上设置了在线监控、智能调度、积分管理、入户管理、满冒管理、数据分析、责任主体管理、分类设施管理等功能。目光锁定到各个社区，其管理者可在智能管理平台进行在线实时监控，及时调度人员处理垃圾满冒、落地的情况，并对现有数据进行智能化分析，如分类人群、投放习惯、满冒高峰和积分变动等，并统计和利用刷卡数据，以达到精准入户宣传的效果。

整个项目的工作流程可分为四大环节：智能管理、智能监控、智能分析和精准服务（见图 7-2）。智能管理环节可进行智能播报、溯源、开盖、称重、积分、取证。智能监控环节可进行在线监控，在系统后台实时查看投放记录、违规记录和满冒记录。智能分析将对分类人群和投放习惯进行可视化分析，统计投放高峰和满冒高峰时间区间，查看积分变动。精准服务环节可根据数据精准安排保洁，科学调度清运，优化桶站布局，达到精准入户宣传的效果。

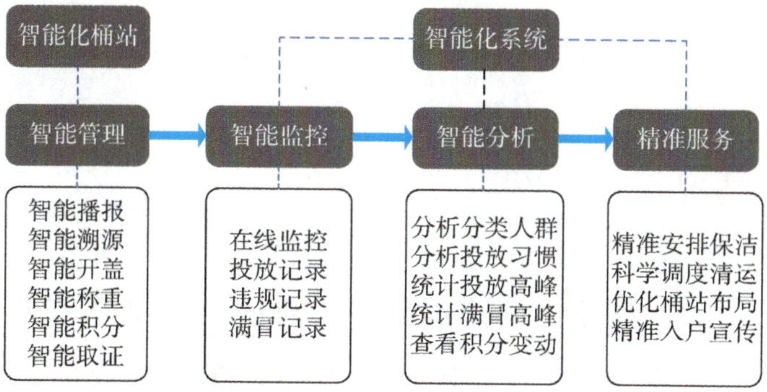

图 7-2 智能化垃圾分类项目流程图

资料来源：作者自制。

3. 正负激励约束，规范引导

东升镇采用正向激励和负面约束相结合的方法，不仅对居民正确的垃圾分类行为进行正面强化，进一步调动其积极性，同时对不配合垃圾分类的居民施加反向的负刺激，来激发他们的荣誉感。

正向激励机制具体来说体现在积分制上，通过用生活垃圾的正确分类进行刷卡积分兑换礼品的方式，得到居民的关注并提高其参与度。就积分而言，该服务中垃圾分类的积分标准为：居民投放厨余垃圾，每次 200 克以上且破袋正确投放的积 10 分，每天最多积两次。积分兑换为每季度一次，兑换礼品以社区公布为准。此外，注册“垃圾分类积分小程序”的居民，可免费领取一份纪念品。

负面约束机制则体现在智能垃圾分类设备可以拍照识别类似未破袋

投放、投放分类不当、投放物落地等行为，并进行违规自动取证工作，利用已登记数据，达到对违规投放的居民进行精准入户宣传的效果。

六、上海临汾路街道：超大城市中的社区“大脑”①

（一）基本情况②

临汾路街道隶属于上海市静安区，总面积2.12平方公里，约有3万户家庭，居民超过9万人，共38个小区，20个居委会。临汾路街道设有党政、党群工作、社区党建、社区管理、社区服务、社区平安、社区自治、社区发展8个办公室，每个居委会有5~6名工作人员。临汾路街道大部分是老社区，老年人人口比重很高，超过40%。街道建有党群服务中心、社区事务受理服务中心、社区文化活动中心、为老服务中心等。2020年5月，临汾路街道获得“2018—2019年度上海市文明社区”荣誉称号。

（二）主要经验

临汾路街道智慧社区建设有两大特色，一是以“社区大脑”为主体的智慧平台，二是基于“民情日志”的个人主题数据库。临汾路街道推

① 本文作者：刘冰，北京师范大学社会学院副教授；吴晓丹，北京师范大学社会学院硕士研究生。

② 本案例数据由上海市静安区临汾路街道2022年1月19日提供。

动大数据、物联网、人工智能等信息技术与党领导下的城市管理和社会治理深度融合，以实施“社区大脑”建设为重点，充分了解社区群众对美好生活的需求和期待，通过智能化手段做到了“城市管理像绣花一样精细”。临汾路街道“民情日志”数据应用中心于 2017 年 12 月 13 日落成，在街道层面构建了覆盖辖区内所有居民的个人主题库，通过精细化多维标签，为各类人群提供精准服务，在全国基层治理的实践中具有率先示范的作用。

1. 社区大脑

一是建立“脑中枢”，融合多元力量。临汾路街道打造了“社区大脑”联合指挥中心，24 小时不间断运行，覆盖网络中心、综治中心、应急中心、物管中心、民生保障中心五个中心职能领域，并把公安、城管、房管、市容等执法力量整合集中办公，打破以往各职能部门各自为政、单打独斗的局面①，在“社区大脑”统一实现信息汇集、任务派单、协调指挥和绩效考核。

二是建立“右半脑”，打破信息壁垒。“民情日志”信息系统通过街道条线数据、社区数据、多元数据的沉淀和消化，实现了跨条线、跨业务、跨层级的业务协同，提升了民情大数据的可用性和实用性。

三是建立“左半脑”，实时物联感知。智能感知部件把管理触角延伸到“神经末梢”，形成了覆盖全街道的物联感知网络，使“社区大脑”成为能分析、能判断、能指挥、能协调、能处置的社会治理平台②。

① 上海市静安区临汾路街道党工委. 上海市静安区临汾路街道：社区大脑——大数据时代下党的群众工作的创新探索. 人民网，2018-11-01. http://dangjian.people.com.cn/n1/2018/1101/c420318-30376916.html.

② 梁正. 数字双赋打通韧性城市建设“最后一公里”[J]. 人民论坛·学术前沿，2022(Z1)：26-34. DOI:10.16619/j.cnki.rmltxsqy.2022.1112.003.

临汾路街道围绕“社区大脑”建设了一个集网格、综治、物业、应急、保障于一体的城市综合管理中心，通过数字智慧技术接入绝大部分城市并与全部城市事件管理数据相连，推动城市管理和社会治理深度融合，构建条块联动和条条协同无缝对接，完善城市街区和住宅小区一体管理。[①]

2. 民情日志

“民情日志”信息系统是一个集信息采集、管理、应用于一体的综合系统，以“人”“房”信息为基础，以身份标签、享受服务标签、管理标签为扩展，覆盖了辖区内民情信息和服务管理全过程。“民情日志”开发了PC端和手机端应用，PC端提供数据的维护、查询、统计、应用等功能，手机端则便于及时更新记录民情信息。“民情日志”汇集起1000万余条的民情大数据，借此打造“数字孪生社区”。

“民情日志”信息系统的核心是让每个人有尽可能多的精细化标签，共包含53个身份标签、60个服务标签、10个管理标签，具体数据涉及年龄、职业、学历、党团员、民族、收入水平、残疾状况、民政救助等上百条字段。多维标签精准刻画了个体画像。

个体画像转化为需求画像。独居老人、残疾人、优抚对象、低保家庭、特困人员以及就业困难人员的画像有助于社区服务者为特定群体提供精准服务。以妇女两癌筛查为例，从原来的群众登记到当前短信推动和在线登记服务，服务人数从往年的5000多人上升到2.1万多人[②]，真正实现了从“群众跑腿、人找服务”向“数据跑腿、服务找人”的转变。

① 唐烨．临汾路街道有个神奇的“社区大脑”[N]. 解放日报，2018-03-09.

② 顾一琼．“民情日志”大数据让社区服务更精准更给力[N]. 文汇报，2020-09-21.

3. 数字驾驶舱

“数字驾驶舱”以原有调研形成的数据为基础，进一步接入了区级及街道级的13个应用系统数据，包括场景数据、居民行为数据、各业务条线、市场各类社会主体开放的数据等，原本单组数据中难以发现的情况，通过多源数据交互碰撞变得清晰可见，社区治理的运行规律由此显现①，具备了深度分析、智能应用、风险预警、辅助决策等一体化功能，在社会动员、点位选址、风险预警等8个领域拓展出57类应用。

“数字驾驶舱”大屏包括人口净增减分析、人口整体结构、数字吹哨、服务找人、人民建议等核心模块。通过“数字驾驶舱”的可视化显示屏，可直观查阅并分析公共服务点位与对应服务人群的分布关系，这使得社区食堂、托幼点的布局选择更加科学，避免发生重复建设、浪费经费的情况。②

4. 数据来源、管理和应用

（1）数据来源

临汾路街道数字化平台数据包括基础数据和实时数据。基础数据涵盖辖区内各个社区的居民个体数据，存放在街道的政务云平台上，在街道层面形成了个人主题库；实时数据具体表现为民情日志数据，能不断实时更新，动态支撑和监测日常社会服务和治理，并不在街道数字化平台中存储。

基础数据主要来源于实际工作中的数据积累。早期的数据来自居委会的手工台账，通过excel表格导入民情日志库。社区居民个体的数据（如人口特征、户籍等）来自走访和调查，统一导入数字化平

①② 顾一琼．“民情日志”大数据让社区服务更精准更给力[N]. 文汇报，2020-09-21.

台。而社会服务和治理具体领域的数据则由各个科室沉淀数据构成，定期导入数字化平台（见图 7–3）。

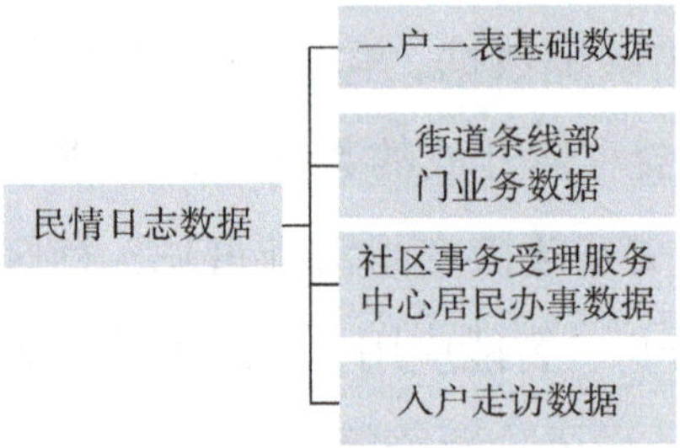

图 7-3　民情日志数据的主要来源

资料来源：作者根据调研资料整理。

实时数据则来源于大量智能感知数据。目前，整个街道已经布设 8000 多个智能感知部件，在线率达到 68%，感知数据传送到数字化平台，经过算法处理自动生成网格员派单信息。智能感知设备的数据在非机动车停放管理、电梯进出监测、高龄（80 岁以上）独居老人生命体征监测、人员高密集信息警报、河道监控等涉及公共管理、公共安全、公共服务的 27 个应用场景中发挥重要作用。①

（2）数据管理

平台数据汇总和运算形成各类工单信息。城市运行管理中心（简称“城运中心”）网格员负责工单派发，根据工单任务性质发送给基层管理人员，还负责反馈信息的二次处理。城运中心网格员不超过 5 人，是具有事业编制的专职网格员。

街道对平台数据实施统一管理并定期更新，对所辖居委会提出了数据留存和动态更新的任务，要求每年至少更新两次，可以通过民情日志 App 进行更新，高效促进了数据操作的便利度。

① 唐烨 . 临汾路街道有个神奇的“社区大脑”[N]. 解放日报，2018-03-09.

（3）数据应用

平台数据被广泛应用于基层各类事务治理，大大提升了基层治理的效率和质量。

事例 1：电瓶车充电报警。电瓶车充电不合规会造成严重的楼道火灾隐患。电瓶车充电异常数据将通过智能感知设备实时发送到驾驶舱平台，自动发起工单，由网格员派单处理，工程师接到工单后上门处理异常信息。相关数据会短期留存到民情日志上。数据应用切实提高了风险防范的精准度和及时性，有效防护社区公共安全。

事例 2：群租房问题治理。数字平台通过水电用量监测发现异常情况，通过数字驾驶舱“数字吹哨”模块发出群租预警。预警信息包括具体楼门房号、水电用量超出标准值及疑似群租提示。预警信息会率先推送给社区书记，书记了解情况定性后，发起工单到网格员，由网格员派单进入闭环处理流程。

七、深圳南山区西丽社区：产城融合型社区[①]

（一）基本情况[②]

西丽社区隶属于深圳市南山区西丽街道，总面积约 3 平方公里，总人口约 5 万人，其中户籍人口约 2 万人。辖区有住宅小区 19 个，公寓

① 本文作者任锴夫，深圳市蕾奥规划设计咨询股份有限公司设计师。

② 本案例数据由深圳市南山区西丽街道 2022 年 2 月 15 日提供。

35 个，企业 700 多家，是一个新旧街区并存、产城高度融合的社区。社区党委设委员 7 名，其中非户籍委员 1 名，党员 360 人。社区党委下辖 33 个党支部，其中工作站党支部 1 个，小区党支部 4 个，两新组织党支部 28 个。为了满足各类人群的需求，社区公共服务中心建设了党群“G+24h”生活馆、安心驿站、社区图书馆、“四点半课堂”等智慧空间及设施。

西丽社区是深圳南山区高科技企业聚集社区，具备城区蝶变大、高知群体多、科技企业多、青年人才聚集等特征。西丽社区符合新建型产城融合型社区的基本要求，是以产业发展为保障，承载城市产业的空间经济发展功能和部分产业服务配套活动，同时满足居民生活性服务及配套需求的城市社区。[①]

西丽社区智慧化建设具备以下几大特色。一是以“社区大脑”为主体的智慧平台，衔接了南山区“圳智慧”城市数字化管理平台；二是建设了社区的公共服务空间中枢，为社区居民、外卖小哥、中小企业经营者等众多人群提供一站式智慧服务中心；三是打造了“党群 G+”综合服务平台，以微信小程序客户端作为窗口，为居民提供便捷的社区公共服务及推广全民共享共治的基层治理模式。西丽社区集生产服务和生活服务等多种类型的设施于一体，是功能复合的城市综合体。在空间上，社区内的商务办公建筑体现开放、共享、高效利用特征，各类设施及配套服务充分满足社区居民多样化需求。在数字化场景上，西丽社区构建了覆盖辖区内所有企业的数据主题库及重点人群的个人主题库，为各类企业及特殊群体提供精准服务，在全国产城融合型智慧社区建设中发挥了率先示范的作用。

① 杨虞波罗，杨波 . 产城融合为城市经济发展注入新动能 [N]. 沈阳日报，2019 -04-15.

（二）主要经验

1. 社区大脑：智慧管理运营中心

深圳市南山区西丽社区智慧管理运营中心位于南山区西丽街道办事处行政服务大厅二楼，数字化架构与系统方案由南山区负责，西丽街道负责社区数字化硬件设施的投资建设。西丽社区智慧管理运营中心包含一个社区大脑驾驶室，通过打通南山区“圳智慧”平台，实现了BIM数据共享、重点功能应用协同。

“圳智慧”平台是南山区智慧城市建设的统一应用服务支撑平台，由南山区政务服务数据管理局负责管理，于2019年成立联合创新实验室，汇聚了平安、电信、中兴、永兴元、中博科创、商汤、武大吉奥等20多家企业的技术成果，利用了5G、互联网、物联网、云计算等高新技术，所提供的应用服务覆盖交通、卫健、住建、教育、市政、环保、水务等众多业务部门100多项专题应用模块。

该社区大脑驾驶室可以访问每一栋楼的每一户居民各类基础数据，包含楼宇占地情况、所属地块情况、土地权属、能耗信息、停车场的车辆信息、产值情况及企业与商户信息等。同时运营中心可以调用“算法超市”功能模块，筛选适配性的数字化解决方案，开展各类专项的基层治理工作。在应急指挥方面，运营中心主要负责社区防疫工作，秒级自动下发公安局热力核查任务，通过网格员，分拨到社区，为基层减负。在企业服务方面，运营中心可以调用“商事主体”功能模块，实时更新辖区内注册的企业档案，核查企业的经营地址与注册地址的匹配度。在社区服务方面，可以做到服务人群与服务资源的可视化。

2. 社区公共服务空间：西丽社区街道办事处行政服务大厅

深圳市西丽社区街道办事处行政服务大厅包括党群“G+24h”生活馆、24 小时自助服务、便民服务区、打印照相服务设备、公共服务柜台、政务公开宣传区等众多功能分区（见图 7–4）。在满足居民政务公共服务的基础上，服务大厅的党群“G+24h”生活馆包含图书馆、咖啡柜台，便民服务区提供充电、雨伞、微波炉、休息等服务，居民可通过刷身份证，24 小时进入这些区域，使行政服务大厅成为复合便民中心，为居民和外卖小哥等不同群体提供服务。在企业服务方面，服务大厅办公区申请引进了营业执照自助领证机，个体户和企业法人代表可以直接通过刷脸、电子签名线上全流程完成营业执照办理，领证机旁还配套有医保与社保自助服务终端，满足辖区企业从执照注册到员工社会保障服务的标准流程落位。

图 7-4　西丽社区街道办事处行政服务大厅

资料来源：深圳市南山区西丽社区调研资料。

3. 社区的公共服务与企业服务

在社区服务方面，深圳南山区政务服务数据管理局招标采购了“党群G+”综合服务平台，作为辖区内居民公共服务的数字化窗口。“党群G+”微信客户端主要为社区居民提供志愿者招募、参加活动、事件上报、场地预约、投诉信访、心理咨询、法律服务、社团活动评价以及在线教育、疫情防控、在线读书、社区地图等便民服务功能，同时建立了社区积分制度，提升居民参与积极性。居民可以通过事件上报、活动评价、志愿者活动等多种方式参与到基层治理中，获得积分并兑换等价商品。

在企业服务方面，南山区层面主要负责经济功能的政策兑现，街道与社区负责企业的后勤保障工作。南山区工信局在西丽社区下设了企业服务中心，开通绿色服务通道，同时连同发改、科创部门为辖区企业制定特殊招商与免税政策。西丽街道的企业服务科主要负责对辖区企业的税收减免、人才津贴、疫情期间补贴申请作宣讲。社区层面则会为企业员工提供减压课程及组织相亲联谊活动。

八、深圳龙岭社区：打造共建共治共享社区[①]

（一）基本情况[②]

龙岭社区属于深圳市龙岗区布吉街道，辖区面积0.327平方公

① 本文作者：杨积堂，北京联合大学城乡基层社会治理研究院院长、教授。
② 本案例数据由深圳市龙岗区布吉街道龙岭社区2021年12月31日提供。

里，人口1.52万人。该社区业态丰富，社会治理的共建共治共享要素齐全，有着先天的资源优势，但人员密集、环境脏乱差、公共基础设施缺乏等问题也一度突出。后来，通过充分发挥社区党委领导核心和党的基层组织战斗堡垒作用，挖掘整合居民活动区域龙陵路沿线资源，发动辖区政府部门、学校、企业、居民等多元力量参与社区管理和建设，促使各种资源在辖区内互动流转，从而改善社区市容环境、管理秩序、消防安全等，让居民的获得感同步提升。目前，龙岭社区已经成功建设15个服务阵地示范点，打通了基层党建的“神经末梢”，居民在环境卫生、养老服务、自我提升等方面的需求，都能在这条一公里的路上得到解决，实现了“大事不出社区，小事不出龙岭路”。

（二）主要经验

龙岭社区党委发挥党委领导核心和党的基层组织战斗堡垒作用，以打造15个社会化、生活化、长效化共建共治共享示范点为抓手，凝聚各方力量参与文明城市创建、社区环境品质提升、社区治安维护等各项治理活动，辖区民生基础“硬环境”和居民服务“软环境”得到明显改善。

1. 坚持党建引领，优化顶层设计，夯实治理核心

全面加大区、街对社区的工作支持和资源保障力度，推动党组织向基层延伸，将社区党组织建设成为社区治理的坚强战斗堡垒。一是坚持重心下移，增强社区治理能力。龙岗区以街道体制改革为契机，进一步明确街道党工委集中力量抓党建、抓治理、抓服务的主责主业，推动更

多项目、资金、资源以社区党委为主渠道落实到基层，确保社区党组织有能力有资源为群众办好事、办实事。二是坚持建强核心，盘活社区工作力量。选优配强“两委”班子，同时由街道党工委委员、组织委员挂点联系龙岭社区并担任社区第一书记，指导、帮助社区党委书记开展工作。三是坚持“标准+质量”，推动社区党组织组织力提升。织密建强社区党组织，建立社区党委班子成员“一对一”联系辖区支部制度，深化健全完善“社区党委+小区党支部+行业党组织”工作架构，推动实现以党建带群建、促社建的“党建引领+社会治理”工作模式，党组织战斗堡垒不断夯实，组织力不断增强。

2. 坚持精准施策，多点发力，提升治理能力

牢固树立全周期管理理念，以满足人民群众美好生活需要为目标，着重解决“城中村”的难点、堵点问题，持续推动联系服务群众的重心向基层下移，为社区发展提供更好的人居环境。一是提升市容环境让群众舒心。针对基础设施薄弱、环境脏乱差、停车难的问题，社区党委以需求为抓手，全面落实社区环境品质提升。二是改善安全面貌让群众安心。针对犯罪率高、问题隐患多的问题，社区党委以效果为导向，全面推行城市管理治理精细化。三是下沉民生服务让群众暖心。针对社区服务内容单一、活动设施不多的问题，社区党委以服务为宗旨，不断拓展民生服务功能，千方百计提高服务质量。

3. 坚持多元共治，扩大朋友圈，形成治理合力

充分发挥社区“大党委”作用，推动5个社区直属支部与辖区11个企事业党组织“结对共建”，带动辖区内的学校、医院、机关等共同

参与社区治理，进一步完善社会服务、延伸治理臂力。一是本土社会组织治理资源孵化共享。龙岭社区党委把大力培育和发展治理类社会组织作为工作重点，发挥社会组织协同治理作用，培育发展一批社会组织开展创新社区治理、化解矛盾纠纷等服务，不断提高服务覆盖面和适用性。二是企事业单位治理资源外溢共享。社区党委精准连接片区资源，企事业单位及其他社会资源投入经费达300余万元。三是群团组织治理资源盘活共享。针对辖区老人、妇女、儿童等群体日常实际困难，主动对接爱心资源，成立"美好生活·龙岭花开"公益基金会，开发公益岗位帮助社区困弱群体。

4. 坚持以人为本，真心换真情，夯实治理基础

龙岭社区党委切实发挥居民自治优势，加强政府治理和社会调节、居民自治良性互动，全面提升社区治理品质。一是家人治家深入人心。社区党委坚持开发有意愿、有能力服务社区的贤达能人资源，发掘和培养72名社区治理"贤人"，组建"龙岭治理智囊团"，集聚更多居民自主承担起社区建设和治理的主人翁责任，最大限度凝聚起群众智慧和力量，激发出以人民为中心、党建引领基层治理的蓬勃生机。二是志愿服务遍地开花。依托社区U站，打造公共安全、卫生健康、环保教育等十个领域志愿文化品牌，组成"矛盾纠纷和事佬""安全宣传大使""环保卫士""社区教育园丁"等十支志愿者队伍，形成"社区党员志愿者+社区平安志愿者"参与社会治理的运作模式，累计开展志愿服务活动1300次，惠及辖区居民并辐射辖区外群众6万余人次。三是议事恳谈双向推动。构建民主协商、居民恳谈的"枫桥式"议事模式，每季度召开居民议事恳谈

会，搭建社区问需平台，在社区党委与居民之间架起问需求、问杂症的“连心桥”，调动社区居民主人翁意识，通过社区居民议事恳谈会面对面听民声、知民情、解民惑，将工作重心从直接解决各类问题转向建立居民自治机制，引导社区居民理性、有序、有效参与社区治理。

九、惠州期湖塘社区：微改造探索协同治理新路[①]

2019年，广东省惠州市实施了一个以“惠民空间”为名的公共空间改造项目，这是一项聚焦群众关切、解决老旧小区群众生活难题、实施小区改造与改善人居环境的基层社会治理举措。广东省惠州市惠城区江北街道期湖塘社区卫国苑小区前身是国有企业卫国机械厂单位宿舍，属于企业自管的职工家属区，没有正规的物业公司维运。2003年卫国机械厂改制，企业退出小区管理，小区公共事务处于无人负责和管理状态。2010年前后，部分居民不同意政府房屋改建协议，小区未集体迁改。之后，几位居民自发管理小区内的部分公共事务，但对于路面修整、娱乐设施添建维护和休闲广场改扩建等硬件设施的更新等问题无能为力。历史问题和现实条件决定了小区无法实施全方面、大规模和深层次的公共空间改造。“惠民空间”项目以微治理和微提升为主导进行小幅度改造，既契合小区有限公共空间更新的实际情况，又能满足居民对

① 本文作者：李振锋，中国人民解放军战略支援部队信息工程大学讲师；张弛，深圳职业技术学院讲师。

公共空间优化治理的需求。

（一）基本情况[①]

多主体水平化协调是惠州市在实践协同治理规则中的行动亮点。在卫国苑小区“惠民空间”微改造中，政府、市场和社会力量依据其担负的职责，在项目招标、改造意愿调研、设计和施工阶段的工作有所侧重，各阶段呈现出的具体协同形式也存在差异。

第一阶段的事项是项目招标。市民政局及其代理委托人通过项目招标方式，寻找老旧小区改造的协同力量，体现出政府力量与社会力量、市场力量的治理协同。项目招标包括两部分，一是市民政局与市社工协会就改造意愿调研进行招标，市社工协会负责完成小区改造意愿调查和调研报告撰写，为设计改造方案提供需求性资料，体现了政府与社会力量的协同；二是市民政局与改造工程团队就改造方案设计和工程施工进行招标，改造方案设计团队根据老旧小区公共空间的布局情况和改造意愿调研报告完成改造方案设计，施工团队依据设计方案完成公共空间改造的施工，体现了政府与市场力量的协同。除以项目招标方式进行治理协同外，政府各部门力量之间也以协商合作的方式进行治理协同，如市民政局与其他部门、街道乡镇和居委会协同完成待改造老旧小区的筛选和确定工作。

第二阶段的工作是小区改造意愿调研，调研主要包括两个部分。一是根据项目方案，市社工协会联合卫国苑小区的驻区社工机构 H[②] 进行改造意愿的调研，调研采取线上和线下相结合的方式进行问卷调查，并

① 本案例数据由广东省惠州市惠城区期湖塘社区驻区社工机构 2020 年 6 月 23 日提供。
② 机构 H 为卫国苑小区驻区社会工作服务机构代称。

辅以入户访谈。在调研过程中，设计团队为了准确了解小区公共空间的改造需求，参与调研团队组织的焦点小组和居民议事等形式的协商会议，了解居民对公共空间改造的诉求，既体现出社会力量内部的协同，也体现出社会力量与市场力量的协同。二是在完成小区改造意愿调研之后，市社工协会将调研报告提交给项目主导方，并就后续公共空间改造的设计和施工统筹协调工作与项目主导方进行沟通交流，体现了社会力量与政府力量的协同。

第三阶段是微改造方案设计和工程施工，主要包括两个部分。一是设计团队依据改造意愿调研报告和小区公共空间的布局情况设计改造方案，提交项目协调会和居民议事会进行集体讨论。在这一过程中，各方力量表达诉求，交流协商，寻求共识，确定微改造方案，是"惠民空间"项目的一个缩影，既体现出市场力量与政府力量的协同，也体现出市场力量与社会力量的协同。二是施工团队依据公共空间改造方案进行施工，社工机构和居委会协调居民配合改造工作，化解施工过程中的阻滞因素，完工后项目主导方组织对改造工程进行评估验收，既体现出市场力量与社会力量的协同，也体现出市场力量与政府力量的协同。

改造完成后，卫国苑小区居委会和居民在驻区社工机构的引导和帮助之下，以社群组织为主要力量进行小区文化内涵的挖掘。以新时代居住区治理文化为涵养，充分发挥小区力量、社工机构和社会组织的组合优势，开展"三社联动"服务，在小区改造进程中助力解决发展不平衡不充分的问题，为人民群众提供满足美好生活需要的优质公共资源。由卫国苑小区微改造观之，老旧小区公共空间治理的推进过程，是城市社区治理多元参与力量之间进行方案协商、诉求表达、交流沟通的过程，是各参与主体协力寻求共识，增进有效参与，提高联合行动能力的过程，也是实践新时代协同治理理念，探索城市基层协同治理路径的过程。

（二）主要经验

卫国苑小区微改造主要是对小区内公共空间及所属的设施进行有限幅度的改造，以提高对小区共享资源的利用率。微改造项目不仅呈现出城市社区治理中多主体协同的一般特征，还呈现出城市老旧小区公共空间微改造中的特殊属性，这些特点集中体现于以下五个方面。

一是在治理功能定位方面。微改造不同于电力、燃气等硬设施改造，而是立足于小区实际、日常实用和群众满意，因地制宜、见缝插针式地对老旧小区现有的有限公共空间进行微治理和微提升，包括公共空间拓展、娱乐设施添置、休闲设备更新等内容，致力于在小区内打造出兼具公益性、主题性、文化性和群众性的活动空间，并筹划开展“三社联动”服务，挖掘小区文化内涵，提升小区治理水平，营建小区治理共同体。

二是在老旧小区选择方面。惠州市总结“惠民空间”微改造试点经验，从全市区县社区中选择有公共空间改造需求且符合微改造筛选条件的老旧小区，开展全市范围内程序化的公共空间治理工作。为了最大限度地降低微改造工作的阻力，在目标小区的拣选过程中，倾向于优先选择有专业社工常驻的小区，卫国苑小区的入选就和其与H社工机构的长期友睦合作有很大的关系。

三是在微改造内容方面。“惠民空间”微改造基于小区居民改造意愿，通过专业设计和工程施工优化小区公共空间布局，通过添建休闲文体设施、老人和儿童服务娱乐设施，完善园林绿化等手段提升小区公共服务配置水平，通过文化挖掘提升小区内涵价值，培育公共精神。

四是在微治理运作方面。按照“政府主导、社会协同、公众参与”的指导思路，政府主导项目推进，公益性社会组织提供资金，市场力量承担具体改造任务，社工机构组织前期调研、文化挖掘和后续“三社联动”服务，第三方机构评估验收，小区群众广泛参与和监督。

五是在项目施行程序方面。惠州市老旧小区公共空间改造根据2019年示范点的改造成果情况，逐步扩大治理范围，根据小区和群众意愿，计划在全市范围内每年改造一批老旧小区，争取利用两年左右的时间，将改造工作覆盖全市符合条件、有需求的所有老旧小区。

十、青岛湛山社区：党建引领新时代文明实践①

（一）基本情况②

湛山社区位于青岛市市南区中部，辖区面积0.8平方公里，有居民3414户10240人。近年来，湛山社区秉承“诚为家事和、情系百姓安”

① 本文作者：孟广瑞，青岛市市南区湛山街道党工委书记。
② 本案例数据由山东省青岛市湛山社区2022年3月21日提供。

宗旨，把强化服务作为和谐社区建设工作的立足点和出发点，坚持用红色渲染基层社会治理底色，通过“暖协商、暖协同、暖参与、暖服务”的“四暖”工作法，充分发挥“网格自管会”的暖治理作用，闯出了“党建引领加油干，自己的事自己办，大家的事商量办”的精细化民主协商新路径。不断创新社区服务模式，全面提升社会治理体系和治理能力现代化水平。社区先后获得全国民主法治示范社区、全国普法工作先进单位、全国创建平安家庭先进社区等百余项荣誉称号。

社区自成立“新时代文明实践站”以来，把阵地建设作为服务群众、联系群众、发动群众的有效载体。“新时代文明实践站”占地 1200 平方米，集管理、文化、服务“三个中心”于一体。在横向上，建立了由网格长、楼院长和居民小组长组成的社区居民议事会，定期研究社区服务工作，推进服务资源的有效整合；在纵向上，根据网格特点，楼院建小组、居民骨干家庭建活动点，使新时代文明实践志愿服务的触角延伸至片区、楼院、家庭。根据居民需求建立区域型和专业型志愿服务队伍，成立社区巡防队、文明劝导队等 20 支服务队伍。倡导“身边人讲身边事”，进一步拓展“家风家训”宣讲、道德讲堂、党员志愿者服务大集、志愿服务美湛山学雷锋活动等传统特色活动，选树身边典型人物，通过典型人物的实际行动，面对面传播党的声音，吸引更多的党员和群众参与到社区的大家庭中来，邻里守望相助在社区蔚然成风。

（二）主要经验

1. 党建引领，网格自管

针对城市社区普遍存在的“居民融合、能量聚合、资源整合”等一系列难题，湛山社区率先以精细化民主协商破局，以网格为基本单元推行“网格自管”新模式，突出党建引领、网格自治和区域共建三大主题，将“自己的事自己办，大家的事商量办”的工作理念不断深化，形成了“党政善治、网格共治、群众自治、厉行法治、强化德治”的“一核多元融合共治”治理格局，推进市域社会治理体制机制、运行方式和工作能力现代化。

基础——网格自管“六定”。网格自管会是指在社区党委领导下，以网格为基本单元，以网格党支部为战斗堡垒，搭建起议事沟通和资源整合平台，使网格成为自我教育、自我管理、自我服务、自我协商的治理共同体。一是定格。按照常住居民500户或1000人的标准，遵循规模适度、方便管理、有效配置资源的原则划定网格范围。二是定人。统筹街道社区干部、网格党员骨干、优秀楼组长、“两代表一委员”等各方力量，实现“格中有人”。三是定岗。按照“1+2+N”（网格党组织书记+网格长、网格指导员+专职网格员、专业网格员、兼职网格员）的标准，明确网格岗位。四是定责。明确信息采集、治安巡防、安全隐患、特殊人群服务、矛盾纠纷排查化解、城区治理协管、社情民意收集、政策法律宣传、为民代办服务等9大类76项职责。五是定标准。根据网格员工作职责要求及网格实际，对完成各项工作的具体指标，有针对性地明确工作标准。六是定奖惩。坚持公平公正，以正面激励为主，开展“最美楼院”“最美居民”“最美楼长”评选等活动，建立起奖励优秀、鞭策后进的常态机制。

关键——干部担当作为。一是处级干部包楼宇、包网格。发挥处级干部能力优势，顶格推进楼宇企业服务、网格群众服务；将分包楼宇内部资源引流到分包网格内，强化网格自管能力。二是机关干部全员下网格。全员担任网格指导员，及时回应处置居民需求，指导网格党组织建设、网格共驻共建、网格服务管理。三是成立网格学院，提升能力。针对网格各方力量需求，开设多种层次的班型，构建课堂教学、线上学习、实践基地三位一体教学模式。

抓手——各方自管共治。一是建立网格议事会机制。会前，针对近期目标任务，由网格长牵头，以多种形式召开“网格议事会”；会中，商议工作开展，采纳合理建议，形成网格公约，制定长效机制；会后，公示议事会意见，发动各方成为网格自管的主导者、参与者、监督者。二是居民网格自管机制。从群众最关心、最直接、最现实的问题入手，找到居民意愿和诉求的最大公约数，充分利用“老街坊”“老邻居”“老熟人”“老感情”的优势，形成小事简议、快事快议、难事众议的网格协商氛围。三是沿街商铺、农贸市场自管机制。成立由多元主体共同组成的领导小组，通过打造“门前五包”商铺联盟（店家联盟）及开展“三会”（调解会、议事会、联席会）等民主协商形式，围绕重点难点问题，开展自管共治。四是商务楼宇自管机制。联动辖区 33 座商务楼宇的 27 家物业公司成立“红色物业联盟”，夯实物业自管责任，自管楼宇周边环境卫生。

保障——共建助力赋能。一是企业共建网格。整合辖区 93 家共建党组织资源，通过“事务联管、活动联办、服务联动、矛盾联解”等方式，培育服务团队，做到“大事共议、实事共办、要事共决、难事共解”。二是志愿服务网格。组建 23 支专业型志愿服务队，认领服务项目 67 个，助力打造“发现问题、分类问题、处理问题、解决问题”的全科网格治理链条体系。三是解决网格难题。建立“联帮共建”“共襄善举，情满家园”慈善帮扶机制，解决网格内需求认领、硬件升级、居民慰问、市容提升等网格难题。

2. 数字赋能智慧社区

湛山街道以“数字思维、问题导向、精准使用、应用为王”的原则，锚定打造“数字青岛”样板街道、建设“智慧网格”标杆街道、营造发展“最优环境”先行街道，以湛山社区为试点，用“数字”之力解决群众的“急难盼愁”问题，真正让数字化成为湛山街道高水平治理的大脑、高质量发展的引擎、高品质生活的源泉，让工作在湛山、生活在湛山的每个人都拥有获得感、幸福感和安全感。

（1）数字化架构

深化“1 平台 + 应用”的跨领域融合应用体系建设，用好“数据市南”湛山分平台，与中国石油大学（华东）青岛软件学院加强合作，推出湛山 GIS 三维地理信息平台应用、“爱在湛山”志愿服务应用、“乐业湛山”企业服务应用和网格自管“三张清单（需求清单、资源清单、服务清单）”智能匹配应用。

（2）开放场景

开放党建服务、企业服务、网格自管、智慧街景、垃圾分类、安全生产、疫情防控等应用场景，实现应用场景的数据共享与归集，形成“让数据多跑路，让群众少跑腿”格局，真正实现街道治理体系和治理能力现代化。

（3）智慧网格

以“数据市南”湛山分平台和全科网格自管为基础，积极连接全市数字经济龙头企业资源，不断推进构建全域数治的“网格 +”湛山模式，实现“全领域、全过程、全要素”的网格数字赋能。

一是推动“超级固话”。与联通公司青岛分公司合作，开放辖区全部场景，立足网格管理和老年人服务，逐步为60岁以上老年人配备超级固话，落实一网格一热线，提供24小时服务，解决老年人智能手机应用不便、外呼电话接听率低、居家安全有隐患等痛点（见图7–5）。

图 7-5 使用场景—超级固话

资料来源：湛山社区提供。

二是推动智慧物管。与青岛地铁物业合作，形成集综合协调管理、资源统筹运营、智慧社区平台运维、财务清分清算、物业服务标准和质量考核等职能于一体的智慧化平台，在湛山街道进行试点，赋能辐射全市，探索城市物管新模式。

三是推动智慧零售。与澳柯玛自动售货机公司合作，在全市率先探索城市末端智慧零售建设，因地制宜引入冷链自动售货机和社区低温液态奶站，实施分时段配送、无接触配送，确保安全绿色、智慧便捷。

四是推动智慧警务。提升智慧公安水平，推进平安建设与网格自管特色高度融合，创新开展“网格 + 警务”工作，推动全区首个智慧警务驿站入驻湛山社区。依托科技手段服务群众、调处纠纷、防范风险、过滤隐患，让曾经棘手的“老大难”问题化解成为引领全市基层社会治理的样板案例。建立“网上警务”微信群，使其成为基层综合工作“落脚点”、社情民意“情报点”、解决治安问题“执勤点”、为民办事“服务点”，最大限度实现社会治理隐患的自我防范、自我消化（见图 7–6）。

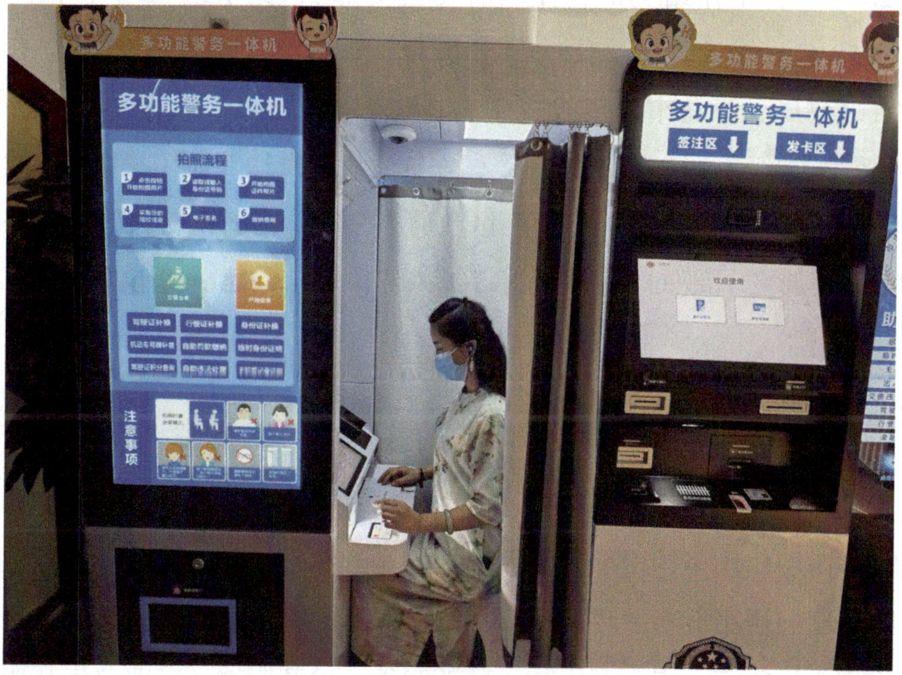

图 7-6　多功能警务一体机

资料来源：湛山社区提供。

十一、青岛天山社区："一体化"平台打造"一站式"服务[①]

（一）基本情况[②]

青岛市市南区金门路街道天山社区辖区面积1.07平方公里，有177个楼座451个单元，常住户7854户，常住人口21000人。其中，封闭式小区16个，共98个楼座239个单元4906户居民；开放式小区共79个楼座212个单元2948户居民。社区设党总支8个，片区支部28个（含工作站支部、社区居委会支部），党小组62个，社区党员1458名。沿街商铺251户，驻街企业870个。重点驻区单位有青岛市财政局、青岛市外商投资中心、青大附中、天山小学、省商务厅幼儿园（省级）、三颗糖幼儿园（民办）及城投幼儿园（民办）。天山社区先后与市南区人社局、市南区政府办公室、青岛市财政局、青岛市城市管理局老干部处等党组织签订了共建协议，共建活动丰富多彩。

（二）主要经验

天山社区具有物业小区多、居民住户多、流动人口多、年龄结构多样化、高层建筑多、山林面积大等特点。近年来，通过整合服务、数据资源，联通居民诉求、政务服务、公共服务、社会化服务，搭建了以社区治理工作为主，集党群生活、社区服务、公共服务、商业及生活服务

① 本文作者：连俊鹏，天山社区党委书记；张果清，天山社区党委副书记、居委会主任。

② 本案例数据由山东省青岛市天山社区2022年3月30日提供。

等多种应用于一体的社区“一站式”服务平台。

1. 数字支撑，推进政务公开标准化

天山社区对12个领域共142项基层政务公开事项，按照公开事项、公开内容、公开依据、公开时限、公开主体等要素进行标准化规范，并实施动态更新管理。一是畅通“线上+线下”两个渠道。在“天山社区”微信公众号增设政务公开、政务服务相关功能，开发了“和美天山慧服务”政务服务掌上小程序，设置“帮办、帮问、帮助、资讯”四大板块，多渠道发布政务信息，使公众查询或获取政务信息更加方便快捷；线下创新互动体验，打造政务公开·政务服务“慧客厅”实地互动体验区，设置电脑自助查询、展架宣传、政务公开政务服务“码上办”、便民休息等功能，为办事群众提供优质体验和高效服务。二是以丰富活动承载高质效服务。开展“政策解读日”活动，发放“明白纸”，进行政策解读，使助残、助学、高龄津贴等一系列惠民政策和服务事项惠及更多居民群众；结合居民议事会，开展“三务”公开议事日活动，选取1~2项重大居务作为议题进行民主讨论、自由发言，并将议事内容、结果等予以公示，引领居民们在老旧小区加装电梯等一系列重点居务上取得最大共识，有力推动工作开展；开展“惠企服务直通车”活动，帮助企业用足用好惠企政策，为社区企业和投资机构搭建起展示项目和洽谈对接的平台，帮助企业拓宽融资渠道，扩展投资新思路。三是健全制度保障规范运行。建立健全了政策解读、属性源头认定、保密审查、责任追究等4项制度，让制度保障、约束政务公开工作全过程、各环节，真正使自觉、透明、规范成为常态。

2. 科技赋能，推进疫情防控精准化

天山社区依托“金门路街道数字健康云平台”和“金门 e 家”微信小程序，实现疫情防控全程数字化管理。一是快速“派单”、跟踪随访，实现重点地区入青返青人员核酸检测及时清零。云平台根据随访人员地址信息直接“派单”到所属社区网格，确保网格员第一时间“接单”。创新图像识别抽取技术，居民扫描二维码，拍摄上传身份证照片至平台，即可完成核酸检测采样登记和核酸检测状态确认，并回传至网格员端口，大幅提升便民效率。网格员通过实时监测，筛选出未做核酸检测人员，方便进行二次随访，实现全链条闭环。二是无接触管理、全过程记录，实现居家隔离人员精准管控。隔离人员通过扫描二维码即可纳入管控范围，工作人员可实时掌控居民健康状况，有效提升无接触管控效率。隔离人员有生活需求，也可通过手机端与工作人员发起对话，工作人员第一时间收到信息后按防控要求及时处置。三是快速登记、有序筛查，实现全员核酸检测等突发事件高效处置。利用“金门 e 家”小程序的群呼功能，通知居民分批进行核酸检测，有效改善检测点秩序。检测完成后，通过小程序快速筛选出未检测的居民，有针对性地开展清零工作，确保不漏一人。

3. 智慧安防，推进基础防控立体化

天山社区颐中高山小区智慧安防试点建设，通过智能检测和实时预警，对小区进行全时空、全方位精准监管，实现了由“人力监控”向“智能监控”转变，有效解决了小区治理和服务人力资源不足等问题。颐中高山小区有 1279 户居民和大量生产经营单位，长期以来人员进出

频繁，未能实施全封闭管理。天山社区联合公安派出所，按照最高标准要求，为该小区设置人脸抓拍、人脸识别、车牌识别、高空抛物监测、消防设备监测等13类80多个感知终端，建成小区智慧管理服务平台，做到公共区域监控全覆盖，同时兼顾全景与细节，为小区安全及各类事件提供有力证据。

4. 创新方法，推进物业服务精细化

为促进小区矛盾调解和信息互通，天山社区党委充分发挥领导核心作用，探索创立了物业服务“四步解难工作法”。第一步，党建统领树旗帜。抓住党组织这根主线，把业主委员会、物业党组织纳入网格党建范畴并开展结对共建活动，通过“三会一课”、专题教育、定期学习等形式，激励广大党员积极参与物业小区治理，凝聚共识、增强合力。第二步，主动介入建队伍。充分发挥居委会联系群众、组织群众的优势，及时掌握小区动态，提早分析研判矛盾隐患，主动作为，做到早解疙瘩，不留难题。第三步，四方联动解难题。探索创立了社区党委统一领导下的社区居委会、片区党支部、业主委员会、物业企业共同参与的“四方联动”协商议事机制，制定议事规则和工作流程，共同研究解决问题，实现服务优质供给。第四步，特色服务暖人心。积极引导和鼓励物业公司开展特色活动，用人性化服务为小区增添温度。优山美地小区推出“锦绣学堂”，免费提供学生托管服务；天山华庭小区开展“邻里一家亲”活动，定期组织业主欢聚一堂；天福苑小区开展“陪伴老人”活动，赢得了业主高度评价，形成物业服务企业互相学习、共同促进的良好氛围。

5. 展现关怀，推进社区服务暖心化

天山社区利用社区办公大厅一角打造“劳动者之家”，为工作在社区的环卫工人、外卖小哥、快递小哥等提供一处休息整理之地，大雪纷飞时到社区来御寒，酷暑难耐时到社区来避暑，工作中手上拉了口子，到社区来包扎一下，过年过节到社区来吃顿饺子。经过多年的运行，天山社区的“劳动者之家”受到广大劳动者的欢迎，也受到市、区两级工会组织的肯定，更重要的是受到社区周围老百姓的赞誉拥护，他们说：“社区没有忽视那些容易被忽视的群体，这个做法好。”

十二、东营杨庙社区：探索新型农村社区治理新路径①

（一）基本情况②

杨庙社区位于山东省东营市垦利区董集镇，所辖 11 个行政村，现有居民 1535 户 4792 人。20 世纪 70 年代，所辖村群众响应国家建设黄河南展宽工程号召，将家搬迁到临黄堤外侧的避水村台上，为防洪安全和国家建设作出了巨大贡献。长期以来，房台村居住条件差，基础设施落后，治理服务滞后，群众搬迁改造愿望十分迫切。为顺应群众期盼，市、区两级开始实施房台村搬迁改造，其中杨庙社区总投资 5.6 亿

① 本文作者：杨婷，《社会治理》期刊编辑部主任。
② 本案例数据由山东省东营市垦利区董集镇杨庙社区 2022 年 4 月提供。

元，建成住宅楼 82 栋、住房 1446 套、沿街商铺 29 套，2016 年完成搬迁入住。近年来，杨庙社区坚持党建统领，在群众住得好的基础上，以推进城乡社区服务均等化为目标，着力围绕社区怎样治理好、服务好、发展好这一主线，系统抓改革、探路子、求实效，走出了一条“党建统领、高效治理、精准服务、共治共享”的乡村发展新路子，实现了群众的“安居梦”“小康梦”。该社区先后获得“省级美丽乡村示范村”等 10 余项省市级荣誉称号。

（二）主要经验

1. 聚焦双向共管、融合共治，形成“一盘棋”矩阵管理

纵向上建立一体管理体制，推行“上级选派 + 村书记兼任”工作模式，董集镇优选 3 人任社区党总支书记、副书记，6 名村党支部书记兼任党总支委员，协助党总支处理社区事务，强化党建统领，推动融合发展。建立“镇党委政府、工作区、村两委”执行和“镇党委政府、镇网格中心和分中心、网格指导员和专职网格员”监督的“两面互补”运行机制，实现任务落实与检查督办“两条腿”走路，推动了传统“垂直式”管理向“矩阵式”管理转变。横向上打破原始村庄壁垒，将 11 个原始村庄划分为 6 个基础网格，配备 6 名网格员，组建 184 人协管队伍，建立问题发现、处理、评价机制，实现网格事项“前端发现、前端化解”，做到了“小事不出村，大事不出社区”。成立矛盾调处中心，配备专职人民调解员 2 名，专职工作人员 1 名，建立警官、法官、检察官和律师轮值机制，社区刑事案件逐年下降，群众信访量由 2019 年的 17 批次下降到 2021 年的 6 批次。

2. 坚持阵地共享、事项联办，推动“集成化”精准服务

紧扣群众生产生活需求，按照“统筹布局、整体打造、注重实效”思路，高标准建设占地1200平方米的社区党群服务中心，内设便民服务、党群议事、综治等10多个功能室，同时配建青少年之家、老年活动中心、老年餐厅等，极大提升了群众居住和生活品质。锁定教育医疗急盼事项，按照省级一类标准建成建筑面积2004.8平方米、活动场地4500平方米的社区幼儿园，实现社区儿童全部就近入园；按照省级标准化水平建成占地625平方米的社区卫生室，每年组织65岁以上老年人免费体检，2022年家庭医生签约1065人，满足了群众就医需求。围绕方便群众快捷办事，创新打造“一门式办理、一站式服务”综合平台，安排2名机关干部，带着79项服务事项“双下沉”社区，其中32项在便民窗口即时办结，其他47项由工作人员帮办代办，群众在家门口就能“一次办好”，实现了城乡基本公共服务均等化。

3. 突出示范引领、抱团发展，实现“紧密型”利益联结

发挥党建引领作用，建立党支部领办合作社孵化中心，政府投资200万元培育农民专业合作社6家，引进落地果蔬冷链仓储物流园、万锦农渔粮食烘干基地等项目，带动村集体投资110万元，吸引社会投资350万元。注重“土专家”培养，蔬菜种植能手赵小华等3名“土专家”入选垦利区“乡村之星”；鼓励支持大学生返乡创业，吸引5名大学生返乡，其中2人当选村党支部书记；注重实用技能培训，每年举办面点糕点制作、草编技术、直播营销等技能培训班10余期，培训群众360余人次。探索公司化运营机制，将土地流转给东胜德荟源、新

征家庭农场等8家企业，带动各村普遍增收5万~10万元，11个村土地流转率达到73.1%，务工、经商人员占社区居民的68.9%。狠抓数字乡村改革试点，搭建“云+就业创业”服务平台，实现企业用工、创业创新和个人求职精准对接，每年帮助群众解决就业200余人次。社区居民罗增芹在草编合作社务工，每个月可以得到约1500元的工资收入。探索建立“资金+土地”入股、“公司+合作社+农户”等模式，形成企业、集体、村民利益联结机制，社区各村集体收入由2013年的平均3.6万元增加到2020年的19.1万元，农民人均可支配收入从2013年的13177元增加到2020年的20854元，踏上了从“老房台”讨生活到“新社区”奔小康新路子。

4. 讲好黄河文化、南展历史，满足高品质精神需求

充分挖掘沿黄自然、生态、历史文化资源，实施农旅结合项目，开展特色研学活动，讲好黄河故事和黄河口文化。实施南展文化传承工程，建成600余平方米黄河南展区历史文化馆，创作报告文学《南展区》、歌曲《南展颂》、广播剧《黄河坝上故人归》，推介《“三把火”烧旺“三变改革”》《南展区11位老支书》事迹典型，并以“善德南展、孝德金滩”为主题开展各类文明创建，选树群众身边道德模范21人，以南展区乡愁文化和社会主义核心价值观凝聚人心。同时，为进一步提高社区居民主人翁意识，制定居民公约和党员自律公约，成立业主委员会、网格议事协商会等16个自治组织参与治理，社区自治共治水平得到全面提升。

十三、九江华声社区：时空 AI 提升社会治理水平[①]

（一）基本情况

华声社区，地处江西省九江市濂溪区莲花镇莲花路，建筑面积共计 7.09 万平方米，建筑住宅 620 套。该社区是企业破产改制后移交给地方管理的老旧小区，建设时间长，存在市政基础设施老化、公共服务设施缺失等情况，便民利民服务设施有待进一步科学规划。在社区治理层面，华声社区面临网格化管理基层数据资源不足、部门间协同联动困难、信息渠道单一不及时、社区事务多样繁重基层压力大、缺少智能化管理服务手段等难题。

2021 年，经濂溪区人民政府调研讨论，选定华声社区作为智慧社区试点，建设濂溪区莲花镇时空 AI 社区试点项目，构建时空 AI 未来社区精细化管理平台。

依托社区党总支部这个阵地，以“党建引领、多元共治”为思路，华声社区基于“资源整合、共享使用、综合管理”三大原则，构建时空 AI 未来社区精细化管理平台，通过整合维智社会化动态数据以及各委办社区相关数据，为社区治理打造统一、精准、全面的基层全量数据库。运用时空 AI 技术深入挖掘“人、房、事、物、组织”等社区全要素间的关联关系，构建涉及社区安全、服务、管理等多种场景的知识图谱及 AI 算法，提供以房管人、群租治理、社区配套供需分析等全方位、全过程、全覆盖的大数据动态服务和应用。

① 本文作者：陈文亚，上海维智卓新信息科技有限公司 联合创始人兼副总裁。

时空 AI 未来社区精细化管理平台通过多源异构数据汇聚融合治理、知识图谱构建、实景巡视、人工智能分析等多种前沿技术，成功打造了华声社区“一屏观、一屏管、一屏防”的精细化、智能化基层治理新模式，在社区网格化工作体系建立、基础数据库建设、信息化应用、数据价值挖掘等方面积累了丰富的经验基础，在优化社区治理流程、改善社区居住环境、加强社区安全、提升社区服务等多方面都发挥了提质增效的作用。

（二）主要经验

1. 数字化为社区精细化网格治理赋能聚力

数字化是发展未来社区的必经之路。数字化可以有效解决社区治理当中的信息缺失问题，借助数字化技术，可以通过社区专题时空大数据分析、社区空间分析和平台数据分析等多种途径，精准了解社区不同群体、不同个体的需求，精准研判各种治理风险，真正以智能化实现差异化治理，满足社区居民对美好生活的多元需求。

针对基层社区数字化治理转型中面临的数据不足、数字鸿沟、隐私保护等问题，华声社区通过将“人、房、事、物”等多维度社区全要素数字化汇聚融合，打造基层全量数据库，建立“一人一档”“一事一档”等数字化档案，并依据三维地图实现“人房联动”“数图联动”的精细化数据搜索定位，实现了社区“块数据”更精细更好用。面向“委办—街镇—社区”多级建设的基础数据协同采集系统和全量基础数据库，有效实现了“底数下沉、信息共享、多方联动、快速响应”的社会治理良好局面。

华声社区通过充分治理过去几十年的基础数据，完全实现了人房关联、时空关联、三维地图可视化展示。目前系统已录入社区 620 户房屋信息，1100 余名居住人员基本信息，以及社区党组织、楼栋长、居民代表、志愿者、辖区片警等各类社区治理相关信息，并通过系统统一汇聚社区巡防记录、居民反馈、企业建议等信息，各类信息可以按搜索地址、搜索人的方式精准快速定位。信息互通融合有助于社区治理更高效、服务更精准。

2. 图谱化助力社区安全预警

对一个社区而言，及时预测与化解各类安全风险极为重要。因此，社区需要对自身安全情况有从全局到微观的洞察能力，并要具备风险识别、分析和评价能力，不断提高信息捕捉和分析研判能力、综合协调能力、科学预判和应急处置能力，保障社区全方位安全。

老旧小区的群租房，非常容易造成社区安全隐患。群租房以往只能依赖群众举报或巡查才能发现，但这样效率低、周期长，所以群租房一直是华声社区重点关注且亟待创新方式主动发现的一类风险隐患。

基于时空 AI 未来社区精细化管理平台的大数据分析、知识图谱构建以及 AI 分析能力，可从分层到户的维度对一定时间范围内的水、电、气、门禁、外卖、实有人口、市民投诉、网络舆情等数据进行分户的时空特征建模，智能发现群租风险，主动预警，联动多方及时介入处置，有效提升群租房管控效率。系统建成后，可以对社区群租风险进行实时监控预警，原来几个月摸排巡查才能查出来的群租房，现在通过 AI 分析，每周都可自动生成精准定位的群租房现象报告，真正实现社区安全主动防控、智能决策，为社区安全管理提供智能化、现代化手段。

3. 智能化助推社区治理提质增效

社区治理责任重大、事情繁杂。过去由于缺少智能化、信息化的手段，导致社区工作人员负担过重。现在，通过“多表合一、AI填报”“AI语音快速检索信息”“数图联动、一图统览”等功能可以有效提高社区工作者的效率。比如社区资料填报效率可以提高80%以上，各种社区数据一键搜索、秒级定位，有效助力社区治理更精准、更高效。

基于社区时空数据库，运用时空分析、周边配套分析、指标评价分析等算法模型，AI未来社区精细化管理平台可对社区进行十五分钟便民生活圈综合评价，准确分析社区娱乐、教育、购物、医疗等各类配套指数，进而通过智能选址模型，推荐建议新增配套选址，有助于社区科学规划。同时该平台汇聚了社区多元主体的各类反馈意见以及社区寻访记录，能对居民需求有更具体、更全面的了解，为社区治理提供了更多思路，有助于为居民打造多元丰富的社区服务。

AI未来社区精细化管理平台，运用AR、数字人、实景地图等技术，可在“全景”模式下，线上巡查社区全貌，通过不定期采集社区全景素材，实现不同时期社区风貌对比展示，并以虚实互动的方式，让虚拟讲解员对社区风貌进行讲解与导览，做到“巡回看变化”，让未来社区建设“看得见、摸得着”。

华声社区创新“时空AI+AR”智能化管理，为基层社会治理提供了精准信息资源及智能分析方法，解决了基层社区治理面临的资源不足、任务繁重、缺乏协同等难题，推进了社区治理工作流程的优化和再造，充分发挥了科技支撑在社区治理中的重要作用。（见图7–7）

图 7-7 濂溪区莲花镇时空 AI 社区平台全景板块展示

资料来源：维智科技自研时空 AI 社区平台。

十四、阳泉政府大院社区："五字诀"创新社区治理①

（一）基本情况②

山西省阳泉市上站街道政府大院社区成立于 2001 年 7 月，位于阳泉市市区中心，是市级政府所在地。东起泉中路、西至泉西桥、北起桃河、南至大兴矿小区与南山北路社区相接处，辖区面积 1 平方公里，划分为 6 个网格。社区党委下设 5 个支部，管理党员 145 人，常住人口有 1720 户 4168 人。

为更好发挥党组织引领作用，让社区服务与群众多元化、个性化

① 本文作者：杨积堂，北京联合大学城乡基层社会治理研究院院长、教授。

② 本案例数据由山西省阳泉市上站街道政府大院社区 2021 年 12 月 31 日提供。

需求精准匹配，市政府大院社区党委不断强化政治功能，坚持“有诚有诺不将就”的服务理念，践行“以人民为中心”的发展思想，探索创新“宣、治、调、暖、精”五字诀工作法，多点发力、多措并举，着力解决人民群众愁难急盼问题，切实提高服务能力和水平。以党史学习教育“六个课堂”、党建朋友圈、殿英调解工作室、党员党性体检中心、网格化管理沙盘等党建项目品牌为抓手提升组织力，发挥党组织战斗堡垒和党员先锋模范作用，着力构建全区域统筹、多方面联动、各领域融合的基层党建新格局。

（二）主要经验

1. 在“宣”上着墨，立根铸魂悟思想

社区党委始终把党的政治建设放在首位，聚焦党史学习教育这条主线，以“六个课堂”将视、听、思、悟、行融合起来，推动党员干部“学史明理、学史增信、学史崇德、学史力行”。“板凳课堂”走进小区楼院，以更有亲和力、更容易消化吸收的本土乡音宣讲党的十九届六中全会精神、省市党代会精神，送学小分队为病弱党员“送学上门”，党组织书记带头讲党课，邀请社区“党史达人”孟宏儒讲党史，用阳泉中共创建第一城、百团大战主战场、红二十四军诞生地等“最鲜活教材”，生动宣传党的光辉历史。同时党员群内推送每日一题、中国共产党精神谱系、《论中国共产党历史》音频等内容，让党史“飞入寻常百姓家”。“视听课堂”通过远程教育、学习强国、三晋先锋等平台多次集中观看《党史百年》《红色记忆》《铁血阳泉》《血祭》《党课开讲啦》等专题片，铭记光辉历史。“体验课堂”组织社区党员先后多次走进百

团大战纪念馆、市委市政府旧址、阳泉市红色历史展馆开展“重温峥嵘岁月，传承红色精神”主题党日活动，传承红色基因。“体检课堂”组织 5 个支部 186 人进行党性体检，强化党性锤炼。“文化课堂”举办了“党在我心中 颂歌献给党”庆祝建党 100 周年文艺汇演，弘扬红色主旋律。“实践课堂”聚焦我为群众办实事，将疫情防控作为头等大事，开展疫情排查、入户动员接种疫苗、“学史力行办实事，服务百姓保健康”等主题活动，激发党员干部担当作为，真正实现党员受教育，群众得实惠。

2. 在“治”上出彩，共治共享聚合力

社区充分发挥党委的轴心作用，积极扩大党建联盟“朋友圈”，通过强化治理架构，形成纵向紧密联系发动群众，横向整合各方资源的格局，具有强大工作合力。一是完善五级架构，延伸组织触角直达神经末梢。社区党委着力完善“街道大工委—社区大党委—网格党委—楼栋党小组—党员中心户”五级纵向联动党组织体系，统筹推进社区、小区党建工作。党组织管理制度和全科网格治理制度深度融合，实现“党建网”与“治理网”双网合一，将网格员、在职党员、驻地单位、党员中心户等各方力量汇集在网格内，由社区党委统筹调度，各层级同频共振，各领域同心融合，实现区域治理“一盘棋”。建立由社区党小组、驻网格单位党组织、“两新”组织党组织和辖区居民党员代表组成的网格党支部 6 个，成立 16 个楼栋党小组，65 名党员中心户认领责任区，让党旗高高飘扬在每栋楼宇，把党组织建到群众家门口，使党建工作从社区的“面”延伸到基层党组织和居民群众的“点”。二是推行社区大党委制，健全社区党组织兼职委员制，广泛吸收共建单位、驻区单位、“两新”组织党组织负责人担任社区党组织兼

职委员，实现辖区党建有机联结，把各方力量拧成“一股绳”，打造党建联盟共同体。社区党委通过“需求、资源、项目”三个清单，与市委办、市政府办、市人大、市政协、组织部、宣传部、市直属机关事务管理局等单位开展“联动共学党史热，党群活动有声色”“党建引领植树共建献礼百年”“学党史祭英烈爱祖国护家园”“ 悦读党史感党恩，保护地球守初心”“庆祝建党100周年文艺汇演”等主题活动，实现组织建设联建、重大任务联干、志愿服务联办、文明创建联创、文化活动联谊、总结宣传联做的共建联创格局，让越来越多的共建单位，从基层治理的旁观者变为建设者。三是党建引领破解小区治理难题。市政府小区的“红色物业”实行“双向进入、交叉任职”制度，建立物业、社区、产权单位、业委会四方联动制度，通过四方联动定期商议小区重大问题，协调解决社区物业管理中的各类矛盾。选优配强“小区带头人”，引导成立食品小区业委会、铁路红楼小区业委会，并对业委会候选人、业委会议事规则、物业服务企业选聘等具体事项提出意见、把握方向。以食品小区试点“党建引领共享物业”破解“三无小区”治理难题，建设“党建引领、治理精细、服务管理、邻里友善”的样板小区，点亮居民群众幸福美好生活。

3. 在“调”上发力，多元化解邻里问题

为了进一步拓宽群众反映问题的渠道，建立健全矛盾问题快速响应受理机制，提高社区党组织快速反应、精准落实、服务群众的能力，阳泉市政府大院社区专门建立“社情民意直通车”。老旧小区的电梯装不装？怎么装？家门口的餐厅怎么建才能满足老年人的需求？维修管理、噪声扰民、安装监控、卫生保洁……群众有了烦心事、揪心事可以随时反映。社区健全了135协商议事机制，即坚持

党建这一核心；坚持集体决策原则、少数服从多数原则、一事一议原则的三个议事原则；按照“发现提出问题—研讨议题—确定责任主体—督促落实—解决回复”的五步协商工作法；通过殿英调解工作室+“大碗茶”议事，采取面对面、背靠背、引入第三方等多种形式进行说服、疏导、教育，协调群众矛盾、化解邻里纠纷、消除亲情误会、修复情感缺憾、排除矛盾隐患。在协商不成的情况下，“法律明白人”和驻室律师介入调解。2021年社区已成功化解老旧小区改造、市政府小区安装电梯、食品小区自来水管道渗漏等急事难事，使群众小情绪及时化解，群众有了更多的归属感、安全感、幸福感和获得感。

4. 在“暖”上用情，实事办到心坎里

民有所呼，我有所应。社区党委始终把人民放在心中最高位置、把人民对美好生活的向往作为奋斗目标，把学习党史同总结经验、观照现实、推动工作相结合，聚焦群众的操心事、烦心事、揪心事，开展“我为群众办实事”实践活动，解决群众普遍关注的热点难点问题。社区老年餐厅让老年人乐享幸福晚年。2021年社区对老年餐厅进行了改造升级，扩展了就餐区和容纳量，接入了煤气，全方位为100余位老年人提供低油低盐、软硬适中、营养搭配合理的家庭式口味老年餐，使辖区老人吃上了“热乎饭”“放心饭”。“便民百宝箱”嵌入式服务暖民心。社区党委使用服务民生专项经费购置了便民工具箱，这个箱子中有应急电筒、电锤、手电钻、打气筒、雨衣、雨鞋、螺丝刀、电子血压计、拐杖等百余种工具，供居民们无偿借用，居民在生活中经常遇到缺工具的小烦恼迎刃而解。便民百宝箱不仅成为居民的“应急箱”“暖心箱”，还成为党群互助交流服务的平台，架起服务居

民的连心桥。结对认亲解民忧。社区摸排困难党员、低保人员、残疾人、失独家庭、困境儿童共66户，纳入帮扶对象，263名在职党员、自管党员与他们结对认亲，签订《结对认亲协议书》。“七一”前后、中秋节、重阳节等节日，党员们走家入户与自己的结对帮扶户深入交谈，详细了解他们的家庭生活状况、身体情况、子女就学等情况，问冷暖、叙真情，并送去米、面、油等慰问品。通过党员“多人帮一户”的形式开展志愿服务，给群众送去党的温暖和关怀，密切了党群关系。

5. 在“精”上做文章，民生实事抓到底

推行全科网格，将朋友圈单位、在职党员、职能部门等力量下沉到网格中，实现人到格中走，事在网中办。网格员走访整个辖区，将了解到的居民热点难点问题标注在网格化管理服务沙盘上，画好民情地图，管辖户数、每家每户的情况、责任人等基本数据一目了然，摆脱了以前碎片化管理模式，实现了民情民意全覆盖，为社区治理工作插上了一双翅膀，为下一步社区精确管理、精准服务提供了重要依据。用网格化管理服务沙盘这根针穿起多条线，实行销号作战，真正做到需求在网格发现，服务在网格开展，问题在网格解决，让社区治理和服务更高效。围绕“我为群众办实事”教育实践活动，社区党员干部走访整个辖区，将了解到的居民热点难点问题标注在网格化管理服务沙盘上，对66名重点关爱人员、特殊管控人员实行精细化管理服务，调解矛盾纠纷。建立党员先锋站，对进社区的223名在职党员实行服务纪实管理，常态化开展在职党员进社区公益服务活动，鼓励在职党员亮出身份，公开服务承诺，接受群众监督，并将党员承诺践行、物业费缴纳、遵规守纪等情况反馈至原单位。社区党委以志愿服务为抓手，通过组织开展义诊、便

民理发、疫情防控、汛期排查、植树、环境整治等活动，有效地增强了在职党员服务社区、服务居民的意识，激发了在职党员的内生动力，从而达到促进融合、主动参与社区治理的效果，使党员的先锋模范作用和示范引领作用得到充分发挥，逐步形成共治共建共享的新局面，为社区治理工作的深入开展和“组织进楼、服务进家”活动有序推进增添了新动力。

十五、成都喜树路社区：探索社区公司运营模式①

（一）基本情况②

喜树路社区成立于2013年12月，位于四川省成都市锦江区三圣街道，紧接环城生态区锦江段，辖区幅员面积0.38平方公里，住宅小区5个。截至2020年7月，辖区常住人口33276人，户籍人口11075人，常住户数11510户，户籍户数5607户。辖区居住人口密度较大，有成都市居住密度最大的蜂巢式网红小区——锦江城市花园，这是一个典型的新市民融合社区。辖区主要企事业单位有：永辉超市、成都市锦江区童蒙幼儿园、成都市第三幼儿园528园区、喜树路农贸市场、四川省国嘉物业服务有限公司、成都合能物业管理有限公司锦江分公司、成都合欢物业、成都交投能源发展有限公司粉坊堰加油

① 本文作者：杨婷，《社会治理》期刊编辑部主任。

② 本案例数据由四川省成都市锦江区三圣街道喜树路社区2022年4月提供。

站、中油节能（成都）环保科技有限公司粉坊堰加气站、锦江文化创意产业中心。

2019 年 5 月，成都市锦江区发展和改革局正式批复喜树路社区邻里中心项目立项，项目总投资 1900 万元，资金来源为政府投资，拟建设喜树路社区综合体，位于锦江区锦江大道 877 号。总建筑面积约 1.8 万平方米，其中地面约 1.3 万平方米，地下停车场约 0.4 万平方米。2020 年 4 月，喜树路社区综合体移交属地街道管理，建筑呈 U 形排列，包含一幢 2 层的全玻璃框架楼和一幢呈 7 字形连体的 6 层高楼。社区以“喜为邻里，乐享生活”为文化品牌，将综合体命名为“喜乐荟”，各处植入当代“喜”文化元素，设计“喜”文化特色的社区 LOGO 和社区吉祥物，营造幸福美好的“喜乐”生活氛围。“喜乐荟”实际服务周边 34 个小区 20 万人。

喜树路社区综合体结合《成都市社区综合体功能设置导则》意见，按照“政府主导、社企运作、文化浸润、多元服务”思路，聚焦“补短板、强弱项、提品质”的社区服务主线，打破社区行政区划和服务界线，以周边 1.5 公里为主要服务半径，融合线下感知，连接线上平台，打造产业链完整、活力度彰显、生活味突出的多元体验特色场景，推进全域党建融合，实施无边界服务，在居民家门口打造了一个优质、优惠、便捷的公共服务和生活服务社区综合体。

（二）主要经验

针对社区综合体可持续发展运营难题，社区党委秉承商业化逻辑、专业化运营思路，坚持党建赋能社区发展治理，探索实施社区综合体“公益 + 商业”的社区公司运营模式，成立“喜树之家”社区社会企业，以物业管理、商业运营等为主营业务，推动社区综合体运营从政府“输血”向自我“造血”转变。

第一，创新“公益 + 商业”业态配置机制。在喜树路社区综合体的建设和打造过程中，三圣街道党工委按照“以人为本、精准服务；共享融合、多维体验；功能延伸、集成便捷；立足公益、商业逻辑”理念，聚焦“补周边生活服务业态短板，强社区公共服务弱项，提高居民生活服务品质”主线，通过对 1.5 公里范围内居民的三轮需求调研，认真分析核心区域的人群结构、现有配套服务，梳理提供满足全年龄段居民所需的各项公共与生活服务，列出不能进入和适宜进行的业态清单，引入与周边既有业态错位的社区商业和生活服务项目，个性化、有针对性地研究制定了喜树路社区综合体的业态功能设置细则，创新实施社区综合体“公益 6+ 商业 4”配置模式，总体规划布局“5 中心 7 空间”（便民服务中心、卫生服务中心、智慧治理中心、社区发展治理中心、市民文化活动中心、社区美育空间、体育教育空间、喜厨美食空间、婴幼托育空间、少儿科创空间、青少年教育空间、青年双创空间），引领社区居民新生活。

第二，创新综合体“社区 + 公司”运营管理模式。社区居委会成立“喜树之家”商业运营有限公司，借助大型综合体运营管理专业力量支持，采取“1+N”（1 个运营经理 +N 个专员：招商专员、推广专员、行政专员、财务专员等）方式孵化组建团队。专业的事，用专业的人去做。按照商业综合体运营管理的经验，结合社区综合体商业化业态面积，经测算以租金收入 10% 的标准向业主方收取运营费用。通过专业企划运管团队，不断提升综合体管理品质和品牌知名度，确保入驻商家可持续良性经营和国有资产保值增值。

第三，创新社区商业反哺公益机制。坚持取之于民、用之于民的发展初心，量化商业反哺公益指标，与综合体入驻商家签订《公益服务协议》，承诺将入驻商家孵化为社会企业，并通过购买公益服务项目反哺社会企业、服务辖区居民，商家承诺部分收益定向捐赠给社区公益基金，并策划公益服务活动，约定每年为辖区居民提供48场次以上公益服务。提供常态化、多元化的公益服务，形成社区公益服务生态圈，实现经济效益和社会公益的良性循环。通过商业反哺公益机制，目前综合体已实现新注册法人17家，吸纳社会资本7000万元，解决就业125人，预计增加财政年收入370万元，社区公司年收入可达210万元，社区公益基金池每年预计募集资金30万元。

第四，通过评价体系补短板、增措施。引进中央党校科学社会主义教研部研究团队和四川省社会科学院研究团队，结合国内外幸福生活指标体系最新研究成果，组建了“喜树路社区幸福美好生活指标体系”研究团队。按照系统性、可操作性、有效性、综合性的原则，会同三圣街道、喜树路社区居委会，对照全区幸福美好十大工程，多次探讨课题研究内容、指标选取方案，最终形成了指标体系的理论设计，构建了涵盖居民收入持续增长、高品质公共服务成倍递增、生活成本更具竞争力等在内的11个一级指标、29个二级指标、196个三级指标的城市社区评价体系，并征求居民意见完善指标体系。这种做法改变了单一的政府自上而下评价体系，将居民对党的政治认同感、社区工作的评价以及社区生活的情感认同，作为衡量幸福美好生活实现程度的重要维度，纳入评价体系。三级指标体系综合得分满分为100分，得分在90分及以上为优秀，80~89分为良好，70~79分为中等，60~69分为及格，60分以下为不及格。通过居民对社区生活的系统评价，全面、真实地反映了城市社区发展情况。

2020年5月至2021年4月，喜树路社区幸福美好生活指数得分为80.96分，为良好等级。针对全龄共享社区建设、青年筑梦空间营造、居民收入提升等失分指标呈现的问题，社区分门别类、逐一建立问题台账，通过定人、定事、定责“三定”的形式，集中力量解决好社区居民普遍关心的突出问题。对于短期内无法解决的，提出明确办理意见和可行性整改方案，协调相关部门限时整改落实到位。建立健全“问题反馈—快速响应—诉求解决—满意度考评—成效跟踪”工作闭环，合理调整优化社区服务内容，理清社区服务任务清单，不断提升社区居民满意度和幸福感。

附录　有关未来社区的名词解释

未来社区： 在一定区域范围内，以数字化技术为依托，围绕人们生活、工作及相互关系的社会服务、基层治理和经济发展共同体，是共同富裕的基本单元。

基本公共服务： 保障全体人民生存和发展基本需要、与经济社会发展水平相适应的公共服务，强调服务的均等化。①

非基本公共服务： 公民更高层次需求、保障社会整体福利水平所必需但市场自发供给不足的公共服务，强调服务的普惠性。②

生活服务： 可以由市场供给、居民付费享有的生活服务，强调服务的多样化、个性化和高品质。③

一核多元： 以社区党委为领导核心，多元主体共治。④

街乡吹哨： 全面开展问题摸排、明确执法责任的基础上，使街道乡镇成为基层行政执法的调动者和协调者，一旦发现违法问题立即“吹哨”，各部门需在规定时限内“报到”，对违法行为进行全链条查处。⑤

网格化管理： 整个城区划分为若干个互相联结的网格单元，以网格为单位落实管理责任，实现了城市管理精准化。

---

①②③　中国政府网：《“十四五”公共服务规划》。

④　汪碧刚．一核多元　融合共治—2016 中国智慧社区发展报告 [M]. 北京：中国社会出版社，2017.

⑤　国家发展和改革委规划司．“十四五”规划《纲要》名词解释之 139.https://www.ndrc.gov.cn/fggz/fzzlgh/gjfzgh/202112/t20211224_1309403_ext.html.

社区经济：在一定的地域范围内，以满足社区居民物质及文化消费需求为目标，以实现最优资源配置为手段，提供经营性或非营利性服务产品的经济活动。

共享经济模式：指利用互联网等现代信息技术，以使用权分享最大化为主要特征，整合海量、分散化资源，满足多样化需求的经济活动总和。[①]

商住配套：在社区语境下，商住配套主要是指在特定范围内以商业与服务等经济活动为主，在不同层级的社区服务圈提供差异化的商业和服务设施，与居住功能相匹配。

裁量型制度（discretionary）：指行政机关具有较大自由裁量权，可根据实际情况针对不同项目制定合适政策并实施的制度。裁量型制度能够保证行政行为的灵活性，但其缺点在于较为耗费时间和人力，并需要对权力寻租加以监管。

邻里中心模式：发源于新加坡，以便民为目的，提供满足居民日常生活需求的公共服务，以分级分类集聚布局公共服务设施为主要特征的社区功能及空间组织模式。

TOD 模式：公共交通为导向的开发模式（transit-oriented development，TOD），一般是指以轨道公交站点为核心进行综合开发的模式，包括公交优先、功能混合、紧凑发展、完善的慢行体系和高品质空间环境等特征。

生活圈模式：在 5、10 或 15 分钟等特定出行时间范围内配置居民基本生活所需的各项服务功能和公共设施的空间单元模式。[②]

微空间：或称小微空间，是指城市内面积小、分布散、数量多的微

---

① 李建军，韩珣．共享经济理论研究进展 [J]. 金融科学，2017 年第 2 辑（总第 2 辑）.

② 自然资源部组织制定的《社区生活圈规划技术指南》。

型公共空间，是居民基本社会交往活动的空间载体。

微更新：以民生需求为导向，通过自下而上的动员和居民参与，针对既有建筑和公共空间等建成环境开展的局部渐进式综合改造和整治活动的更新模式。

IaaS：Infrastructure as a server 的缩写，基础设施即服务，是指把 IT 基础设施作为一种服务通过网络对外提供，包括服务器、存储和网络等。①

PaaS：Platform as a Service 的缩写，平台即服务，其核心技术涉及海量数据存储与处理技术、资源管理与调度技术。未来社区 PaaS 以网络连接管理平台和设备管理平台为基础，南向快速连接各类感知设备对接至北向上层应用实现数据分析处理。

SaaS：Software as a Service 的缩写，软件即服务。未来社区搭建的上层应用平台为用户提供社区服务、综合治理、公共卫生、物业管理、精神文明建设、各类保障工作平台功能模块，打造社区运营指挥中心、社区党群服务中心和社区综合服务平台等展示使用窗口，构建基于物联网及人工智能的小区管理体系。

能力层：本书主要指为未来社区建设提供包括数据仓库、数据隐私安全计算等能力支撑的结构层。

BIM：建筑信息模型，是一种应用于工程设计、建造、管理的数据化工具，通过对建筑的数据化、信息化模型整合，在项目策划、运行和维护的全生命周期过程中进行共享和传递，使工程技术人员对各种建筑信息作出正确理解和高效应对，为设计团队以及包括建筑、运营单位在内的各方建设主体提供协同工作的基础，在提高生产效率、节约成本和

① 刘黎明，杨晶主编．云计算应用基础 [M]. 成都：西南交通大学出版社，2015.

缩短工期方面发挥重要作用。[①]

CIM：城市信息模型。城市信息模型是以建筑信息模型（BIM）、地理信息系统（GIS）、物联网（IoT）等技术为基础，整合城市地上地下、室内室外、历史现状未来多维多尺度信息模型数据和城市感知数据，构建起三维数字空间的城市信息有机综合体。[②]

NB-IoT：Narrow Band Internet of Things 的缩写，窄带物联网，是 IoT 领域一个新兴的技术，支持低功耗设备在广域网的蜂窝数据连接，也被叫作低功耗广域网。只消耗大约 180kHz 的带宽，可直接部署于 GSM 网络、UMTS 网络或 LTE 网络，以降低部署成本、实现平滑升级。[③]

Cat.1：全称是 LTE UE-Category 1，其中 UE 是指 User Equipment，是对于 LTE 网络下用户终端设备的无线性能的一种分类。根据 3GPP 的定义，将 UE-Category 划分为 1 ~ 15 共 15 个等级。Cat.1 是 4G LTE 网络的一个类别，可以称为“低配版”的 4G 终端，上行峰值速率 5Mbit/s，下行峰值速率 10Mbit/s，属于蜂窝物联网。[④]

5G MEC：移动边缘计算 (Mobile Edge Computing,MEC)，现称为多接入边缘计算 (multi-access edge computing)，其定义和框架均来自欧洲电信标准协会 (ETSI)。“在移动网边缘提供 IT 服务环境和云计算能力”，强调应用、服务和内容可以实现本地化、近距离、分布式部署，从而在一定程度上解决了 5G 增强移动宽带、低时延高可靠以及大规模机器通信类终端连接等场景的业务需求。随着 5G 技术的到来，移动边缘计算的应用将呈指数级增长。

---

① 赵振兴 .BIM 在建筑全生命周期的应用 [J]. 中国物业管理，2015（10）：68-69.

② 广州市人民政府办公厅关于印发广州市基于城市信息模型的智慧城建“十四五”规划的通知。

③ 物联网 - 广域网技术之 NB-IoT，https://baijiahao.baidu.com/s?id=1741205635380231129&wfr=spider&for=pc.

④ 东用科技，https://new.qq.com/rain/a/20220901A06YIX00.

SDK：Software Development Kit 的缩写，软件开发工具包。

数据资产：指由企业拥有或者控制的、能够为企业带来未来经济利益的、以物理或电子方式记录的数据资源，如文件资料、电子数据等。[①]

场景：未来社区的场景是在特定的空间区域，围绕着社区居民服务、治理、经济相关的生活场所设施功能、种类、布局、人群、活动的总和。

社区客厅：党建共建成果展示窗口和社区服务功能窗口。

积分体系：建立积分制度，通过完成各项任务获得对应的积分，而获得的积分对应不同的奖励。

多跨场景协同：未来社区不是从单一场景来组织，而是以系统思维通过跨行业、跨领域、跨部门、跨单一需求，进行联动协同、条抓块统。[②]

享系列：通过数据共享实现相关场景资源共享，是多跨场景协同应用的典范，如"金融享""交通享"等。

未来社区评估：从多个利益相关者视角、多个数据来源、多个价值维度对社区表现进行价值判断的整体性评估。

绩效评估：通过设定绩效目标、分析评价内容、制定评价标准、运用评价方法来对绩效目标的实现程度进行综合评价的过程。[③]

动态评估：通过评估系统与平台系统打通、边缘侧动态采集和分析数据等功能实现，进而突破传统的评估数据获取和分析方式，以期完成系统评价、动态评价与科学评价。

总体评估指标体系：通过对评估目标依次逐级分解而构成的一个完整、多级的体系。

① 中国信通院，《数据资产管理实践白皮书（4.0 版）》。

② 董云庭. 什么是多跨场景应用 [N]. 浙江日报，2021-08-09.

③ 蔡立辉. 政府绩效评估的理念与方法分析 [J]. 中国人民大学学报，2002（5）：94-95.

参考文献

[1] 巴蒂 M. 未来的智慧城市 [J]. 赵怡婷，龙瀛，译 . 国际城市规划，2014(6): 12-30.

[2] 包广龙，王婷婷，杨豪中 . 活力办公——非正式交往空间设计研究 [J]. 华中建筑，2016，34(11): 18-23.

[3] 鲍宇廷，段进 . 社区共享 : 政府主导的创业空间规划反思——以南京紫金科技创业社区为例 [C]. 共享与品质——2018 中国城市规划年会论文集（07 城市设计）.2018:1950-1961.

[4] 陈程，富强，俞一杰 . 未来社区理念下新加坡邻里中心模式的借鉴与思考 [J]. 浙江建筑 , 2021, 38(3): 4-10.

[5] 城市中国 . 未来社区：城市更新的全球理念与六个样本 [M]. 杭州：浙江大学出版社，2021.

[6] 蔡立辉 . 西方国家政府绩效评估的理念及其启示 [J]. 清华大学学报 (哲学社会科学版) , 2003 (1) :76-84.

[7] 蔡立辉 . 政府绩效评估的理念与方法分析 [J]. 中国人民大学学报，2002（5）：94-95.

[8] 程灏 , 于蕾 . 青岛市智慧社区评价研究 [J]. 中国管理信息化 ,2017,20(01):207-210.

[9] 丁侃 , 贺瀚之 , 刘振 . 深圳市南山区：推广“南园模式”试点“智慧社区”[EB/OL]. (2018-07-25).

[10] 段阳 , 杨家文 . 深圳市人才保障住房新实践——以水围村综合整治为例 [J]. 中国软科学 ,2019(03):103-111.

[11] 高艳丽 , 陈才 , 张育雄 , 等 . 数字孪生城市——虚实融合开启智慧之门 [M]. 北京 : 人民邮电出版社 , 2019.

[12] 瓜沥七彩社区 . 七彩未来社区介绍 . [EB/OL]. (2021-11-21) .

[13] 盖琪 . 场景理论视角下的城市青年公共文化空间建构——以北京 706 青年空间为例 [J]. 东岳论丛 ,2017,38(07):72-80.

[14] 韩宝富 . 产城融合 : 由功能单一的工业园区向功能多元的城市空间转变 [EB/OL]. (2014-11-03).

[15] 杭州市城建消防中心 . 杭州未来社区创建成效逐步显现！ 这四个“共富基本单元”都有哪些特色亮点？ [EB/OL]. (2022-02-21).

[16] 黄浦区人民政府 . 解锁“智慧健康小屋”[EB/OL]. (2019-12-04).

[17] 韩超 . 社区管理绩效评价体系的构建——基于西宁市城东区社区管理的视角 [J]. 河北经贸大学学报 (综合版),2014,14(02):102-104.

[18] 静态交通网 . 国内首个可拍婚纱照的立体车库：深圳万科云城智能立体车库 [EB/OL]. (2017-11-30).

[19] 井晓鹏 , 张菲菲 . 基于智慧社区评价指标体系便民服务平台评析——以上海“智慧闵行”为例 [J]. 科技创新与生产力 ,2015(02):37-40.

[20] 尼克斯 · 可姆尼诺斯 . 智慧城市 : 智能环境与全方位创新策略 [M]. 夏天 , 译 . 北京 : 机械工业出版社 , 2016.

[21] 刘泉 , 钱征寒 , 黄丁芳 , 等 . 15 分钟生活圈的空间模式演化趋势 [J]. 城市规划学刊 , 2020a(6): 94-101.

[22] 刘泉 , 钱征寒 , 黄虎 , 等 . 未来城市智慧 TOD 的发展趋势思考——兼议 TOD 化与去 TOD 化之争 [J]. 规划师 , 2020b(22): 5-11.

[23] 刘会武 , 赵玥 . 国内典型创业社区案例分析 [J]. 中国高新区 ,2016(19):79-82.

[24] 刘会武 , 赵玥 . 国外典型创业社区案例分析 [J]. 中国高新区 ,2016(20):59-66.

[25] 刘斌 . 同群效应对创业及创业路径的影响——来自中国劳动力动态调查的经验证

据 [J]. 中国经济问题 ,2020(03):43-58.

[26] 刘思 , 路旭 , 李古月 . 沈阳市智慧社区发展评价与智慧管理策略 [J]. 规划师 , 2017, 33(05):14-20.

[27] 李金龙 , 张慧娟 . 地方政府购买公共服务中合同管理能力的提升路径 [J]. 江西社会科学 ,2016,36(05):229-236.

[28] 梁正 , 李佳钰 . 商业价值导向还是公共价值导向 ?——对数字创新生态系统的思考 [J]. 科学学研究 ,2021,39(06):985-988.

[29] LOD 建筑设计事务所 . 杭州拱墅区朗诗空间联合办公 [EB/OL]. (2021-08-19).

[30] 龙岗区妇联 . 上新 ! 龙岗区新增 12 个市级儿童友好基地 [EB/OL]. (2022-01-07).

[31] 吕雪良 . 暖蜂驿站 : 深圳新业态党建的“沙河方案”[EB/OL]. (2021-11-29).

[32] 麻宝斌 , 董晓倩 . 我国城市社区公共服务绩效评价问题研究——以长春市 H 社区为个案 [J]. 云南行政学院学报 ,2010,12(05):79-83.

[33] NACTO. 街道管理新思路 : 精细化的路缘管理 [EB/OL]. (2017-12-17).

[34] 牛强 , 易帅 , 顾重泰 , 等 . 面向线上线下社区生活圈的服务设施配套新理念新方法——以武汉市为例 [J]. 城市规划学刊 , 2019(6): 81-86.

[35] 潘晓燕 . 筑好人才“巢”, 当好“桥头堡”——上海市创新人才公寓供应治理模式 [J] 行政科学论坛 ,2018(02):22-28.

[36] 七彩工程咨询 (杭州) 有限公司 , 浙江南方建筑设计有限公司 . 缤纷未来社区一体化方案 [R]. 2021.

[37] 任俊宇 , 刘希宇 . 美国“创新城区”概念、实践及启示 [J]. 国际城市规划 ,2018,33(06):49-56.

[38] 上海市规划和国土资源管理局 . 上海市 15 分钟社区生活圈规划导则 (试行)[S]. 2016.

[39] 上海市人民政府 . 上海市全民健身实施计划 (2021—2025 年)[EB/OL]. (2021-09-22).

[40] 上海市人民政府办公厅 . 上海市城市管理精细化“十四五”规划 [EB/OL]. (2021a-08-27).

[41] 上海市人民政府办公厅 . 社区新型基础设施建设行动计划 [EB/OL].(2021b-01-07).

[42] 上海市教育委员会 . 关于印发《上海市义务教育课后服务工作指南》的通知 [EB/OL]. (2022-02-16).

[43] 深圳市公安局交通警察局 . 不用再为停车转圈圈！深圳推行“错峰共享停车”，这个地方已试点！ [EB/OL]. (2020-08-22).

[44] 深圳市卫生健康委员会 . 深圳市 2021 年卫生健康工作要点 [EB/OL]. (2021-08-14).

[45] 宋维尔 . 未来社区的建筑场景设计 [J]. 浙江经济 , 2019(21): 22.

[46] 孙晨光 , 朱文一 . 波士顿滨海创新区发展及对中关村西区的启示 [J]. 城市设计 , 2018(2): 72-83.

[47] 童红华 , 陈海燕 . 每场 300 元起！共享直播间开始火了 [EB/OL].(2021-02-05).

[48] 武前波 , 郭豆豆 , 接栋正 . 新科技革命下未来社区产生的逻辑及其内涵辨析 [J]. 现代城市研究 , 2021(10): 3-8, 14.

[49] 吴建南 , 阎波 . 政府绩效 : 理论诠释、实践分析与行动策略 [J]. 西安交通大学学报 (社会科学版),2004(03):31-40.

[50] 吴建南 . 公共部门绩效评估 : 理论与实践 [J]. 中国科学基金 ,2009,23(03):149-154.

[51] 王晶晶 . 利益相关者视角下智慧社区运行绩效评价研究 [D]. 东南大学 ,2019.

[52] 王富海 , 刘泉 , 黄丁芳 . 工作回归引领智慧社区的功能增强与空间发展 [J]. 城市规划学刊 , 2022(2): 101-108.

[53] 肖文明 , 张剑锋 , 叶青 , 等 . 儿童友好型学校周边交通改善策略研究 [C]. 创新驱动与智慧发展——2018 年中国城市交通规划年会论文集 . 2018: 1386-1397.

[54] 薛璟璟 . 智慧社区建设绩效评价及实证研究 [D]. 安徽建筑大学 ,2021.

[55] 于一凡 . 从传统居住区规划到社区生活圈规划 [J]. 城市规划 ,2019,43(05):17-22.

[56] 于嘉逸 . 基于共享经济的青年人群线下社交模式研究 [D]. 中国美术学院 ,2019.

[57] 杨坚桢 . 多中心治理 : 我国城市治理现代化的路径探析 [J]. 湖北工程学院学报 ,2017,37(01):98-102.

[58] 杨昌辉，张可莉 . 基于 BSC 方法的智慧社区绩效评价体系研究 [C]. 第十届（2015）中国管理学年会论文集 . 2015:189-193.

[59] 张健 . 城市空间与城市设计——公共空间引领的城市设计 [M]. 北京 : 清华大学出版社 , 2016.

[60] 张问之 . 美团无人机首落星河智慧园区 深圳数字化服务再添新场景 [EB/OL].（2021-12-18）.

[61] 浙江省发展和改革委员会 . 浙江省未来社区试点创建评价体系 (试点)[S]. 2019.

[62] 浙江省发展和改革委员会 , 浙江省发展规划研究院 . 未来社区——浙江的理论与实践探索 [M]. 杭州 : 浙江大学出版社 , 2021.

[63] 浙江省发展和改革委员会办公室 . 浙江省未来社区建设试点实施方案参考大纲 [Z]. 2019.

[64] 浙江省人民政府 . 浙江省未来社区建设试点工作方案 [EB/OL]. (2019-03-08).

[65] 浙江省教育厅 . 浙江省教育厅等九部门关于进一步做好义务教育阶段学校课后服务工作的实施意见 [EB/OL]. (2021-08-26).

[66] 浙江新闻客户端 . 跨越未来 共融共赢 众享生活品牌发布会暨众安未来社区项目运营签约仪式圆满落幕 [EB/OL]. (2021-09-24).

[67] 浙江省发展和改革委员会 , 浙江省住房和城乡建设厅 . 关于开展 2021 年度未来社区创建的通知 [EB/OL].(2021-05-25).

[68] 中国城市规划设计研究院 . 河北雄安新区启动区控制性详细规划 [R]. 2020.

[69] 猪熊纯 , 成濑友梨 . 共享空间设计解剖书 [M]. 郭维 , 林绚锦 , 何轩宇 , 译 . 南京 : 江苏凤凰科学技术出版社 , 2018.

[70] 赵越 . 智慧社区公共服务绩效评价研究 [D]. 西北大学 ,2021.

[71] 朱梅芸 . 基于 AHP- 模糊综合评价法的智慧社区评价研究 [J]. 中小企业管理与科技 (中旬刊)，2016(02):138.

[72] 赵子博 . 智慧公共服务评价指标体系研究 [D]. 电子科技大学 ,2015.

[73] 住房城乡建设部 . 城市居住区规划设计标准 GB50180-2018[S]. 2018.

[74] 郑维维，在瓜山未来社区生活一天是什么体验？记者的蹲点体验报告来了 [EB/OL]. (2021-09-24).

[75] DP Architect. A Spontaneous Learning Environment[EB/OL]. 2018.

[76] Drucker J, Khattak A . The Propensity to Work from Home: Modeling Results from the 1995 Nationwide Personal Transportation Survey[J]. Transportation Research Record Journal of the Transportation Research Board, 2000, 1706:108-117.

[77] Gensler Research Institute. Shaping the Future of Cities[R]. 2019.

[78] GRODACH C, KAMRUZZAMAN L, HARPER L. 20-Minute Neighbourhood: Living Locally Research[R/OL]. 2019. [2021-07-05]. https://research.monash.edu/en/publications/20-minute-neighbourhood-living-locally-research.

[79] Lewis B J.Tapping into the Benefits of Telecommuting[J]. Journal of Management in Engineering, 1998, 14(6):9-10.

[80] Multiply Architects. Oasis Terraces 社区中心和医院 [EB/OL]. 2018.

[81] MORENO C, ALLAM Z, CHABAUD D, et al. Introducing the ‘15-Minute City’: Sustainability, Resilience and Place Identity in Future Post-Pandemic Cities[J]. Smart Cities, 2021(1): 93-111.

[82] National University of Singapore. Education Resource Centre[EB/OL]. 2019.

[83] 日本経済団体連合会 . Society 5.0 実現による日本再興——未来社会創造に向けた行動計画 [R/OL]. (2017-02-14).

[84] Sidewalk Labs. Toronto Tomorrow: A New Approach for Inclusive Growth, Volume 1: The Overview[R]. Toronto: Sidewalk Labs, 2019.

[85] Sidewalk Labs, Idea Couture. Living Well on the Waterfront: Imagining the Future of Community Health[R]. 2018.

[86] 諸賀加奈 , 吉田謙太郎 . スマートシティを中心としたライフスタイル変革とグリーンリカバリーの実現 [J]. 環境経済 · 政策研究 , 2021(1): 47-50.